2013 年第 3 辑

总第 65 辑

判解研究

中国人民大学民商事法律科学研究中心　主办

王利明 · 主编

人民法院出版社

图书在版编目(CIP)数据

判解研究. 2013 年. 第 3 辑:总第 65 辑/王利明主编. —北京:人民法院出版社,2014. 5

ISBN 978-7-5109-0956-6

Ⅰ. ①判… Ⅱ. ①王… Ⅲ. ①判例-研究-中国-丛刊②法律解释-研究-中国-丛刊 Ⅳ. ①D920. 5-55

中国版本图书馆 CIP 数据核字(2014)第 081728 号

判解研究

总第 65 辑(2013 年第 3 辑)

中国人民大学民商事法律科学研究中心 主办

王利明 主编

责任编辑 吴秀军 兰丽专

出版发行 人民法院出版社

地　　址 北京市东城区东交民巷 27 号 邮编 100745

电　　话 (010)67550626(责任编辑) 67550558(发行部查询)
65223667(读者服务部)

网　　址 http://www.courtbook.com.cn

E-mail courtpress@sohu.com

印　　刷 三河市国英印务有限公司

经　　销 新华书店

开　　本 787×1092 毫米 1/16

字　　数 253 千字

印　　张 15.5

版　　次 2014 年 5 月第 1 版 2014 年 5 月第 1 次印刷

书　　号 ISBN 978-7-5109-0956-6

定　　价 38.00 元

目录 CONTENTS

论擅自转租行为的法律效力

王利明*

在租赁市场中，转租行为是一种比较常见的现象，但也是租赁纠纷高发的领域。合法的转租行为不仅有助于满足市场中的租赁需求，还能够提高租赁物的使用效率；而擅自转租行为则将带来相反的效果，不仅扰乱租赁市场的正常秩序，而且还可能损及出租人和次承租人的利益，以及租赁物的有效利用。当前围绕擅自转租行为之效力发生的诸多争议，在很大程度上是因为对转租行为法律性质的认识分歧造成的。本文拟在分析转租行为的法律性质的基础上，讨论擅自转租合同的法律效力问题。

一、转租行为是一种处分财产的行为

所谓转租，是指承租人将租赁物再次出租给第三人的行为。转租既包括合法的转租，即取得了原出租人同意的转租，也包括了擅自转租，即没有取得原出租人同意的转租。在转租的情形，原租赁合同并没有终止而仍然有效，承租人仍应当依据租赁合同的约定负担承租人的义务，只不过，在承租人和次承租人之间形成了转租合同关系。

虽然与原租赁合同相比较，转租合同是相对独立的合

* 中国人民大学法学院教授、中国人民大学民商事法律科学研究中心研究员。

同，但其又与原租赁合同具有密切的联系，主要表现在如下几个方面：第一，转租合同必须要以原租赁合同为前提，其在效力上应当依附于原租赁合同。如果原租赁合同无效或被撤销，则转租合同的效力也归于消灭。① 原租赁合同因解除等原因而终止，则转租合同通常也应当终止。第二，转租合同的内容也在一定程度依附于原租赁合同。在一些方面，转租合同的内容不得超过原租赁合同（例如，租赁期限、对租赁物的使用权等）。根据《最高人民法院关于审理城镇房屋租赁合同纠纷案件具体应用法律若干问题的解释》的规定："承租人经出租人同意将租赁房屋转租给第三人时，转租期限超过承租人剩余租赁期限的，人民法院应当认定超过部分的约定无效。但出租人与承租人另有约定的除外。"② 原合同对承租人使用、收益方法的限制，对于转租合同同样是有效的。而原出租人或承租人负有的维修等义务，在转租的情况下，仍然不受影响。因此，次承租人可依据原租赁合同，请求原租赁合同的当事人承担维修义务。③ 第三，转租合同的标的物必须是原租赁合同的标的物。第四，转租合同的出租人必须是原租赁合同的承租人。④ 当然，转租合同又具有一定的相对独立性。转租合同是在承租人与次承租人之间订立的，从次承租人的角度而言，其属于转租合同中的承租人，因此，其仅向承租人负有租金支付义务，也仅仅有权请求承租人履行相应的义务。原承租人在转租合同中居于出租人地位，这是其在原租赁合同和转租合同中的不同地位的体现。

关于转租行为的性质，一直存在两种不同的观点：一是处分行为说。该观点认为，转租行为在性质上是一种处分财产的行为，因为承租人未经出租人同意将其房屋向他人出租，因此构成无权处分。基于这一原因，所以擅自转租行为就构成效力待定的行为，非经出租人同意不能发生法律效力。二是负担行为说。此种观点认为，转租行为并非处分行为，而是一种负担行为，不需要当事人具有处分权限。转租行为，实际上是承租人在租赁物上为他人

---

① 参见苏号朋：《转租的法律结构分析》，载《浙江社会科学》2007年第2期。

② 《最高人民法院关于审理城镇房屋租赁合同纠纷案件具体应用法律若干问题的解释》第十五条。

③ 参见史尚宽：《债法各论》，中国政法大学出版社2000年版，第183页。

④ 参见苏号朋：《转租的法律结构分析》，载《浙江社会科学》2007年第2期。

重新设立一个租赁关系，承租人与出租人之间的租赁关系并不消灭，也不发生转移，因此并不存在对承租人的“租赁权”的处分。如果将转租合同定义为效力待定合同，就意味着出租人允许转租的债权意思表示具有约束第三人的作用，从而出租人和承租人之间的特约具有了绝对效力，这违反了债的相对性原则。

笔者认为，上述两种观点不无道理，但是处分行为说更为合理。主要理由在于：

第一，承租人享有的租赁权本质上是一种对财产的占有和使用权。未经出租人同意转租的，承租人实际上处分的是对房屋本身的占有和使用权。但这种处分行为只有在获得了出租人的同意时，才构成有权处分，否则构成无权处分。应当看到，转租不同于租赁权的让与。所谓租赁权的让与，是指经出租人同意，承租人将其权利义务全部转让给第三人。转租与租赁权让与的区别主要表现在：租赁权的让与本质上是权利义务的概括移转。[①] 在此情况下，承租人已经退出租赁关系，第三人取代其地位。转租行为不同于合同权利义务的转让，转租合同并没有使次承租人成为原租赁合同的当事人，这不同于承租人将其合同权利转让给第三人或者将合同权利义务概括移转给第三人的情形。[②] 所以，租赁权转让和转租都属于典型的财产权处分行为。只不过，前者是对整个财产权的处分，而转租只不过是对物的占有使用权的处分，即对前者中的一部分的处分。

第二，合同法第二百二十四条要求：“承租人经出租人同意，可以将租赁物转租给第三人。”因此，承租人在转租时应取得出租人同意。之所以要求转租获得出租人同意，是因为转租行为是一种财产处分行为，涉及到出租人的重大财产利益，尤其是将影响到出租人本身对财产的使用计划和利用效率。如果法律直接认定擅自转租合同的效力，实际上是对出租人处分自己财产意愿的直接干涉，即使未对其实际利益产生影响，也缺乏限制出租人财产权的足够理由。

---

① 参见邓基联主编：《房屋租赁合同纠纷》，法律出版社 2010 年版，第 99 页。

② See Christian von Bar and Eric Clive, Principles, Definitions and Model Rules of European Private Law, Vol. 3, Sellier, European Law Publishers GmbH, Munich, 2009, p. 1595.

第三，采用处分行为说通常不会影响承租人最大限度地发挥承租房屋的价值。很多负担行为说秉持者认为，承租房屋对承租人的价值有可能发生变动。例如，承租人在承租期间内遭遇商业计划失败，难以继续利用承租房屋。允许其转租可以防止房屋的闲置和浪费。此时转租房屋可以弥补其损失。但这种担忧是没有太大必要的，因为，承租人在这种情况下往往有机会与出租人进行重新谈判，通过达成新的协议来增进双方的利益。通常来说，只要承租人愿意适度补交租金，承租人就愿意缩短租期，并重新寻求新的承租人。

第四，依据合同法第二百二十四条，在经出租人同意的情况下，“承租人转租的，承租人与出租人之间的租赁合同继续有效，第三人对租赁物造成损失的，承租人应当赔偿损失”。从反面来解释，在未经出租人同意的情况下，转租合同并不能当然产生效力。但合同法并没有直接否定转租合同的效力，将擅自转租行为归入无效合同的情形。这主要是因为，转租行为仍然有可能符合承租人的意愿和利益，应当为出租人提供考虑转租合同价值的机会。我国司法实践也历来将擅自转租当成效力待定的行为。①

第五，将转租行为作为一种处分行为对待，并不会损及次承租人的利益。因为，合同法第二百二十四条表明，“承租人经出租人同意，可以将租赁物转租给第三人”。因此，如果次承租人在订立转租合同时已经知道承租人的身份，则其应当明确要求承租人明确告知其是否已经获得转租权。如果承租人不能提供转租的授权，则次承租人将知道转租合同未来可能被宣告无效，如果其仍然坚持与承租人订立转租合同，则其将承担将来合同被宣告无效的风险。如果次承租人在订立转租合同时并不知道承租人的身份，则要区分具体情形来判断次承租人的可保护性问题。例如，次承租人有足够的理由认为承租人未获得转租授权，则其就不应当与其订立合同。但是，如果承租人谎称其为出租人，而次承租人有充分理由相信（误信）承租人就是出租人，则其信赖应当得到保护。至于此种信赖利益能否通过“善意取得”来保护，还是只能通过欺诈的方式来保护，是另一个值得讨论的问题。但这并不

① 参见吴兆祥等：《房屋租赁买卖合同疑难问题案例解析》，法律出版社2012年版，第251页。

影响该利益的可保护性。

还有一种理由认为，承租人可以根据市场变化，通过转租获得超额利润。如此可以实现房屋使用价值的最大化。但这种理由也是不成立的，因为，一方面，承租人承租的目的是根据租赁合同占用和使用该房屋，而不包括因租赁合同获得额外利益。另一方面，即便房屋租赁价值上涨，出租人也可以通过与承租人的重新谈判来实现房屋利用方案的重新安排。因为，只要出租人愿意适当补偿承租人，即将房屋租赁价值增值的部分重新分配一部分给承租人，就可以实现房屋租赁的重新安排，让那些能够获得更大价值的人取得房屋的租赁权。

二、转租必须取得出租人同意

如前所述，转租行为固然改变了租赁物的占有人，但转租并非对社会不利。在实践中，大量的转租可以实现物尽其用，最大限度地实现租赁物的价值。从比较法上来看，租赁合同中，承租人是否有转租的权利，存在不同的立法例：(1) 自由主义模式。此种立法模式认为，未经出租人同意，承租人可以自由转租。例如，《法国民法典》第 1717 条第 1 款规定："承租人有转租的权利，甚至有将其租约让与他人的权利，但如在租约中禁止此种权利时，不在此限。"波兰、澳大利亚也采此立法例。① (2) 限制主义模式。此种立法模式认为，未经出租人同意不得擅自转租。大陆法系许多国家采取了此种模式。② 比如《德国民法典》第 540 条即采取这一模式。在英国，未经出租人事实上（actual）或者表面上（ostensible）的同意，承租人不得擅自转租，当然，出租人对承租人转租的授权可以基于双方当事人所知晓的商事实践规则判断。③ (3) 区别主义模式。此种立法模式认为，应当区别不同的情形，而认定承租人的转租权。例如，依据《瑞士债务法》第 264 条和第 289 条的规定，对于使用租赁，如果无害于出租人的权利，则承租人有权转

① See Christian von Bar and Eric Clive, Principles, Definitions and Model Rules of European Private Law, Vol. 3, Sellier, European Law Publishers GmbH, Munich, 2009, p. 1595.

② 参见《德国民法典》第 540 条、《意大利民法典》第 1594 条第 2 款。

③ See Christian von Bar and Eric Clive, Principles, Definitions and Model Rules of European Private Law, Vol. 3, Sellier, European Law Publishers GmbH, Munich, 2009, p. 1595.

租；而对于用益租赁，承租人未得出租人的同意不得转租，但在无害于出租人的前提下，可以将租赁物的部分进行使用转租。

我国合同法第二百二十四条规定："承租人经出租人同意，可以将租赁物转租给第三人。承租人转租的，承租人与出租人之间的租赁合同继续有效，第三人对租赁物造成损失的，承租人应当赔偿损失。承租人未经出租人同意转租的，出租人可以解除合同。"由此可见，我国立法采纳了限制主义模式。在租赁关系存续期间内，承租人负有不得擅自转租的义务，如要转租必须取得出租人的同意。法律作出此种规定的主要原因在于：

第一，擅自转租可能损害原出租人的利益。在转租的情形，虽然承租人并不脱离租赁关系，但出租人可能因此丧失对租赁物的控制，也难以了解次承租人对租赁物的使用状况。① 因此，擅自转租可能导致对于原出租人利益的损害。尤其是在房屋价格和租金持续上涨的情况下，承租人可能为了获得利益而进行转租，这就使得出租人无法实际控制租赁物，损害出租人的利益。承租人擅自转租的，有可能从根本上损害出租人的财产利益和财产使用价值。例如，次承租人对房屋的利用方案可能不符合出租人对房屋使用作出的长期计划，进而在未来影响到一方或者双方的利益。

第二，擅自转租违背了原租赁合同的目的。出租人可以将承租人擅自转租的行为视为未遵守租赁合同目的的行为，因为按照租赁合同，承租人只是获得了对租赁物的使用权，但在转租的情形，承租人的获利并非源于对租赁物的使用，而是通过转租这种交易行为而获利，这显然不符合当事人订立合同的目的；此外，在特定的情形，承租人的转租行为还可能与出租人的租赁交易形成竞争关系。②

第三，擅自转租破坏了出租人和承租人之间的信任关系。租赁虽然属于债权关系，但是，出租人和承租人之间也存在人身信任关系，出租人往往是

---

① See Christian von Bar and Eric Clive, Principles, Definitions and Model Rules of European Private Law, Vol. 3, Sellier, European Law Publishers GmbH, Munich, 2009, p. 1593 ~ 1594.

② See Christian von Bar and Eric Clive, Principles, Definitions and Model Rules of European Private Law, Vol. 3, Sellier, European Law Publishers GmbH, Munich, 2009, p. 1594.

经过选择而允许特定的人租赁其物。[①] 擅自转租就破坏了此种信任关系，使得原租赁关系存在的基础受到影响。

第四，擅自转租可能影响租赁市场的秩序。我国对于房屋的租赁采取备案的制度，如果允许随意转租，则将导致国家无法对房屋租赁状况进行管理和监控，将会导致租赁市场的混乱和无序。

在我国，通常将取得了出租人同意的转租称为"合法转租"，而未经出租人同意的转租被称为"擅自转租"。何为出租人的同意？所谓同意，是出租人作出的允许承租人转租的意思表示。此意思表示为有相对人的单方意思表示。[②] 同意可以包括如下几个方面：一是合同中明确约定了允许承租人转租。二是合同中虽然没有约定转租事项，但是转租前取得了出租人的同意。三是转租后得到原出租人的追认。事后同意的方式，出租人也可以通过一定的行为表示其同意该转租行为，这就是说，即使出租人事先没有同意承租人的转租行为，但事后明确追认该转租合同的效力，或者出租人虽然没有明确表示追认转租合同的效力，但仍继续收取承租人支付的租金的，也可以认定为出租人以其行为对该转租合同的效力作出了追认。但是，没有表示异议的，能否视为追认？依据相关司法解释的规定，如果出租人知道或者应当知道承租人已经转租，超过6个月未提出异议，不得再主张解除合同。[③] 但如果出租人不知道也不应当知道承租人转租，也没有收取租金的，则不能一概认定出租人对转租行为作出了追认。

在长期租赁中，转租是否为承租人的一项权利？从效率上讲，在长期租赁中，承租人享有转租的权利具有积极意义。如果承租人因为客观情况的变化而无法继续使用租赁物，而且其仍应当要继续支付租赁费用，在此情形下，如果不允许承租人转租，就可能使其丧失通过租赁物获取收益并发挥租赁物价值的手段。但是，这并不意味着，在长期租赁的情形，承租人就享有

---

① Beck'scher Online – Kommentar BGB/ Ehlert, § 540, Rn. 1.

② Münchener Kommentar zum BGB/ Bieber, § 540, Rn. 12.

③ 《最高人民法院关于审理城镇房屋租赁合同纠纷案件具体应用法律若干问题的解释》第十六条规定："出租人知道或者应当知道承租人转租，但在六个月内未提出异议，其以承租人未经同意为由请求解除合同或者认定转租合同无效的，人民法院不予支持。"

了不经出租人同意而转租的权利。我国合同法第二百二十四条要求转租应当获得出租人的同意，从解释上看，所有的租赁关系都应当适用这一规定，长期租赁也应当通过解释而排除在其适用范围之外。当然，考虑到长期租赁的特殊性，法律上应当设计相应的制度，以平衡出租人和承租人之间的利益。依据《欧洲民法典草案》第 IV. B. –7：103 条的规定：如果出租人没有适当的理由而拒绝转租的，承租人有权终止租赁合同，但必须在合理期限内通知出租人。这一规定对于妥当平衡长期租赁中出租人和承租人之间的利益关系具有积极意义。当然，承租人应当在合理期限内提前通知出租人。①

三、擅自转租合同的效力待定

转租行为包括经同意的转租和擅自转租。所谓擅自转租，是指未经出租人同意，而将承租的商品房转租给他人。关于擅自转租在法律上的效力，存在三种不同的观点：一是无效说。此种观点认为，擅自转租行为是无效的，因为擅自转租不仅侵害了出租人的所有权，而且也违反了与出租人之间的租赁合同，因此，一旦出租人对擅自转租的行为提出异议，就应该宣告该行为无效。② 二是有效说。此种观点认为，擅自转租行为是有效的，只是不得对抗出租人。③ 因为法律关于禁止转租的目的在于保护出租人的利益，但出租人可以通过行使解除租赁合同的权利以及请求承租人承担违约责任的方式来维护其利益，没有必要将转租合同宣告无效。④ 因可归责于承租人的原因导致不能使次承租人取得租赁物的使用、收益的权利，次承租人有权向其请求承担违约责任。⑤ 也就是说，承租人在不能将租赁物交付给次承租人时对其负担损害赔偿责任；⑥ 但是次承租人和出租人之间并不存在直接法律关系。⑦

---

① See Christian von Bar and Eric Clive, Principles, Definitions and Model Rules of European Private Law, Vol. 3, Sellier, European Law Publishers GmbH, Munich, 2009, p. 1594.

② 参见杜万华：《合同法精解与案例评析》，法律出版社 1999 年版，第 446 ~ 447 页。

③ Münchener Kommentar zum BGB/ Bieber, § 540, Rn. 22.

④ 参见邓基联主编：《房屋租赁合同纠纷》，法律出版社 2010 年版，第 105 页。

⑤ 同上注。

⑥ Beck'scher Online – Kommentar BGB/ Ehlert, § 540, Rn. 23.

⑦ Münchener Kommentar zum BGB/ Bieber, § 540, Rn. 23.

三是效力待定说。此种观点认为，在未经出租人同意的情况下，承租人擅自转租的，构成无权处分，应属于效力待定的行为。① 承租人未经出租人的同意而擅自将租赁物转租给他人，构成无权处分。虽然承租人擅自转让的只是占有权、使用权，并非转让他人的财产所有权，但承租人擅自将其占有权、使用权转让他人，也属于擅自处分他人财产所有权权能的行为。

笔者认为，在承租人擅自转租的情况下，如果一概认为合同有效，值得商榷。因为一方面，合同法第二百二十四条规定："承租人经出租人同意，可以将租赁物转租给第三人。"从反面解释来看，转租必须经过出租人同意，如果认为转租行为都是有效的，则该条规定形同虚设。另一方面，从所有权的内容来讲，出租人作为所有权人，有权决定对租赁物的租赁情况，如果未经其同意的转租就可以生效，则属于对其所有权的侵犯。第三，如果允许擅自转租，则不利于社会管理，例如次承租人擅自违法改装改建，或者利用房屋从事违法活动，就难以得到有效的控制和管理。

擅自转租时转租合同也并非当然无效，主要理由在于：第一，依据我国法律的相关规定，转租合同的效力取决于出租人是否解除合同。合同法第二百二十四条规定："承租人经出租人同意，可以将租赁物转租给第三人。承租人转租的，承租人与出租人之间的租赁合同继续有效，第三人对租赁物造成损失的，承租人应当赔偿损失。承租人未经出租人同意转租的，出租人可以解除合同。"依据合同法的上述规定，如果出租人不同意转租，则转租合同的效力是否受到影响，取决于出租人是否解除合同。如果出租人以承租人违约为由而请求解除合同，则租赁合同被解除后，承租人不再享有租赁权，自然无权将租赁权转租给他人。② 如果出租人不行使对租赁合同的解除权，该转租合同也继续有效。第二，转租合同仅仅涉及到出租人的利益，不涉及到社会公共利益，所以，不宜直接认定其为无效。从合同法的角度来看，无效合同制度的设立目的是为了制裁损害社会公共利益的行为。在擅自转租的

---

① 参见最高人民法院民一庭编著：《民事审判实务问答》，法律出版社 2005 年版，第 113 页。

② 依日本判例及德国的学说，如果出租人不中止租赁关系，出租人仍然可以所有权为据，向次承租人主张除去妨害。

情况下，主要是导致了出租人的利益遭受损害，一般不涉及社会公共利益，所以，不存在直接认定转租合同无效的法理基础。第三，直接认定擅自转租的合同无效，使得承租人和次承租人之间产生合同无效的民事责任，这既违反了当事人的意思，又使得法律关系复杂化。如果出租人不解除合同，出租人不得请求次承租人返还租赁物。因为既然出租人不中止租赁关系，就意味着承租人仍然享有租赁权，并享有对租赁物的占有、使用权，其将租赁物转租给他人，虽然构成对出租人的违约，但次承租人依转租合同取得对租赁物的占有、使用权也是有依据的。

笔者认为，擅自转租是一种效力待定行为，一方面，它符合此种合同的固有属性。在转租的情况下，承租人的行为构成对出租人财产权的无权处分；另一方面，它尊重和保护了出租人的追认权。在转租的情形，出租人享有"同意"的权利，这里所说的同意是广义上的，包括事前的同意，也包括事后的追认。如果出租人追认该行为，则合同有效，如果出租人拒绝追认，则转租行为归于无效。从我国司法实践来看，也通常采取了效力待定的做法。例如，在"柯萍萍诉阮小力房屋租赁合同纠纷案"中，法院认为，双方订立的转租合同，既未取得出租人的事先同意，也未取得出租人的事后追认，应属无效。因该合同取得的财产，应当予以返还。① 可见，我国司法实践也将其作为效力待定的行为对待。依据合同法第五十一条的规定，无权处分行为属于效力待定，应当取得出租人的追认，如果出租人认可该行为，则合同有效，如果出租人拒绝追认，则转租行为无效，但原租赁合同的效力不受影响。在次承租人没有要求出租人追认时，在出租人追认前，转租合同在承租人与次承租人之间仍然有效，次承租人向承租人交付的租金也不得请求返还。同时，鉴于擅自转租已经构成对合同义务的违反，出租人也有权在不确认转租合同无效的情况下，要求承租人承担违约责任。

依据合同法第二百二十四条，在擅自转租的情况下，出租人可以解除租赁合同。这是因为从原租赁合同来观察，承租人未经出租人同意而转租，违反了租赁合同中的义务，尤其是考虑到擅自转租可能会给出租人造成重大损害，因而这种违约通常构成根本违约，出租人应享有解除合同的权利。例

---

① 福建省厦门市湖里区人民法院（2012）湖民初字第636号判决书。

如，承租人可能会改变租赁物的用途，采用不当的方式使用租赁物等。因此，擅自转租构成根本违约，应当允许出租人解除合同。当然，如果出租人拒绝接受转租，要求次承租人返还，则应当先解除与承租人之间的租赁合同，才能够向次承租人要求返还。而在没有解除租赁合同的情况下，次承租人基于承租人与其之间的租赁合同而占有租赁物，仍然属于有权占有。因此，出租人不能要求次承租人返还租赁物。在擅自转租的情形下，出租人有权解除合同，即便次承租人没有过错，只要该转租行为没有取得出租人同意，出租人都有权解除合同。例如，承租人向次承租人表示其转租行为已经得到出租人同意，而事实上其并没有取得出租人同意的，即便次承租人没有过错，出租人仍可解除合同，请求次承租人返还租赁物。因为如果出租人解除了原租赁合同，则承租人对租赁物的占有都属于无权占有，出租人有权请求承租返还租赁物。问题在于，出租人应当基于何种请求权主张？笔者认为，在此情况下，出租人可以享有侵权请求权、物权请求权和不当得利请求权，在这三种请求权中选择一种对其最为有利的请求权而行使。[①] 在擅自转租的情形，出租人所享有的合同解除权的除斥期间是6个月。[②] 例如，在“重庆某某集团奉节县某某有限责任公司与奉节县某某大酒店有限责任公司租赁合同纠纷上诉案”中，出租人并未在6个月内请求解除合同，法院认定，转租视为符合法律的规定。[③]

四、擅自转租情形下次承租人与出租人的关系

在合法转租与擅自转租这两种形态下，次承租人与出租人的关系并不完

---

① 正如有学者所指出的，即使是单纯地使用而没有通过转租获得利益，也因为此种违法的使用而使承租人减少了必要的花费（如租赁其他人的财产应花费的租金），因此也可以认为构成不当得利。参见王泽鉴：《民法债编总论·不当得利》，台湾地区1990年自版，第230页。

② 依据《最高人民法院关于审理城镇房屋租赁合同纠纷案件具体应用法律若干问题的解释》第十六条规定：“出租人知道或者应当知道承租人转租，但在六个月内未提出异议，其以承租人未经同意为由请求解除合同或者认定转租合同无效的，人民法院不予支持。”

③ 重庆市第二中级人民法院（2011）渝二中法民终字第03084号判决书。

全相同。在擅自转租的情形，如果出租人拒绝追认该转租合同的效力，虽然出租人不能向次承租人主张租金，① 但根据合同法第二百二十四条第二款的规定，“承租人未经出租人同意转租的，出租人可以解除合同。”出租人据此解除与承租人之间的租赁合同之后，可以行使原物返还请求权，要求次承租人返还租赁物，② 次承租人不得以其对承租人享有的权利对抗出租人。

在擅自转租情形下，只要出租人没有对转租行为进行追认，次承租人与出租人之间就不会形成任何合同关系。但是，有几种特殊情形值得关注。(1) 次承租人向出租人交付了租金。此种情形虽然不多，但其在法律上属于以行为的方式作出意思表示，出租人收取租金的行为应当视为同意转租。各方主体之间发生合法转租的效果。(2) 承租人在转租并收取租金后下落不明，但出租人要求次承租人交付租金或者返还原物。这要依据具体情形来判断。在第一种情形，出租人并不愿意追认转租，但却认为次承租人毕竟已经实际居住，应当返还不当得利。此种情况下应当根据双方（出租人和次承租人）的过错来分担损失，但出租人和次承租人仍然都保留对承租人追偿的权利。如果承租人在转租时没有向次承租人证明其已经获得出租人授权，则次承租人具有过错，应当承担不利后果，需要返还不当得利。只有当次承租人是善意的，有合理理由相信承租人具有转租权或误信其为出租人的，才可以要求与出租人分担损失。在第二种情形，出租人不追认转租，而直接要求返还原物的，则次承租人应当无条件返还。(3) 出租人虽未追认转租行为，但发现次承租人在租赁过程中造成房屋的毁损，究竟应当由次承租人向出租人承担责任，还是应当由承租人向出租人承担责任？对此，学界的观点不一。一种观点认为，在此情况下，只能由次承租人向出租人负责。③ 另一种观点认为，即使因次承租人的过失导致租赁物的损失，出租人也只能要求承租人赔偿损失。④ 笔者认为，次承租人和承租人都应当向出租人负责，只不过，其法律基础不同。次承租人应当向出租人承担侵权责任，因为两者之间不存

---

① Beck'scher Online - Kommentar BGB/ Ehlert, § 540, Rn. 22a.

② Münchener Kommentar zum BGB/ Bieber, § 540, Rn. 23.

③ 参见崔建远：《新合同法原理与案例评释》，吉林大学出版社1999年版，第1094页。

④ 参见苏号朋：《转租的法律结构分析——兼评〈合同法〉第224条之不足》，载《浙江社会科学》2007年第2期。

在合同关系；而承租人应当向出租人承担违约责任。

还需要讨论的是，如果次承租人向承租人履行了交付租金等义务后，承租人未向出租人履行义务（如未按期缴纳租金），构成根本违约的，出租人有权解除合同。但在解除合同后，如何保护次承租人的利益？例如，原被告双方又签订一份《房地产租赁合同》，约定原告将其分得的房屋出租给洪福公司，租期为10年，在合同订立后第二年，承租人又与十五个小商户分别签订房地产租赁合同，合同约定，租期为9年，在这些合同订立后，承租人将这些合同送至出租人处，出租人签字表示同意。但在合同履行过程中，承租人多次收取次承租人租金后，未及时缴纳给出租人，出租人主张解除合同，收回租赁房屋。次承租人提出异议，认为出租人已经书面同意承租人的转租行为，次承租人主张继续租赁该房屋。由于承租人未及时支付租金，次承租人主张代为支付，继续履行租赁合同，但对此存在不同的意见，由此涉及经同意而进行转租的情形，次承租人如何保护的问题。

应当看到，转租合同在承租人与次承租人之间发生效力。在因承租人过错导致租赁合同被解除时，对次承租人而言，承租人的行为构成违反转租合同，应当依据转租合同向次承租人承担违约责任。次承租人无法直接向出租人提出请求。因此，因为承租人违约导致租赁合同被解除时，次承租人不能向承租人请求返还租赁物，但可请求承租人承担违约责任。这些损失主要包括：第一，如次承租人已经对租赁房屋作出的投资、宣传、装修费用等损失，都是因承租人的行为引起，次承租人有权请求承租人赔偿该部分损失。第二，在租金不断上涨的情形下，次承租人因另外签订合同而导致的损失，也有权请求承租人赔偿。第三，商业利益损失，即因承租人的违约行为给次承租人造成的商业经营上的损失。

但是，在经出租人同意而转租的情形，如果因承租人的原因导致原租赁合同解除，是否应当允许次承租人继续租赁？对此存在不同观点，一种观点认为，转租合同依附于租赁合同而存在，承租人所享有的转租权源于其根据租赁合同获得的租赁权。当租赁合同终止时，承租人不再享有租赁权，因此其与第三人签订的转租合同也应随之终止。所以，如果出租人解除租赁合同，则转租合同效力也终止。在此情形，次承租人的租赁权丧失存在基础，即便次承租人没有过错，也不得向出租人主张继续履行转租合同。① 另一种观点认为，转租合同虽然依附于原租赁合同，但其仍然具有相对独立性。转租合同是在租赁合同订立之后，在次承租人与承租人之间订立的，出租人并非合同当事人，其与原租赁合同是相区别的。如果出租人仅仅只是同意转租，但没有对期限条款提出明确意见，则应当推定出租人默示接受原租赁合同的期限和内容。对于超出原租赁合同的期限和内容，即便承租人与次承租人之间作出了约定，次承租人也不应当向出租人主张这些约定的效力。但如果转租合同已经载明了期限，并经出租人同意的，此时次承租人有权主张其期限利益受到保护。笔者赞成后一种观点，主要理由在于：

第一，这符合诚信原则的要求。由于出租人已经作出了允诺。如果出租人已经同意转租合同，甚至已经作出了书面同意，载明转租期限的，则应当认为，出租人已经向次承租人作出了允诺。按照禁反言的规则，出租人不得违反允诺。由于出租人解除合同是因承租人的行为而非次承租人的行为导致的，所以依据诚信原则，出租人在书面允诺同意承租人在一定期限内转租的情形，则出租人应当尊重次承租人的期限利益。如果诚信的次承租人不能获得保护，则不利于鼓励人们的守约行为。

第二，这有利于保护次承租人的生存利益。在出租人解除租赁合同的情形，转租合同的效力也可能终止，如果仅对次承租人的商业利益损失进行救济，可能不利于次承租人的充分保护，因为租赁合同还可能关系到次承租人的居住利益。由于次承租人对转租合同的效力有一定的合理期待，此种期待利益应当受到法律保护。因为居住利益属于生存利益的范畴，此处的生存利益既包括住宅承租人的居住利益，也包括不动产商业承租人的商业维持利益。在民法价值序列中，生存利益位阶较高，属于应当予以优先保护的利益类型。出租人随意转让租赁物会对承租人的生存利益造成重大影响，因此，应当对承租人的生存利益予以优先保护。② 同时，由于转租合同仅在次承租

① 例如，《上海市房屋租赁条例》第三十二条、《合肥市城市房屋租赁管理办法》第三十一条规定："转租期间，原租赁合同变更、解除或终止的，转租合同也相应变更、解除或终止。"

② 参见张双根：《买卖不破租赁》，载王洪亮等主编：《中德私法研究》（第一卷），北京大学出版社2006年版，第15页。

人与承租人之间发生效力，次承租人仅能向承租人请求损害赔偿，如果承租人无力赔偿，则次承租人很难得到充分救济。

第三，这符合次承租人的合理期待。次承租人对期限利益本身有一定的合理期待，即在出租书面允诺的情形，承租人才能够进行投资、从事装修、装饰等活动。从经济效率的角度来看，保护次承租人的合理期待具有积极意义。

因此，虽然转租合同的效力具有一定的从属性，但在出租人书面同意承租人转租行为的情形下，也应当对出租人的解除权作出一定的限制，以尽量维持转租合同的效力，从而强化对次承租人的保护。① 正是基于这一理念，《最高人民法院关于审理城镇房屋租赁合同具体应用法律若干问题的解释》第十七条规定："因承租人拖欠租金，出租人请求解除合同时，次承租人请求代承租人支付欠付的租金和违约金以抗辩出租人合同解除权的，人民法院应予支持。但转租合同无效的除外。"据此，在合法转租的情况下，如果承租人拖延支付租金，次承租人有权代承租人支付租金和违约金，从而避免合同被解除。例如，甲将房屋租赁给乙，乙经甲的同意将房屋转租给丙。后甲以乙拖欠绝大部分租金为由，主张解除合同，如果次承租人丙提出愿意代乙向其支付租金，在此情形下，甲不得再行使合同解除权。这就意味着，在合法转租的情形下，次承租人代承租人支付租金同样能够使出租人的合同目的实现，出租人不得再解除合同。

① 参见苏号朋：《转租的法律结构分析——兼评〈合同法〉第224条之不足》，载《浙江社会科学》2007年第2期。

论公司决议瑕疵下的股东权利救济

——兼论公司法[①]第二十二条之完善

唐旭超*

一、问题的提出

某有限责任公司成立于2008年5月28日，注册资本100万元由孙某、许某等7人分别缴纳，其中许某出资5万元，占股比例为5%。2009年2月10日，该公司股东会作出决议，许某以外的其他股东一致同意将注册资本增至1100万元，并相应调整持股比例、修改公司章程。该股东会决议上有许某以外的其他股东的签名。2010年6月29日，许某以该股东会决议侵犯其参加股东会会议和优先认购增资的权利为由，诉至法院，请求确认其无效。法院经审理认为，虽然许某在2009年2月10日股东会会议召开时具有股东身份，该会议召开前亦确未通知许某，但不当然侵犯许某优先认购增资的权利，遂驳回了许某的诉讼请求。[②]

---

* 北京市第二中级人民法院法官、中国人民大学法学院博士研究生。

① 如无特别说明，本文所称“公司法”均指2005年公司法。

② 参见北京市第二中级人民法院（2011）二中民终字第02021号民事判决。

二、公司决议及其瑕疵：界分与类型化

（一）公司决议之界分：是否关系公司经营管理

公司决议是公司的意思表示，由有权代表公司的机关（股东会、股东大会或董事会）在其职权范围内依照法定或约定的程序作出。从最广泛的意义上讲，公司股东会、股东大会或董事会依照法定或约定程序作出的决议均属于公司决议。但在实践中，部分以股东会、股东大会或董事会名义作出的决议与公司经营管理并无直接关联，如有限公司股东向其他股东或股东以外的人转让股权时，往往以股东会决议而非股权转让协议的形式进行，决议中既有转让人与受让人就股权转让达成一致意思表示的内容，又有其他股东行使同意权和优先购买权的内容。此种决议虽冠以公司决议之名，但并无公司决议之实。

一是从内涵看。近代民法理论将决议归为法律行为之一种。决议主要出现在社团法中，是集体意思形成的一般性制度，社团或者由多人组成的董事会通过决议形成其意思。① 决议是“与合同并列的一种法律行为，应从合同中分离出来”。② 也有学者认为，决议是指多个民事主体在作出意思表示的基础上依据表决原则作出决定，“多个民事主体”通常是指法人或其他组织的成员以及法人或者其他组织内部设立的机构，如股份有限公司股东大会、有限责任公司董事会等。③ 公司决议由股东会、股东大会或董事会依据特定的表决规则作出，并非股东或董事个人作出，而在股东向股东以外的人转让股权的情况下，股东会决议虽以股东会名义作出，但本质上是股东就是否同意及受让待转让股权作出的意思表示的简单叠加，是一种合同行为。

二是从作出规则看。与合同和共同行为不同，在多数决议中所有意思表

---

① ［德］迪特尔·梅迪库斯：《德国民法总论》，邵建东译，法律出版社2001年版，第165～167页。

② ［德］卡尔·拉伦茨：《德国民法通论》，王晓晔等译，法律出版社2003年版，第433页。

③ 王利明主编：《民法》，中国人民大学出版社2010年版，第104页。

示无须一致，只要已达到必要的多数，决议就具有约束力。① 也就是说，决议中团体的意思表示与部分团体成员的意思表示可以是不同甚至截然相反的，某一成员的反对并不必然影响决议的作出。而在股东向股东以外的人转让股权的情况下，只要某一股东愿意在同等条件下受让待转让股权，即获得优先权，关于股权转让的“决议”即无法作出，而不论该股东的持股比例是否达到“必要的多数”。

三是从现行立法看。从公司法第三十八条、第四十七条、第一百条和第一百零九条的规定看，股东会、股东大会和董事会的职权均与公司经营管理有关，股东会、股东大会或董事会在其职权范围内作出的公司决议必然也直接关系公司经营管理，就股权转让事项进行讨论和表决并非股东会、股东大会或董事会的法定职权。

（二）公司决议瑕疵：类型化的区分

公司决议的作出应当遵循“内容合法、程序严谨”的基本原则，② 1993年公司法将公司决议瑕疵限定为“违反法律、行政法规，侵犯股东合法权益”，并未严格区分内容与程序，现行公司法则作了这种区分，在其第二十二条第一款、第二款规定：“公司股东会或者股东大会、董事会的决议内容违反法律、行政法规的无效。股东会或者股东大会、董事会的会议召集程序、表决方式违反法律、行政法规或者公司章程，或者决议内容违反公司章程的，股东可以自决议作出之日起六十日内，请求人民法院撤销。”

一是内容瑕疵。内容瑕疵是指公司决议内容违反法律、行政法规的规定，或者违反了公司章程的约定。公司法将违反章程的公司决议纳入调整范围，是正确的，充分体现了对公司自治的尊重。民商事法律关系价值判断的一般规则认为，民事主体得自由地基于其意志去进行民事活动，这种自由体现在两个方面：首先是免受干预地作出自主决定的消极自由，其次是得请求

① ［德］汉斯·布洛克斯、沃尔夫·迪特里希·瓦尔克：《德国民法总论》，张艳译，中国人民大学出版社2012年版，第76页。

② 刘俊海：《新公司法的制度创新：立法争点与解释难点》，法律出版社2006年版，第232页。

发动公权力保护自主决定实现的积极自由。[①] 章程是全体股东共同制定的公司的最高自治规范，应当得到包括股东、董事在内的所有人员的遵守。

二是程序瑕疵。公司决议过程本身即是法律程序，程序瑕疵是指公司决议程序违反法律、行政法规规定，或者公司章程的约定。股东或其委派的董事参加股东会、股东大会或董事会会议，是股东权利行使的前提。因此，公司决议的程序瑕疵主要有二：一是股东、董事以外的原因导致其未参加股东会、股东大会或董事会会议，主要是未获通知；二是股东、董事以外的原因导致其虽然参加会议，但未对决议事项进行表决。股东或董事自身原因导致其未参加股东会、股东大会、董事会会议或者未进行表决的，如变更住所地或经常居住地但未告知公司致使其未收到会议通知，即不得以程序瑕疵为由请求法院撤销公司决议或确认其无效。

三、股东权利救济：与公司经营稳定之间的平衡

（一）公司经营稳定与股东权利救济：难以避免的冲突

公司被普遍认为是拟制的法人，具有独立的民事主体资格和独立的财产，能够独立从事民事活动。股东向公司缴纳出资后即丧失对出资的控制，公司获得了股东出资的所有权，股东则按照出资比例或约定的其他比例从公司分配股息和红利。股东获取投资收益这一目标的实现，需要以公司的经营稳定为基础。因此，作为公司的决策机关，股东会、股东大会或董事会的决议一般应得到遵守。

但公司作为一个法律实体而存在，并不意味着公司可以完全摆脱股东的控制，股东权利保护的理论基础在于“公司在本质上公司是股东投资的工具，股东是公司的所有者权益享有者”。[②] 强化股东权保护有利于激发广大民事主体投资热情，能够有效拉动投资需求，刺激国民经济平稳、快速、可持续发展，也有利于完善公司治理，促进公司活动走向法治，还有利于推动国

---

① 王轶：《民法价值判断问题的实体性论证规则——以中国民法学的学术实践为背景》，载《中国社会科学》2004 年第 6 期。

② 常健：《回归与修正：对公司本质的重新解读——兼评〈中华人民共和国公司法〉的相关规定》，载《法商研究》2007 年第 1 期。

有企业公司制改革。① 因此，赋予股东对公司决议提出异议的权利，也是合乎法治精神的。这就意味着保护股东尤其是中小股东权利与维持公司经营稳定之间存在难以避免的冲突，也正因为公司法律关系中利益冲突的无处不在，有学者将公司法的核心使命界定为“如何平衡公司法律关系中的强者与弱者、被代理人（本人）与代理人之间的利益关系”。② 公司决议存在内容或程序瑕疵时，在救济股东权利与维持公司经营稳定之间必须作出取舍。

（二）价值选择：以维持公司经营稳定为基础

股东权利的实现需要以公司经营稳定为基础，而对公司决议效力的尊重是维持公司经营稳定的前提。且公司决议一旦形成，“公司就以该决议有效为前提形成后续法律关系，产生诸多利害关系人，决议的撤销可能破坏多方面的法律关系，尤其会对信赖决议的善意第三人利益造成损害，破坏第三人对公司决议效力的合理信赖，危害交易安全和法律秩序的稳定”。③

正是基于对公司决议效力的尊重，多个国家在公司法修订过程中引入了裁量驳回制度，对股东请求撤销公司决议的条件进行限制。该制度最早于1938年《日本商法》修订时确立，④ 2005年修订的《日本公司法》第831条第2款作了规定。一般认为，该制度允许法院在公司决议瑕疵确实存在时仍裁决驳回股东撤销公司决议的请求，但须满足以下条件：一是决议的瑕疵为股东大会召集程序或决议方法违反法令或章程，二是该瑕疵不重大，三是该瑕疵对决议结果不构成影响。⑤ 英国议会2006年通过的《公司法》也在第313条第1款规定：“如果公司发出成员大会或意图在会议上被提出决议的通知，在确定会议或决议通知是否被适时发出时，任何偶然未能向一人或数人发出的通知应当不予考虑。”⑥ 我国台湾地区在2001年修订“公司法”时也

---

① 刘俊海：《股份有限公司股东权的保护》，法律出版社2004年版，第73~75页。

② 刘俊海：《论法官公司争讼裁判思维的创新》，载《法律适用》2013年第5期。

③ 蔡立东、杨宗仁：《论股东会决议撤销权的主体及其行使》，载《当代法学》2008年第5期。

④ 钱玉林：《股东大会决议瑕疵的救济》，载《现代法学》2005年第5期。

⑤ ［日］前田庸：《公司法入门》，王作全译，北京大学出版社2012年版，第457~458页；张凝：《日本股东大会制度的立法、理论与实践》，法律出版社2009年版，第294页。

⑥ 葛伟军译：《英国2006年公司法》，法律出版社2012年版，第191~192页。

将裁量驳回制度增补为第189条之一。韩国公司法则将裁量驳回制度进一步扩大适用于股东请求确认公司决议无效的情形，“关于设立无效、撤销之诉以及决议撤销、无效之诉等一部分诉讼，即使原告的主张有理由，法院考虑各种情况，可以裁量驳回起诉，按原告的请求判决和尊重已经形成的法律关系的利益衡量中，可以将团体法律关系的稳定优先”。①

我国公司法第二十二条第三款规定，公司有权要求提起撤销公司决议之诉的股东提供担保，也是出于维持公司经营稳定的考虑。有学者甚至认为，应将尽量维持公司决议效力作为公司决议效力裁判的审判原则之一，裁判者不能仅以公司决议存在形式瑕疵就废除决议的效力，还要在实质上审查公司决议的形式瑕疵是否导致了实质上的不公平。② 在提起决议撤销之诉的情形中，如果召集程序或者决议方法虽然违反法令或者公司章程，但是如果违反的事实并不严重，且不影响决议的公正时，法院可以驳回起诉。③

（三）冲突的解决：几点平衡标准

1. 表决权比例

表决权比例意味着股东对公司的控制程度，大股东或控制股东持有的表决权比例较高，在公司决议作出过程中能够行使较大的控制权。因此，平衡控制股东与中小股东权利的法律制度通常也围绕表决权展开，如中小股东通过累积投票、表决权征集等方式，能尽量避免对其不利的公司决议的作出。但资本市场的基本原则就是股权平等、同股同权，持有表决权比例较高的股东通常出资额较大，应在公司决议作出过程中拥有与其持股比例相当的表决权比例，除非其自愿放弃。而少数股东的表决权对表决结果是微不足道、可有可无的，他应当“合理”忍受这种多数决的事实，程序公正对他而言确实没有太多的实际价值，除非他是具有超强劝说能力的天才或采取诸如表决权征集之类的行为。④

---

① ［韩］李哲松：《韩国公司法》，吴日焕译，中国政法大学出版社2000年版，第84～85页。

② 胡田野：《公司法律裁判》，法律出版社2012年版，第488页。

③ 梁上上：《股东表决权：公司所有与公司控制的连接点》，载《中国法学》2005年第3期。

④ 丁绍宽：《股东会瑕疵决议的效力研究》，载《法学》2009年第6期。

在司法实践中，股东所持表决权比例也是法院是否支持其撤销或确认公司决议无效请求的一个重要事由。我国台湾地区“最高法院”在2009年台上字第311号判决中驳回了股东撤销股东会决议的请求，认为“公司召开系争股东临时会，股东出席率为86.75%，经出席股东83.63%之同意通过讨论事项，股东之表决权显不足以影响系争股东临时会之决议，该股东临时会纵有违反召集程序或决议方法，其违反之事实非属重大且于决议无影响”。①

2. 受损权利性质

依照我国公司法第四条的规定，股东享有资产收益、参与重大决策和选择管理者等权利。股东享有的权利包括自益权和共益权，自益权指对所持股份进行处分、分配股息和红利的权利，共益权则指股东因参与公司经营管理而享有的知情权、表决权等。股东共益权的实现仰赖于公司决议的作出，而自益权一般由股东自行处分即可。

一般来说，如果瑕疵公司决议侵犯了异议股东的自益权，或者以公司决议的形式取消了异议股东或其代表担任公司某种职务（如法定代表人）的资格，异议股东获得救济的可能性较大，如果瑕疵公司决议侵犯的仅是异议股东出席股东会、股东大会或董事会会议的权利，或者表决权等共益权，应当尽可能作出有利于维持公司经营稳定的价值判断。

3. 权利受损程度

异议股东权利因瑕疵公司决议而受损的程度通常也是瑕疵公司决议是否被撤销或确认无效的重要事由。如某股东或其代表原任公司法定代表人，后股东会决议变更法定代表人，但在决议作出前并未通知该股东，该股东亦未行使表决权，此种瑕疵公司决议即是从根本上损害了股东的权利，这种情况下应当优先保护股东权利。又如公司作出了增加注册资本的决议，但在股东会召开时并未通知全体股东，侵犯的仅是未获通知股东的或有权利，公司原股东即使有权优先认购增资，是否认购亦不确定，瑕疵公司决议并未损害其已经持有的股权，且公司增资后经营已发生变化，应以维持公司经营稳定为重。

---

① 陈新三编著：《公司法裁判汇编》，台湾地区新学林出版股份有限公司2009年版，第608页。

4. 异议股东起诉时间

为督促当事人及时行使权利，保障交易安全和交易秩序的稳定，各国民事诉讼法律制度都设定了当事人寻求权利救济的诉讼时效。诉讼时效的基本价值是合理配置有限的司法资源、确立公权力对私权利提供救济的界限、平衡权利人与义务人之间的利益关系。① 虽然确认公司决议无效纠纷是否适用诉讼时效尚存争议，② 但如果股东在公司决议作出较长时间后才提起确认无效之诉，法院有理由认定其怠于行使权利，从而作出有利于维持公司经营稳定的裁决。而在公司决议撤销纠纷中，各国公司立法都设立了除斥期间，如我国公司法规定为60天，我国台湾地区“公司法”规定为30天。

四、股东权利救济的路径：以股东或董事未获通知为中心的展开

（一）股东或董事未获通知情形下作出的公司决议：是否存在

公司决议的作出需要以股东或董事被通知参加会议为前提，但在实践中，由于恶意不通知（比如冒用股东或董事签名），或者通知不准确（比如付诸会议表决的事项超出了通知的内容），股东或董事未获通知的情形大量存在。就股东或董事未获通知情形下作出的公司决议，依公司决议瑕疵下股东救济路径的“二分法”与“三分法”，而有是否存在之分别。

德国和我国台湾地区立法采“二分法”，认为公司决议作出后，仅有被撤销或确认无效的可能，“股东会决议之无效与撤销，除内容违反法令与章程时，应为无效，程序上违反法令或章程，股东得于一定期限内诉请撤销”。③ 日本、韩国公司立法则采“三分法”，股东在公司决议出现瑕疵时除有权请求法院撤销或确认其无效外，还有权请求确认其不存在。如《韩国商法》第381条之规定，股东会、股东大会的召集程序或决议方法中存在辨认不出决议存在与否的严重瑕疵，股东有权请求法院确认公司决议不存在。所

---

① 杨巍：《反思与重构：诉讼时效制度价值的理论阐释》，载《法学评论》2012年第5期。

② 参见邹明宇：《诉讼时效制度在请求确认合同无效案件中的适用》，载《人民司法》2012年第24期。

③ 王绍堉：《股东会决议之无效与撤销》，载林咏荣主编：《商事法论文选辑（上）》，台湾地区五南图书出版公司1984年版，第95~96页。

谓决议不存在，指自决议成立过程观之，显然违反法令，在法律上不能认为有股东会或其决议之成立之情形而言，[1]，股东或董事未获通知情形下作出的公司决议显然不成立。[2]

笔者认为，公司决议自作出之时在事实上即告成立，因为其具备了民事行为成立的两个一般要件——当事人与意思表示，至于其是否生效，则需要法律进行价值判断。我国公司法修改后的股东会瑕疵决议效力的规定在经历了学说、司法与实务操作层面的批评、检讨与解释后，形成了现行法第二十二条的立法架构，即采用了“二分法”的思路，区分无效和可撤销之诉。[3]公司决议瑕疵下的股东权利救济路径有二：一是请求法院确认公司决议无效，二是请求法院撤销。有鉴于此，最高人民法院在2011年修订的《民事案件案由规定》中规定了公司决议纠纷的两种类型，一是公司决议效力确认纠纷，二是公司决议撤销纠纷。

（二）中国法下的股东权利救济路径：公司法第二十二条之适用

1. 请求撤销公司决议

公司法将瑕疵公司决议下股东行使撤销权的时间限定为公司决议作出后的60日内，事由包括股东会、股东大会或董事会会议召集程序、表决方式违反法律、行政法规或公司章程，或者决议内容违反公司章程，如无召集权人召集会议、未通知全体股东或董事、伪造部分股东或董事签字、出席会议或表决通过公司决议的比例不符合法律规定等。

股东或董事如果未被通知参加股东会、股东大会或董事会会议，一般难以在决议作出后60日内知道决议之存在。但公司法规定的60日为除斥期间，股东在除斥期间经过后提起撤销之诉的，法院一般不予支持。股东在公司决议作出60天后要求撤销的，不应得到支持，股东怠于行使撤销权的法律后果应由其自行承担。股东大会决议遭遇程序瑕疵或者其内容违反法律或章程，时常出现，但是，假如可以在数年之后，从任何一个违反法律或章程中

---

① 柯芳枝：《公司法论》，中国政法大学出版社2004年版，第232页。

② 参见苏翠萍：《股东大会决议不存在制度比较》，载王保树主编：《商事法论集（总第16卷）》，法律出版社2009年版，第248页。

③ 姚涛：《股东会决议程序瑕疵情形效力探析——以科斯法律经济学分析为视角》，载《东南大学学报（哲学社会科学版）》2011年第S1期。

推导得出股东大会决议无效，则是不可承受的。[①]

2. 请求确认公司决议无效

正因为法院对股东在公司决议作出 60 天后提起的撤销之诉一般不予支持，而提起确认无效之诉又不受公司决议作出时间的限制，因此，股东提起的公司决议纠纷诉讼多为公司决议效力确认纠纷，公司决议撤销纠纷较少。以北京市第二中级人民法院为例，该院自 2011 年 4 月 1 日至 2013 年 6 月 20 日共受理确认公司决议效力纠纷案件 19 件，公司决议撤销纠纷仅为 2 件。[②]在股东或董事未获通知的情况下，法院多认为“违反法律、行政法规的强制性规定，应属无效”,[③] 因为公司法严格规定了股东会或股东大会会议的召集程序、表决方式，伪造股东或董事签名显然违背这一规定。也有人认为签名被伪造时，股东或董事并不知道股东会、股东大会或董事会会议召开的事实，公司决议当然违背股东的真实意思，损害股东权利，应归于无效。[④] 但股东或董事未被通知并不属于公司法第二十二条第一款规定的“决议内容违反法律、行政法规”的情形。

一是公司法关于股东会、股东大会或董事会会议召集程序和表决方式的规定不属于第二十二条第一款规定的“法律、行政法规”的范畴。一般认为，公司决议无效的原因应当是决议内容违反了法律法规的强制性规定，或者侵害了社会公共利益。[⑤] 强制性规定又分为效力性的强制性规定和管理性的强制性规定，前者着重违反行为之法律行为价值，以否认其法律效力为目的，后者着重违反行为之事实行为价值，以禁止其行为为目的。[⑥] 而认定强制性规定是否属于效力性的标准有三：一是违反法律、行政法规同时构成了违反社会公共利益的，二是禁止某类物的流转、禁止当事人实施某些行为

---

① ［德］格茨·怀克、克里斯蒂娜·温德比西勒：《德国公司法》，殷盛译，法律出版社 2010 年版，第 548 页。

② 《民事诉讼案由规定》修订后于 2011 年 2 月 18 日发布，2011 年 4 月 1 日生效。

③ 郭佳宁：《伪造股东会决议法律问题探析》，载《特区经济》2011 年第 1 期。

④ 参见北京市第二中级人民法院（2012）二中民终字第 14585、14587、15775 号等民事判决。

⑤ 刘俊海：《股份有限公司股东权的保护》，法律出版社 2004 年版，第 310 页。

⑥ 史尚宽：《民法总论》，中国政法大学出版社 2000 年版，第 330 页。

的，三是明确规定违反者无效的。[①] 从这个意义上讲，公司法关于股东会、股东大会或董事会会议召集方式和表决程序的规定，应当属于管理性的强制性规定，而非效力性规定，违反该规定并不导致公司决议的当然无效。

二是公司法第二十二条第一款规定除了强调违反法律、行政法规外，还强调违反法律、行政法规的须为“决议内容”，而非决议程序。而股东或董事未被通知参加股东会、股东大会或董事会，属于召集程序或表决方式违反法律、行政法规，并不当然导致决议内容违反法律、行政法规。

(三) 公司法第二十二条之适用：股东权利救济难以实现

代办工商登记的现象在我国客观存在，而代理人通常没有授权，这就暗藏着较大的法律风险。股东在对公司经营管理不满时，可以此前公司决议上其签名系伪造为由恶意提起诉讼，如果法院撤销或确认公司决议无效，将严重破坏公司经营稳定。但也确实存在控制股东或实际控制人恶意不通知中小股东参加股东会、股东大会或董事会会议，作出瑕疵公司决议的情形，如果不对中小股东权利加以救济，也有违公平原则。依照公司法第二十二第一款、第二款之规定，在股东或董事未获通知参加股东会、股东大会或董事会会议的情况下，股东难以在公司决议作出后60日内提起撤销之诉，请求确认公司决议无效又欠缺事实和法律依据，其权利难以获得救济。

因此，有学者认为，在法律没有明文规定的情况下，法院应当允许股东提出侵权之诉，由负有通知义务的公司高管个人对未被通知参会的股东承担赔偿责任。[②] 不可否认的是，救济是侵权责任法的主要功能，[③] 但此种情形下的股东权利救济显然难以通过侵权责任法实现，公司在实质上是一系列契约关系的联合，“构成公司的关系之网就是经由公司内部利益相关者之间错综复杂的合同编织而成的，公司关系之网就表现为合同之网，公司就是一系列交织在一起的明示和隐含合同”，[④] 对股东或董事作出股东会、股东大会或

---

① 崔建远：《合同法》，北京大学出版社2012年版，第88~89页。

② 冒金山：《公司决议诉讼之裁判思路》，载赵旭东、宋晓明主编：《公司法评论》2007年第4辑，人民法院出版社2008年版，第183页。

③ 王利明：《民法典体系研究》，中国人民大学出版社2012年版，第650页。

④ 蔡立东：《公司本质论纲——公司法理论体系逻辑起点解读》，载《法制与社会发展》2004年第1期。

董事会通知的义务也是一种契约义务，而非法定义务，股东寻求权利救济的基础应是契约法律关系，而非侵权法律关系。

五、公司法第二十二条之完善：股东权利救济与制约并重

（一）股东知情权的保护：股东权利救济之基础

对我国公司法第二十二条第二款诟病的主要理由是其忽视了一个事实基础，即股东依据该规定提起撤销权之诉以股东知道公司决议作出的事实为前提，如果股东根本不知道公司决议作出的事实，不可能在公司决议作出后60日内向法院提起诉讼。而在大量发生的控制股东伪造其他股东签名作出股东会决议的纠纷中，被伪造签名的股东并不知道公司决议已经作出的事实，根本无法依据该规定提起撤销之诉。

因此，合理的方式是将其修改为“股东可以自知道或应当知道决议作出之日起60日内，请求人民法院撤销”。一方面，股东知道公司决议的作出是股东知情权的应有之义，是股东权利保护的当然内容。在繁杂的股东权利体系中，知情权作为一项基础性、工具性的权利，是股东据以了解公司经营情况与财务状况并进一步主张其他权利的利器。① 另一方面，依照我国合同法第五十五条的规定，合同撤销权的消灭基于两个事由：一是具有撤销权的当事人自知道或者应当知道撤销事由之日起1年内没有行使撤销权，二是具有撤销权的当事人知道撤销事由后明确表示或者以自己的行为放弃撤销权，均以当事人知道撤销权之存在为前提。作为与合同并列的民事行为之一种，公司决议的撤销也应以权利人知道撤销权之存在为基础，而这又以股东知道公司决议之存在为前提。

（二）除斥期间：股东行使撤销权之限制

除斥期间是指法律规定或当事人依法确定的某种权利预定的存续期间，该期间届满，则权利当然消灭。② 与诉讼时效期间不同的是，除斥期间经过后，当事人的权利当然归于消灭，而不仅仅是丧失实体胜诉权。除斥期间的设定目的在于督促认为权利受损的股东尽快寻求权利救济，避免使公司决议

---

① 李建伟：《股东知情权诉讼研究》，载《中国法学》2013年第2期。

② 史浩明：《论除斥期间》，载《法学杂志》2004年第4期。

效力处于不确定的状态，危害公司经营稳定。不规范授权下的代办公司登记现象在我国客观存在，如果法院仅以公司决议上的股东或董事签字非其本人所签为由裁决撤销公司决议或确认其无效，将严重损害相当一部分公司的经营稳定。

对股东权利的行使加以限制是必须的。依照我国公司法第四十条、第一百零一条的规定，有限责任公司定期会议应当依照公司章程的规定按时召开，临时会议则因股东、董事、监事的提议而不定时召开，股份有限公司股东大会则应每年召开一次年会。因此，股东一般应在公司决议作出后1年内提起撤销之诉，有限责任公司章程可以作出例外约定。这一方面是维持公司经营稳定的需要，另一方面，股东作为公司最终所有者权益获得者，有监督公司经营管理的义务，怠于行使撤销权的不利后果应由其自行承担。

（三）无效情形的限定：防止其滥用

确认公司决议无效的唯一条件应当是“公司决议内容违反法律、行政法规的强制性规定”，公司法第二十二条第一款的规定并不明确，部分法院在审理股东以其签名被伪造为由提起的确认公司决议无效之诉时，以公平原则为基础，认为决议程序违反公司法关于股东会、股东大会或董事会会议召集程序、表决方式的规定，导致公司决议内容违反法律、行政法规，进而确认公司决议无效。这种扩大适用无疑将会导致股东诉权的滥用，损害公司的经营稳定。

六、结论

公司决议是指公司股东会、股东大会或董事会作出的与公司经营管理有直接关联的决议，自作出之时起即告成立。公司决议瑕疵则指公司决议程序或内容上存在的可撤销或被确认无效的事由，包括内容瑕疵和程序瑕疵。我国公司法第二十二条第一款、第二款赋予了股东请求法院撤销公司决议或确认其无效的权利，但由于并未涵盖股东或董事未获通知的情形，导致此类案件在司法实践中的裁决方式较为混乱，股东请求确认公司决议无效的条件并不成就，请求撤销又超过了法定期间。股东权利保护与公司经营稳定维持之间的冲突难以避免，公司决议存在瑕疵时尤其如此。公司决议瑕疵下的股东权利救济应以公司经营稳定维持为首要目标，在此基础上，法院须结合股东所持表决权比例、受损权利性质、权利受损程度、股东起诉时间等因素综合判定是否撤销公司决议或确认其无效。就本文所列案例而言，股东许某在公司决议作出 1 年后才提起确认公司决议无效之诉，其持股比例仅占增资前的 5%，增资后的 4.5‰，且公司决议侵犯的是许某优先认购增资的权利，法院以维持公司经营稳定为由驳回其诉讼请求，应当说是正确的。且该案中存在瑕疵的是股东会会议召集程序而非决议内容，并不成就公司法第二十二条第一款之规定，如果判决能对此加以确认，说理会更加充分。

公司法第二十二条第一款、第二款的完善也应从保障股东知情权、设定股东提起撤销之诉的除斥期间、明确确认公司决议无效的条件等方面入手，将股东提起撤销之诉的期间限定为“知道或应当知道公司决议之日起 60 日内”，同时规定“股东在公司决议作出 1 年后请求撤销的，人民法院不予支持”，此外，应将确认公司决议无效的条件严格限定为“决议内容违反法律、行政法规的强制性规定”，防止股东滥用诉权。

食品药品民事纠纷案件司法解释中的重点与难点

王毓莹*

为正确审理食品药品纠纷案件，依法保护消费者的合法权益，2013年12月9日，最高人民法院审判委员会第1599次会议讨论通过了《关于审理食品药品纠纷案件适用法律若干问题的规定》（以下简称《规定》），自2014年3月15日起施行。

一、《规定》的起草背景和过程

（一）起草背景

《规定》的起草主要是出于两个方面的考虑。一个因素是外部因素，即国家对于食品药品安全的重视。另一个因素是内部因素，即解决人民法院在审理食品药品纠纷案件中遇到的问题，以统一裁判尺度。

1. 外部因素：国家对于食品药品安全的高度重视。

“国以民为本，民以食为天。”食品、药品安全关系到公民的人身健康和生命、财产安全，也关系到社会的稳

* 最高人民法院民事审判第一庭法官，法学博士。

定与发展。近几年来，我国频繁发生食品、药品安全事件，如“苏丹红”“毒胶囊”以及“问题奶粉”等事件，屡屡引发社会公众对食品、药品安全的心理恐慌，对社会稳定和经济发展造成巨大冲击。国家高度重视食品、药品安全问题，在2013年12月23日至24日召开的中央农村工作会议上，中央要求用最严谨的标准、最严格的监管、最严厉的处罚、最严肃的问责，确保人民群众“舌尖上的安全”。本《规定》的制定，立足于依法维护广大消费者的合法权益，引导因食品、药品质量问题、安全问题受到损害的消费者，运用法律手段维护合法权益，同时依法制裁假冒伪劣食品、药品的生产经营者，以构建规范有序、安全放心的食品、药品市场。

2. 内部因素：人民法院审理食品药品民事纠纷案件的需求。

随着食品药品案件的增多，人民法院在司法实践中遇到的难点问题也日益增多。由于食品、药品纠纷涉及人身损害，不仅会产生违约责任，而且还会产生侵权责任，案件受到食品安全法、消费者权益保护法、合同法、侵权责任法等一系列法律法规的调整，适用法律非常复杂，办案中遇到的程序和实体问题亟待解决。由于各地法院对相关法律条文的理解不同，出现了“同案不同判”的情况，因此，需要通过制定司法解释加以规范。为统一裁判尺度，维护司法权威，《规定》应运而生。这也是食品药品民事纠纷案件的特点决定的。食品药品民事纠纷案件具有如下特点：

（1）案件小幅上升，进入诉讼的案件数量并不多。

近年来，食品药品纠纷案件已经成为全国法院民事审判工作中社会关注度较高、涉及范围较广的案件类型。据不完全统计，2010年~2012年，全国法院受理的食品、药品民事纠纷案件共计13216件，占各类消费者权益纠纷案件的6%。其中2010年受理4080件；2011年受理4513件，同比上升9.59%；2012年受理4623件，同比上升2.44%。从上述数据可以看出食品药品民事纠纷案件逐年呈小幅上升趋势，但是其绝对数量相对其他民事案件而言，数量并不多。这一方面是因为消费者协会作为依法成立对商品和服务进行社会监督并保护消费者合法权益的社会团体，对于处理消费纠纷发挥了较大的作用，前期化解了大量的消费纠纷，有效缓解了消费纠纷进入诉讼的压力。另一方面，从食品药品民事纠纷案件的特点看，诉讼标的额一般不大，大量的消费属于日常消费，多数为几百、几千元，有些案件甚至只有几元钱，消费者囿于维权成本的考虑，往往会选择与商家协商解决纠纷，而非进入诉讼。

（2）群体性纠纷较多，类型渐趋多元化。

消费者与经营者相比处于相对弱势地位，一旦发生经营者损害多数消费者利益的情形，很容易产生群体性纠纷，因为食品药品若出现质量问题，往往是同批次的产品被众多的人群使用，呈现受害者人数众多的特点。从消费者维权内容看，其类型渐趋多元化，从最初的以食品饮料、化妆日用品等为主，渐渐扩展到药品保健品等内容，并且药品保健品成为诉讼对象的趋势渐长。此类案件诉称的问题产品涉及的原因主要有质量问题，生产销售的产品违反了国家法律法规对生产许可证、批号批文等规定，外包装或产品说明书内容不符合法律规定，违反规定添加食品原料，宣传存在误解、欺诈以及服务等。以广州市越秀区法院为例，其审理的食品药品纠纷中，“生产销售的产品违反了国家法律法规对生产许可证、批号批文等规定”，“外包装或产品说明书内容不符合法律规定，违反规定添加食品原料”两个原因所占比重较大，占此类案件的一半以上。但近年来因宣传存在误解或涉及虚假宣传的案子也呈现增加的趋势。①

（3）没有统一案由，确定法律关系难，执法尺度不统一。

目前最高人民法院《民事案件案由规定》中并未将消费者权益纠纷作为类别进行划分。消费者毕竟并非法律专业人士，在主张权利时对选择法律关系往往感到迷茫，甚至无所适从。消费者在立案时，多选择买卖合同纠纷以及健康权、产品责任纠纷、违反安全保障义务责任纠纷等侵权责任纠纷。案由不同，则意味着不同的法律关系，审理时举证责任、归责原则、赔偿范围也不同，造成执法尺度的不统一。同一纠纷，往往因案由选择不同，而导致最终的裁判结果有所差异。

（4）消费者举证难、鉴定难

《最高人民法院关于民事诉讼证据的若干规定》第四条第六款规定：“因缺陷产品致人损害的侵权诉讼，由产品的生产者就法律规定的免责事由承担举证责任。”依照该规定，消费者首先要证明所购产品存在缺陷，且该缺陷

① 参见：《广州市越秀区人民法院消费者权益纠纷调研报告》。

与损害后果之间存在因果关系，之后才由生产者就免责事由举证。如何证明产品存在缺陷及因果关系，对于消费者具有一定难度。产品质量法第四十六条规定："本法所称缺陷，是指产品存在危及人身、他人财产安全的不合理的危险；产品有保障人体健康和人身、财产安全的国家标准、行业标准的，是指不符合该标准。"一方面，"不合理的危险"的界定没有明确的标准；另一方面，产品没有保障人体健康和人身、财产安全的国家标准、行业标准的，依照合同法的规定，应"按照通常标准或者符合合同目的的特定标准履行"。显然，上述两个方面，消费者的理解具有主观性，有时需要依靠法官的自由裁量来确定，有时则必须借助科学的鉴定意见。这就增加了消费者的举证负担。

司法鉴定逐渐成为处理食品安全案件的瓶颈。消费者权益纠纷案件中，当事人之间的争议都集中在因果关系的确定上，而食品与损害结果之间存在因果关系也是进行赔偿的重要的构成要件。现代社会，食品的种类纷繁复杂，在确定因果关系时常常涉及很专业的知识，很多时候不得不依赖司法鉴定。一方面，鉴定费用较高，诉讼成本甚至高于消费者的期待利益；另一方面，难以确定鉴定样品，例如消费者所购产品已全部食用，生产者或经营者提供的新批次的样品，消费者又不予认可，即便确定了鉴定样品，往往不能鉴定出损害结果与产品质量和服务之间唯一而确定的因果关系，损害结果的产生存在多种可能性，这使得法院对因果关系难以作出判定。更为重要的是，法律、法规对司法鉴定的范围、程序等方面规范不够全面，司法鉴定机构的专业水平良莠不齐，导致司法鉴定意见常常存在瑕疵或重大缺陷，难以采信，导致重复鉴定，案件久拖不结。

（二）起草司法解释的过程

最高人民法院高度重视该司法解释的起草工作，严格遵循立法精神，重视调查研究，强化司法解释内容的针对性和可操作性。制定司法解释期间，起草小组奔赴各地进行调研，准确掌握在审理食品药品纠纷案件司法实践中存在的新情况、新问题、新变化，为制定司法解释提供了翔实、准确、科学的依据。起草过程中，我们努力使《规定》贴近审判工作，真正解决实际问题，还充分发扬民主，认真采纳有关立法机关、各有关行政机关、中国消费者协会以及专家学者的意见。经过深入调研论证，广泛纳谏，出台了该《规定》。

二、《规定》的制定依据

由于食品、药品纠纷涉及的法律关系非常复杂，可能同时引发民事责任、行政责任和刑事责任，民事责任中又涉及违约责任与侵权责任，因此，制定《规定》的依据包括诸多法律、行政法规和司法解释，仅《规定》第十四条民事责任优先所依据的法律就有四部。但主要依据是合同法、侵权责任法、消费者权益保护法和食品安全法。此外，依据的法律还有民法通则、药品管理法、产品质量法、标准化法等。具体而言，《规定》第十条关于挂靠经营食品是依据侵权责任法，同时参照《最高人民法院关于审理旅游纠纷案件适用法律若干问题的规定》和《最高人民法院关于审理道路交通事故损害赔偿案件适用法律若干问题的解释》规定的；《规定》第十二条关于食品、药品检验机构的责任，是依据药品管理法第八十七条的规定制定的；《规定》第十三条关于认证机构的责任是依据《认证认可条例》制定的；《规定》第十五条关于价款10倍赔偿金是依据食品安全法第九十六条制定的；《规定》中的若干程序问题是依据民事诉讼法制定的；《规定》中"霸王条款"的效力认定、虚假广告的责任承担、第三方网络平台交易者的责任承担等问题主要是依据2013年修订的消费者权益保护法制定的。

三、《规定》的适用范围

《规定》适用的范围很广泛。消费者与食品、药品的生产者、销售者、广告经营者、广告发布者、推荐者、检验机构、认证机构等主体之间因购买、食用食品或者使用药品发生的纠纷均适用本《规定》。需要说明的是，只要消费者与食品、药品的生产者、销售者之间因购买、食用食品或者使用药品产生的合同纠纷或侵权纠纷都可适用本解释，而不仅仅局限于因食品、药品的质量安全问题引起的纠纷。民事司法解释更侧重于对消费者损失的补偿，因此，从更好地维护消费者权益的角度出发，即使不存在食品、药品质量安全问题，仅造成财产损失的，也可适用本《规定》。依照食品安全法的规定，保健食品、食用农产品也属于食品范畴，故因保健食品、食用农产品引起的质量纠纷也适用本《规定》。化妆品、保健品虽不属于药品，但其性质与药品类似，其产品质量直接关系消费者人身健康，故应参照适用本《规定》。民事诉讼法确立了公益诉讼制度。2013 年修订的消费者权益保护法进一步规定消费者协会有权提起公益诉讼。有诉讼主体资格的消费者协会组织因群体性食品、药品安全事故提起的公益诉讼，实际上是代替消费者诉讼，其本质也属于消费者维权。因此，《规定》明确消费者协会依法提起公益诉讼的，参照《规定》处理，这正是顺应民事诉讼法和消费者权益保护法的修改，以更好地维护消费者权益。

四、《规定》中的重点与难点问题解析

（一）案件受理

食品药品民事纠纷案件，当事人面临的第一个难题就是起诉难。由于食品药品质量问题比较专业，在司法实践中，有法院认为，对于食品药品是否符合质量合格标准，应当以行政机关的认定为依据。笔者认为，从民事诉讼法的规定看，民事诉讼法并未对起诉食品药品的生产者、销售者作任何限制条件，因此，食品药品民事纠纷案件不适用行政前置程序，否则，就是不适当地剥夺了消费者的诉权。为解决食品药品领域起诉难的问题，《规定》第一条即开宗名义地规定："消费者因食品、药品纠纷提起民事诉讼，符合民事诉讼法规定的受理条件的，人民法院应予受理。"

（二）消费者的求偿权

食品药品纠纷中，消费者往往最为关心的首要问题是其能够向谁主张权利。在食品药品纠纷案件中，因食品药品存在质量问题造成消费者损害，往往会形成违约责任与侵权责任的竞合，根据合同法第一百二十二条的规定，消费者只能择其一向人民法院提起诉讼。如果依据合同法，以食品的生产者、销售者违反合同约定为由提起诉讼，那么原告应为不合格食品的购买者，被告为食品的销售者。如果依据侵权责任法、产品质量法提起诉讼，原告既可以是购买者，也可以是食品药品的食用者或使用者。被告既可以是生产者，也可以是销售者。为防止生产者与销售者互相推诿责任。消费者可以择生产者或销售者之一起诉，也可以将生产者与销售者同时列为共同被告。

（三）知假买假

在司法实践中，对于是否应当将知假买假者视为消费者存在很大争议。一种意见认为，知假买假主观上虽有牟利企图，但客观上净化了市场，在行政监管不到位的情况下，司法应当给予肯定的态度。另一种意见认为，知假买假者的真正企图不是为了抑制制假售假，而是为了自身利益，甚至有人借此敲诈商家，容易引发道德风险。笔者认为，应将知假买假者作为消费者予以保护。

首先，从消费者的定义来看，消费者的含义比较广泛。而且其是一个相对的概念，消费者是相对生产者、销售者而言的，凡是与生产者或经营者进行交易，从他们手中购买商品，除本身也是经营者外，应被看作是生活消费。其应作广义的理解。消费者不仅包括为自己生活需要购买物品的人，也包括为了收藏、保存、送人等需要而购买商品，以及替家人、朋友购买物品，代理他人购买生活用品的人。消费是由需要引起的，消费者购买商品和接受服务的目的是为了满足自己的各种需要，购买商品和接受服务本身体现着消费者一定的经济利益的追求。任何人只要其购买商品和接受服务的目的不是为了将商品或者服务再次转手，不是为了专门从事商品交易活动，其购买行为则属于生活消费，他或她便是消费者。因此，从数量上判断是否为生活消费，恐怕有失偏颇。

其次，从规范市场秩序的角度来说，不管是不是知假买假，这些人买到的确实是有问题的食品，消费者权益保护法与食品安全法就应该保护。无论知假买假者主观意图为何，其行为客观上是为了保护消费者的权益，维护诚实商家的利益以及公平公正的市场交易秩序和竞争秩序。① 知假买假确实潜移默化地促成了中国消费者的维权意识，改变着消费市场格局。从消费者保护立法的目的来看，是为了强化对消费者的保护。如果坚持知假买假不属于消费者的观点，就会使得消费者的概念过于狭窄，使消费者作为一个整体的利益主体得不到法律的有效保护，也起不到打击不法商人的作用。即便消费者被证明为“知假买假”，从制裁、打击违法经营者，建立健康、规范、有

---

① 参见李振宇、李学迎：《知假买假行为适用惩罚性赔偿评析》，载《政法论丛》2006年第1期。

序的市场经济秩序考虑，也应认定“知假买假”者为一般的消费者，给予正常的法律保护。法律不保护“知假买假”的有一定消费知识的人，违反了权利主体资格平等保护的法理学基本原理。

最后，从实务操作层面上看，是否知假买假是个主观判断问题，很难举证。

如果存在知假买假者敲诈商家的情况，属于另外的法律问题，应当适用刑法的相关规定，对其进行处理。对于专门以打假为业的职业打假人，情况比较复杂，有待司法实践的审判经验的进一步积累，目前对于其能否像普通消费者一样对待，仍缺乏明确的规定。

（四）关于食品、药品的赠品引起的纠纷

食品、药品事关消费者的人身安全，即使是赠品，也必须保证质量安全。消费者对赠品虽未支付对价，但是实际上赠品的成本已经分摊到付费商品中。故赠送的食品、药品造成消费者权益损害的，生产者与销售者亦应承担赔偿责任。但考虑到消费者毕竟在形式上未支付价款获赠食品、药品，故对于生产者、销售者承担责任的条件作一限定，即该赠品必须实际出现了质量安全问题，造成了消费者损害，消费者才能主张权利。如果赠与的食品符合安全标准，但包装或者食品本身质量有瑕疵，或者数量短缺，消费者主张权利的，人民法院一般不予支持。

（五）关于食品、药品虚假广告责任的认定

目前，我国广告市场存在不规范现象，虚假食品、药品广告并不鲜见。少数商家为扩大其市场销售份额，利用媒体、明星代言人做虚假广告，损害了消费者的合法权益，危害了人民群众的身体健康。审判实践中，与食品、药品广告有关的纠纷也越来越多，需要对相关主体的责任加以明确。媒体、个人代言人做虚假广告获取大量经济利益，消费者基于对广告的信赖而购买食品、药品遭受损失，根据权利义务相一致的原则，《规定》第十一条明确：消费者可以依照2013年消费者权益保护法的相关规定，请求广告经营者、发布者承担连带责任。该条同时还明确，社会团体或者其他组织、个人利用虚假广告推销食品、药品，造成消费者损害的，依照2013年消费者权益保护法的相关规定应当承担连带责任。考虑到在连带责任中，有时广告的经营者、发布者、代言人的支付能力不足，或者在诉讼中找不到，法院可以依法追加食品、药品的生产者、销售者为当事人，这不仅有利于查明案情，更有利于消费者权益的保护。

（六）关于对不安全食品经营者的惩罚性赔偿

《规定》第十五条是对食品安全法第九十六条规定的解释。食品安全法第九十六条规定了价款10倍赔偿金的惩罚性赔偿。惩罚性措施是提高违法成本从而遏制违法行为的一种手段。惩罚性赔偿制度具有严厉制裁失信者、充分补偿受害者、慷慨奖励维权者、有效教育社会公众的四大功能，是惩恶扬善、鼓励诚信、制裁失信的好制度。① 食品安全法第九十六条虽规定了惩罚性赔偿，但缺乏细化的规定。

销售者承担“十倍赔偿”责任须以“明知”为前提，那么什么叫做销售者“明知”呢？“明知”是指确实知道、应当知道还是推定知道？对不同业态、规模、渠道与地位的销售者是否应不同对待？“应当知道”是否属于“明知”？笔者认为，明知应当既包括明明知道的情形，也包括应当知道的情形。从审判实践看，下列情形可推定销售者“明知”：销售明显不符合安全标准的食品，或者销售食品安全法等法律、法规明令禁止销售的食品；故意更改食品保质期，故意更换食品生产日期、批号的行为；食品经营者因销售不符合食品安全标准的食品，事先已被工商机关警告或者已经受到行政处罚，仍继续销售相关不合格食品的行为；对于同一批次食品，有关部门已经检验确定为不符合食品安全标准，且依法公布监测结果后，食品经营者仍上架销售的行为；食品经营者有意通过不正当销售渠道采购食品，且进货价格远低于当地一般市场进货价格，或者未建立食品进货查验记录制度，导致销售的食品出现假冒、变质现象。

实践中有不少人认为，请求惩罚赔偿金必须以造成实际人身损害为前提，如果仅仅购买了不安全食品，不得请求价款10倍赔偿金。其依据是侵权责任法第四十七条规定，“明知产品存在缺陷仍然生产、销售，造成他人死亡或者健康严重损害的，被侵权人有权请求相应的惩罚性赔偿。”侵权责

---

① 参见刘俊海：《食品安全监督管理制度的核心是民事责任》，载《广州律师》2013年第4期。

任法晚于食品安全法施行，应遵循“新法优于旧法”的法律适用原则。我们认为这是误解，因为：（1）食品安全法是特别法，应优先于侵权责任法适用；（2）食品安全法第九十六条的立法本意并不限于人身权益损害，还包括违约损失；（3）2013 年消费者权益保护法第五十五条也规定了惩罚性赔偿适用于违约之诉和侵权之诉，进一步说明惩罚性赔偿不受人身权益遭受损害的限制，而且消费者花钱购买的食品不能食用本身就是损失。因此，《规定》第十五条明确规定，消费者除要求赔偿损失外，还可以向经营者主张价款 10 倍赔偿金。意思是只要消费者购买了不安全食品，即可主张 10 倍赔偿金。该条还规定：“或者依照法律规定的其他赔偿标准要求赔偿”，主要考虑到与两部法律的衔接，一是与正在修改的食品安全法衔接，该法律修正案规定了生产或者故意销售不安全食品最低赔偿 1000 元的规定；二是与 2014 年 3 月 15 日施行的消费者权益保护法衔接，该法规定的惩罚性赔偿标准不同，消费者可以在生产者或者销售者制售的食品虽然合格但存在欺诈的情况下请求获得惩罚性赔偿。

值得注意的是，在法律适用上，如果食品存在质量安全问题，应当适用食品安全法第九十六条的规定支付 10 倍赔偿金；而在食品企业采用严于食品安全标准的企业标准时，虽然食品不合格，但在食品安全标准之上，此时不能适用食品安全法，而应当适用消费者权益保护法的相关规定。另外，在归责原则上，对于生产者适用的是无过错责任，对于销售者适用的是过错责任。

（七）关于食品安全标准的认定

我国的食品标准原来由国家 15 个部门负责制定，制定出的标准包括：食用农产品质量安全标准、食品卫生标准、食品质量标准和有关食品的行业标准。食品安全法公布之后，原卫生部出台了《食品安全国家标准“十二五”规划》，拟将现有的食用农产品质量安全标准、食品卫生标准、食品质量标准和有关食品的行业标准整合成唯一的强制性标准。目前，国家卫生计生委已将食品安全国家标准清理完毕，地方标准也于 2013 年底清理完毕。到 2015 年，将完成所有食品安全标准的清理认定工作，经整合、重新认定后予以公布。迄今为止，国家卫生计生委已公布的食品安全标准多达 303 部，覆盖食品6000余种，除国家标准、地方标准外，还有食品安全企业标准和高于国家标准、地方标准的非强制性企业标准。每年还有许多新品种的食品没有标准。

食品安全法规定了食品安全的国家标准、地方标准和企业标准。我国现有全国食品安全标准整合后，行业标准虽被弱化但仍将继续存在。对于消费者购买、食用没有上述标准的食品，发生食品质量纠纷，《规定》第六条明确适用法定的食品安全基本标准，亦即食品无毒、无害，符合应当有的营养要求，对人体健康不造成任何急性、亚急性或者慢性危害。

关于三种食品安全标准的关系问题。制定本《规定》第六条的核心就是要明确适用国家标准、地方标准、企业标准的顺序，正确处理这三种食品安全标准的关系，确认适用哪一种标准来认定食品是否合格。首先，就强制性标准而言，国家标准处于优先适用的地位，只要有国家标准，就不得适用地方标准和企业标准。只要有地方标准，在其行政区划内就不得适用企业标准，没有前两种标准的，适用经政府主管部门批准的企业标准。其次，就推荐性标准而言，这是严于国家标准、地方标准的标准，只要食品企业选择适用这个标准，人民法院在审理案件时就应当以此为据来衡量食品是否合格；但是，如果经鉴定证明食品实际上不符合食品安全标准，消费者请求适用食品安全法关于惩罚性赔偿的规定进行处理的，人民法院应当支持；如果经鉴定证明食品达到了食品安全标准，但尚未达到其采用的高标准，也可以认定其构成违约，承担违约责任。如果经营者有欺诈行为，应适用消费者权益保护法第五十五条关于惩罚性赔偿的规定。对于尚无食品安全标准的新品种食品，应当以食品安全法第九十九条规定的食品安全的基本标准作为认定食品是否合格的依据。

关于《规定》第六条的适用条件。(1) 适用于消费者与经营者之间发生的食品纠纷，包括保健食品、食用农产品纠纷，不适用于药品纠纷和其他纠纷。(2) 涉及对争议食品质量的认定。如果发生的是食品数量短少，而非食品质量问题，则不适用本条规定。(3) 适用于食品安全标准调整后的标准，即国家标准、地方标准、企业标准，不适用调整前的多种食品标准。

审判实践中应注意的问题。(1) 要正确区分不安全食品与不合格食品。一般来说，不符合推荐性标准的食品，可以认定为不合格食品，但不能认定为不安全食品。不安全食品肯定是不合格食品，反之，不合格食品不一定都是不安全食品。对两者应注意适用不同的法律。(2) 几个“地方标准”不同的，应以哪个“地方标准”为准。如果几个省都对同一种食品制定了不同的地方标准，不同标准的食品肯定会有区别，食品跨省流通发生质量纠纷，应以食品生产者所在地的地方标准认定食品是否合格。(3) 如何适用进口食品的安全标准。随着我国进口食品规模的扩大，进口的不安全食品事件频发。我国的食品安全标准有的比国外的标准低，有的则比国外的标准高。那么，认定进口食品是否符合安全标准，应以我国的食品标准为依据。(4) 注意食品安全标准的变化。随着我国自然环境和国际食品标准的变化，调高或者调低标准均有可能，由于食品安全标准的参数和指标的变化，可能会产生食品适用旧标准符合食品安全标准，适用新标准则不符合食品安全标准。食品出厂时符合安全标准，保质期内销售过程中因标准调高引起食品不达标，应当认定经营者无过错，但不得继续销售。如果继续销售产生食品质量纠纷，人民法院应当适用食品安全法第九十六条关于惩罚性赔偿的规定处理。

（八）挂靠

食品质量安全由于直接关系到人民群众的生命健康，因此国家对于食品的生产者与销售者实行严格的准入制度，一些具备食品生产资质或者销售资质的商家，为了抢占市场，或者出于牟利的考虑，会允许不具备相应食品生产资质或销售资质的商家挂靠其名下进行经营，而收取一定的费用。挂靠者与被挂靠者利益共享，在食品质量出现问题，造成消费者损害时，应当认定挂靠者与被挂靠者向消费者共同承担连带责任。

（九）关于食品认证机构的责任的认定

食品认证是食品认证机构对初级农产品或者经过加工的食品所达到的等级作出认证。目前市场上经过认证的食品越来越多，经过认证的食品价格要远远高于普通食品，但实际上有不少普通食品，甚至不合格食品贴有无公害食品、绿色食品或者有机食品的认证标识，欺诈消费者。为维护消费者权益，遏制食品认证机构作虚假认证，《规定》第十三条规定了食品认证机构的责任，其中区分了食品认证机构认证食品与其实际性质不符是出于故意还是过失。如果食品认证机构故意出具虚假认证，造成消费者人身损害、财产损失的，其与食品的生产者、销售者构成共同侵权，应当承担连带责任；如果因过失导致认证不实，则应当承担与过错程度相适应的补充赔偿责任。

（十）关于第三方网络交易平台提供者的责任

网络购物是新兴的购物方式，2012年我国网购用户达2.47亿个，网络交易金额突破1.3万亿，越来越多的消费者通过网络交易平台来购买食品、药品，而商家入驻网络交易平台通常要支付不菲的入场费，为更好地维护消费者的合法权益，在网络交易平台提供者不能提供食品、药品生产者、销售者的真实名称、地址和有效联系方式时，依照消费者权益保护法的相关规定，其应当承担责任。网络交易平台提供者仅仅是提供给商家一个销售食品、药品的场所，直接的责任人应当是生产者或者销售者，网络交易平台提供者承担责任后可以向食品药品的生产者、销售者追偿。

实践中存在网络交易平台的提供者明知食品、药品的生产者、销售者利用其平台侵害消费者权益而放任自流的情形，此种情况下构成共同侵权，对此，《规定》第九条明确，依照侵权责任法的有关规定，网络交易平台的提供者与食品、药品的生产者、销售者承担连带责任。

（十一）关于经营者举证责任的承担

举证难是审理食品、药品纠纷案件中一个比较突出的问题。普通的食品消费者由于食品消费而受到损害的例子时有发生，轻者会患上各种疾病，重者则出现残疾甚至生命危险。消费者在维权过程中为了争取自己的权利需要费尽心血，消耗几个月甚至是几年的时间在诉讼纷争之中，力不从心。对于每天必须消费的食品，消费者们通常都难以主动地保留相关的证据材料以备后用。而且不安全食品大多数都不是食用后就会立刻出现中毒的迹象，一般是要在过了一段时间或者长期食用才会显现出其危害，到这个时候才去追究相关责任人的责任，则很可能消费凭证根本就没有办法找到了。另外，按照传统的“谁主张，谁举证”原则，消费者只有举证出食用了有危害的食品并因此而导致了该损害后果，才能获得相应的赔偿。而随着食品的品种越来越多样化，食品结构也越来越复杂，作为普通的消费者难以搞清楚导致损害的直接原因，可民事诉讼又必须证明损害身体健康的事实是由该产品导致的。因此，食品安全案件中受害者举证难度大从很大程度上阻碍了他们维护自己的正当权益。食品安全诉讼中，受害者往往不能提交确切有效的证据以证明食品与侵害之间的必然联系，鉴于这样的事实情况，《规定》第五条合理分配了消费者与经营者的举证责任，防止有理的消费者因举证不能而败诉。消费者在选择不同诉因进行诉讼时需依法承担相应的举证责任。在违约之诉与侵权之诉中，消费者承担的举证责任是不同的。选择违约之诉时，消费者仅对购买涉案商品的事实以及涉案商品不符合合同约定的或者法定的安全标准举证。而在侵权之诉中，消费者不仅要举证证明经营者有违法行为，并且注明其因购买商品受到损害，还要初步证明损害与食用食品或者使用药品之间存在因果关系。食品、药品的生产者、销售者能证明消费者的损害不是因产品不符合质量标准造成的，可以不承担责任。

（十二）关于“霸王条款”效力的认定

消费者与食品、药品的经营者相比，处于弱势地位，食品、药品的生产者与销售者往往以格式合同、通知、声明、告示等方式作出排除或者限制消费者权利，减轻或者免除经营者责任、加重消费者责任等对消费者不公平、不合理的规定。因此，《规定》第十六条明确，消费者可以依据消费者权益保护法的相关规定，请求人民法院认定该内容无效。人民法院应支持消费者的请求。实践中，“霸王条款”一般只有抽象规定，缺乏具体认定标准，人民法院应当在办案过程中不断总结，逐步加以明确。前不久，国家工商行政管理总局支持北京市工商管理局对餐饮企业6种侵害消费者权益的告示认定为“霸王条款”，人民法院可以在办案时作为参考。

五、下一步人民法院需做的工作

食品药品安全事关国计民生，食品药品纠纷案件是民事纠纷案件中的热点与难点。下一步全国各级人民法院要重点做好以下几个方面的工作，以切实保障民生。

一要降低消费者诉讼维权成本。消费者是弱势群体，也是假冒伪劣食品、药品的受害者。人民法院审理消费者维权案件，要设身处地为消费者排忧解难，减少他们不必要的诉讼负担。

二要坚持平等保护。正确运用赔偿消费者损失和价款10倍赔偿金并处的规定，加大经营者的违法成本，让故意制售假冒伪劣商品的经营者付出沉重代价，把维护消费者权益真正落到实处。同时注意平等保护诚信经营者的合法权益。支持依法维权，倡导理性维权，抑制过度维权，努力使人民群众在每一个司法案件中都感受到公平正义。

三要把消费者权益的保护纳入更为严格规范的制度架构之中。最高人民法院将继续加强对消费者权益保护案件审判工作的调研，适时出台相关司法解释，及时解决侵害消费者权益案件法律适用中的疑难问题。

四要加大对该类案件的指导力度。最高人民法院和各高级人民法院要切实做好审判指导工作，积极推进指导性案例制度，及时总结推广审判经验。

五要做好诉调对接工作。要充分发挥多元纠纷解决机制的作用，做好矛盾化解工作。食品药品纠纷案件通常争议标的额小，各级法院在审理案件时要加强与消费者协会的沟通与协调，积极主动地邀请居民委员会、村民委员会、人民调解员、人民陪审员等社会各方力量参与调解，力争案结事了。

六要积极探索消费纠纷小额诉讼和公益诉讼制度。修改后的民事诉讼法规定了小额诉讼和公益诉讼制度。由于食品药品纠纷案件大多属于事实清楚、权利义务关系明确的案件，争议不大，应积极探索设立小额诉讼法庭，以简化诉讼程序，提高审判效率，从而便于消费者投诉，降低诉讼成本，提高消费者的维权积极性。

《关于人事争议申请仲裁的时效期间如何计算的批复》的理解与适用

陈龙业*

2013年9月12日，最高人民法院公布了《关于人事争议申请仲裁的时效期间如何计算的批复》（以下简称《批复》），对事业单位人事争议申请仲裁的时效期间如何适用法律的问题作出了明确。为便于审判实践中正确理解和把握《批复》的有关内容，现就《批复》的起草背景及主要内容作简要介绍。

一、《批复》的起草背景和主要过程

事业单位人事争议的有关法律适用问题，一直以来都是司法实务中的难点问题。为统一裁判尺度，2003年，最高人民法院发布了《关于人民法院审理事业单位人事争议案件若干问题的规定》（法释［2003］13号），明确规定了事业单位与其工作人员之间因辞职、辞退及履行聘用合同所发生的争议，适用劳动法的规定，为人民法院依法妥善审理人事争议纠纷案件提供了法律依据。在总结以往

* 最高人民法院研究室法官，法学博士。

司法实践经验的基础上，2007年通过的劳动争议调解仲裁法也规定了“事业单位实行聘用制的工作人员与本单位发生劳动争议的，依照本法执行；法律、行政法规或者国务院另有规定的，依照其规定”，进一步明确了人事争议案件的法律适用规则。此后，最高人民法院发布的《关于审理劳动争议案件适用法律若干问题的解释（三）》（法释［2010］12号）、《关于审理劳动争议案件适用法律若干问题的解释（四）》（法释［2013］4号）对于人事争议案件中的一些具体问题作了规定，但对于人事争议仲裁时效期间的计算问题并没有涉及，导致审判实务中对这一问题存有较大争议。

2012年，四川高院以川高法［2012］430号函，就事业单位人事争议仲裁时效如何计算问题请示最高人民法院。四川高院对这一问题形成两种意见：第一种意见认为，事业单位人事争议仲裁时效期间为一年，此为倾向性意见。理由大致为：第一，事业单位人事争议仲裁时效应当适用劳动法的相关规定。根据《最高人民法院关于事业单位人事争议案件适用法律等问题的答复》（法函［2004］30号）（以下简称《人事争议答复》），人民法院审理事业单位人事争议案件的程序，应当适用劳动法的相关规定；人民法院对事业单位人事争议案件的实体处理，应当适用人事方面的法律规定，但涉及事业单位工作人员劳动权利的内容在人事法律中没有规定的，适用劳动法的有关规定。因此，事业单位人事争议的仲裁时效属于程序问题，应当适用劳动法的相关规定，仲裁时效期间应确定为一年。第二，按照“上位法优于下位法”的原则，应当适用“一年”的规定。虽然《人事争议处理规定》第十六条对事业单位与其工作人员之间因解除人事关系、履行聘用合同发生争议的仲裁时效规定为六十日，但2008年5月1日施行的《劳动争议调解仲裁法》第二十七条规定：“劳动争议申请仲裁的时效期间为一年。”依照立法法第七十九条的规定，“法律的效力高于行政法规、地方性法规、规章”。因此，按照“上位法优于下位法”的原则，人事争议仲裁时效应当适用“一年”的规定。

第二种意见认为，事业单位人事争议仲裁时效为六十日。理由大致为：第一，时效问题不是程序问题，而是实体问题。诉讼时效制度是规定在民法通则中，而非民事诉讼法中，表明时效问题属于实体方面的问题。而且，《最高人民法院关于审理民事案件适用诉讼时效制度若干问题的规定》第三条规定，“当事人未提出诉讼时效抗辩，人民法院不应对诉讼时效问题进行释明及主动适用诉讼时效的规定进行裁判”，也表明时效应当是实体而非程序问题。仲裁时效与诉讼时效性质相同，也应当是实体问题。第二，人事争议仲裁时效在有明确规定的前提下，不应适用劳动争议调解仲裁法规定的一年时效。国家有关部门对于人事争议的仲裁时效规定是明确的，不仅2007年当时的规定是六十日，且2011年修正的《人事争议处理规定》，仍然规定“当事人从知道或应当知道其权利受到侵害之日其六十日内，以书面形式向有管辖权的人事争议仲裁委员会申请仲裁”，并未采用一年的仲裁时效期间。根据《人事争议答复》的规定，人民法院对事业单位人事争议案件的实体处理，应当适用人事方面的法律规定，只有在人事法律中没有规定的情况下，才适用劳动法的有关规定。因此，在国家有关部门对人事争议仲裁时效明确规定为“六十日”的前提下，不应适用劳动争议调解仲裁法规定的一年时效。

最高人民法院研究室经研究后认为，事业单位人事争议仲裁时效如何计算问题在审判实践中存有一定争议，有待进一步明确。鉴于这一问题在审判实践中具有一定普遍性，且与事业单位工作人员的合法权益维护息息相关，有必要通过制定司法解释予以规范，以统一裁判标准。经报最高人民法院院领导审批正式立项后，研究室开展了深入调研，并先后征求了全国人大常委会法工委、人力资源和社会保障部及最高人民法院有关部门意见，起草了《批复》，经最高人民法院审判委员会审议通过，予以发布施行。

二、《批复》的主要内容

（一）人事争议的仲裁时效期间应确定为一年

在《批复》起草过程中，对人事争议的仲裁时效期间如何计算问题，也形成了两种意见：第一种意见认为，人事争议仲裁时效应当适用《人事争议处理规定》相关规定，确定为六十日。理由在于，事业单位人事争议仲裁具有一定的行政色彩，显然区别于平等主体之间的劳动争议仲裁，且事业单位人事争议仲裁时效是一个实体问题，在《人事争议处理规定》第十六条明确规定事业单位人事争议仲裁时效为六十日的前提下，应当优先适用该规定，不能适用劳动争议调解仲裁法关于仲裁时效为一年的规定。第二种意见认为，人事争议的仲裁时效期间应适用劳动争议调解仲裁法的规定，确定为一年。理由在于，劳动争议调解仲裁法第二十七条规定了“劳动争议申请仲裁的时效期间为一年”，第五十二条又规定：“事业单位实行聘用制的工作人员与本单位发生劳动争议的，依照本法执行；法律、行政法规或者国务院另有规定的，依照其规定。”鉴于《人事争议处理规定》不属于法律、行政法规或者国务院的规定，对于除聘任制公务员与所在单位之间因履行聘任合同发生争议的人事争议仲裁时效为六十日外，包括事业单位与其工作人员、社团组织与其工作人员、军队聘用单位与其文职人员之间发生的争议，均应参照劳动争议调解仲裁法的规定，将仲裁时效期间确定为一年。经审慎研究，《批复》最终采纳了第二种意见，明确事业单位人事争议仲裁的时效期间，适用劳动争议调解仲裁法第二十七条第一款、第五十二条的规定，确定为一年。主要理由如下：

其一，从现行法律规定的角度看。虽然《人事争议处理规定》第十六条规定：“当事人从知道或应当知道其权利受到侵害之日起六十日内，以书面形式向有管辖权的人事争议仲裁委员会申请仲裁。当事人因不可抗力或者有其他正当理由超过申请仲裁时效，经人事争议仲裁委员会调查确认的，人事争议仲裁委员会应当受理。”第二条又将“事业单位与工作人员之间因解除人事关系、履行聘用合同发生的争议”纳入了《人事争议处理规定》的调整范围。但是，劳动争议调解仲裁法第五十二条明确规定了事业单位实行聘用制的工作人员与本单位发生劳动争议的，应当依照劳动争议调解仲裁法执行。虽然该条又规定了“法律、行政法规或者国务院另有规定的，依照其规定”，但依据立法法第七条第二款、第三款的规定，“全国人民代表大会制定和修改刑事、民事、国家机构的和其他的基本法律。全国人民代表大会常务委员会制定和修改除应当由全国人民代表大会制定的法律以外的其他法律；在全国人民代表大会闭会期间，对全国人民代表大会制定的法律进行部分补充和修改，但是不得同该法律的基本原则相抵触。”第五十六条第一款又规定：“国务院根据宪法和法律，制定行政法规。”对于“国务院的其他规定”，虽然立法法对此并无规定，但依照文义解释，该“规定”的制定主体也应只能是“国务院”。而《人事争议处理规定》是由中组部、人力资源和社会保障部、总政治部联合制定，显然不是法律、行政法规或者国务院的其他规定。故根据“上位法优于下位法”的一般规则，对于人事争议仲裁时效的法律适用问题，在作为上位法的劳动争议调解仲裁法有明确规定的情况下，不应再适用《人事争议处理规定》第十六条的规定，应根据劳动争议调解仲裁法第二十七条第一款的规定，确定为一年。

其二，从依法维护事业单位工作人员合法权益的角度看。一方面，劳动争议调解仲裁法规定的“实行聘用制的工作人员与本单位发生劳动争议时依照《劳动争议调解仲裁法》执行”的规定，系出于保护事业单位相关工作人员合法权益的需要。应该说事业单位人事制度较为复杂，其形成也有特殊历史原因，但从法律适用的角度看，公务员法将事业单位工作人员排除在该法的适用范围之外，导致事业单位工作人员合法权益的维护缺乏相应的法律依据。我们认为，聘用合同与劳动合同并无本质区别，将事业单位聘用制工作人员与本单位发生的劳动争议纳入劳动法的调整，不仅能够有效解决事业单位工作人员实体权利保护无法可依的局面，更能够依法充分保护事业单位工作人员的合法权益，乃至促进我国事业单位改革不断向纵深发展。正因如此，劳动合同法第九十六条也规定：“事业单位与实行聘用制的工作人员订立、履行、变更、解除或者终止劳动合同，法律、行政法规或者国务院另有规定的，依照其规定；未作规定的，依照本法有关规定执行。”这与劳动争议调解仲裁法的规定如出一辙。另一方面，《人事争议处理规定》第十六条第一款所规定的“六十日”的期间过短，确有不利于对事业单位有关工作人员合法权益的维护之嫌。虽然该条第二款规定了“当事人因不可抗力或者有其他正当理由超过申请仲裁时效，经人事争议仲裁委员会调查确认的，人事争议仲裁委员会应当受理”，但这属于人事争议仲裁委员会依照职权调查确认的事项，且“正当理由”相对概括，不足于改变“六十日”期间相对较短的现实。对于人事争议仲裁时效期间，适用劳动争议调解仲裁法第二十七条关于一年的规定，无疑在权利行使期间的设计上更为科学，给处于相对弱势地位的事业单位工作人员更加充分的保护，使他们有更充分的时间搜集证据，选择合理的救济程序，做好必要的准备等。

其三，关于人事争议仲裁时效问题的定性问题。我们认为，在当前实体法与程序法结合越来越密切，实体权利救济与纠纷解决的程序设计密不可分的情况下，对某一事项有时难以准确界定为程序事项，抑或实体内容。人事争议仲裁时效与诉讼时效在本质上有共通之处，作为权利行使尤其是救济权行使期间的一种，都与当事人的实体权利密切相关，但又都与当事人通过相应的程序救济其权益密不可分，故不可简单地将此界定为实体问题，来参照

《人事争议答复》的内容，“对事业单位人事争议案件的实体处理应当适用人事方面的法律规定”，尤其是在劳动争议调解仲裁法对有关仲裁时效已有明确规定的情况下，更不能再行适用《人事争议处理规定》的规定。

（二）关于“一年”人事争议仲裁时效期间如何适用的问题

依据劳动争议调解仲裁法第二十七条、第五十二条的规定，人事争议仲裁时效期间为一年，从当事人知道或者应当知道其权利被侵害之日起计算。

同诉讼时效一样，人事争议仲裁时效也适用时效中断、中止的规定。其一，关于时效的中断。因当事人一方向对方当事人主张权利，或者向有关部门请求权利救济，或者对方当事人同意履行义务而中断。从中断时起，仲裁时效期间重新计算。其二，关于时效的中止。因不可抗力或者有其他正当理由，当事人不能在上述仲裁时效期间内申请仲裁的，仲裁时效中止。从中止时效的原因消除之日起，仲裁时效期间继续计算。

在此应当注意的是，劳动争议调解仲裁法第五十二条仅是规定，事业单位实行聘用制的工作人员与本单位发生劳动争议的，适用该法规定。故上述“一年”的人事争议仲裁时效期间应仅限于实行聘用制的工作人员与事业单位之间的劳动争议案件。

鉴于仲裁时效问题主要涉及的是当事人向仲裁机构申请仲裁的问题。而有关仲裁程序与诉讼程序的衔接，劳动争议调解仲裁法第五条、第二十九条等规定确立了人事争议须首先通过仲裁程序解决，当事人对仲裁裁决以及仲裁机构不予受理或者逾期未作出决定的人事争议，才可以向人民法院寻求司法救济。在人民法院审理的已经过仲裁的人事争议案件中，如果涉及仲裁时效期间计算的问题，有关法律适用的规则是，人民法院经审查，当事人系自知道或者应当知道其权利被侵害之日起一年内申请仲裁，人事争议仲裁委员会予以受理的，应当予以认可。此外，依据劳动争议调解仲裁法第二十九条的规定，对人事争议仲裁委员会不予受理或者逾期未作出决定的，当事人可以就该人事争议事项向人民法院提起诉讼。

编者按：自2010年11月《最高人民法院关于案例指导工作的规定》出台以来，指导性案例在我国民商事审判工作中的作用日益凸显，成为了全国各级人民法院审判类似案例时的重要参考，为统一法律适用，促进司法公正作出了积极的贡献。有鉴于此，本刊自本辑起，增设“指导性案例解读”专栏，邀请最高人民法院专门负责指导性案例遴选、审查和报审工作的法官对最高人民法院发布的民商事指导性案例作出权威性的解读，以助于读者加深对民商事指导性案例的理解，不断推动我国案例指导制度的发展和完善。

指导性案例第17号：消费者购买汽车遭受欺诈有权依消法要求增加赔偿

*石　磊**

案例要览

关键词　民事　买卖合同　欺诈　家用汽车

裁判要点

1. 为家庭生活消费需要购买汽车，发生欺诈纠纷的，可以按照《中华人民共和国消费者权益保护法》处理。

2. 汽车销售者承诺向消费者出售没有使用或维修过的新车，消费者购买后发现系使用或维修过的汽车，销售者不能证明已履行告知义务且得到消费者认可的，构成销售欺诈，消费者要求销售者按照消费者权益保护法赔偿损

* 最高人民法院案例指导工作办公室法官。

失的，人民法院应予支持。

相关法条

《中华人民共和国消费者权益保护法》第二条、第五十五条第一款（该款系2013年10月25日修改，修改前为第四十九条）

基本案情

2007年2月28日，原告张莉从被告北京合力华通汽车服务有限公司（简称合力华通公司）购买上海通用雪佛兰景程轿车一辆，价格138000元，双方签有《汽车销售合同》。该合同第七条约定："……卖方保证买方所购车辆为新车，在交付之前已做了必要的检验和清洁，车辆路程表的公里数为18公里且符合卖方提供给买方的随车交付文件中所列的各项规格和指标……"合同签订当日，张莉向合力华通公司交付了购车款138000元，同时支付了车辆购置税12400元、一条龙服务费500元、保险费6060元。同日，合力华通公司将雪佛兰景程轿车一辆交付张莉，张莉为该车办理了机动车登记手续。2007年5月13日，张莉在将车辆送合力华通公司保养时，发现该车曾于2007年1月17日进行过维修。

审理中，合力华通公司表示张莉所购车辆确曾在运输途中造成划伤，于2007年1月17日进行过维修，维修项目包括右前叶子板喷漆、右前门喷漆、右后叶子板喷漆、右前门钣金、右后叶子板钣金、右前叶子板钣金，维修中更换底大边卡扣、油箱门及前叶子板灯总成。送修人系该公司业务员。合力华通公司称，对于车辆曾进行维修之事已在销售时明确告知张莉，并据此予以较大幅度优惠，该车销售定价应为151900元，经协商后该车实际销售价格为138000元，还赠送了部分装饰。为证明上述事实，合力华通公司提供了车辆维修记录及有张莉签字的日期为2007年2月28日的车辆交接验收单一份，在车辆交接验收单备注一栏中注有"加1/4油，此车右侧有钣喷修复，按约定价格销售"。合力华通公司表示该验收单系该公司保存，张莉手中并无此单。对于合力华通公司提供的上述两份证据，张莉表示对于车辆维修记录没有异议，车辆交接验收单中的签字确系其所签，但合力华通公司在销售时并未告知车辆曾有维修，其在签字时备注一栏中没有"此车右侧有钣喷修复，按约定价格销售"字样。

裁判结果

北京市朝阳区人民法院于2007年10月作出（2007）朝民初字第18230

号民事判决：一、撤销张莉与合力华通公司于2007年2月28日签订的《汽车销售合同》；二、张莉于判决生效后七日内将其所购的雪佛兰景程轿车退还合力华通公司；三、合力华通公司于判决生效后七日内退还张莉购车款十二万四千二百元；四、合力华通公司于判决生效后七日内赔偿张莉购置税一万二千四百元、服务费五百元、保险费六千零六十元；五、合力华通公司于判决生效后七日内加倍赔偿张莉购车款十三万八千元；六、驳回张莉其他诉讼请求。宣判后，合力华通公司提出上诉。北京市第二中级人民法院于2008年3月13日作出（2008）二中民终字第00453号民事判决：驳回上诉，维持原判。

裁判理由

法院生效裁判认为：原告张莉购买汽车系因生活需要自用，被告合力华通公司没有证据证明张莉购买该车用于经营或其他非生活消费，故张莉购买汽车的行为属于生活消费需要，应当适用《中华人民共和国消费者权益保护法》。

根据双方签订的《汽车销售合同》约定，合力华通公司交付张莉的车辆应为无维修记录的新车，现所售车辆在交付前实际上经过维修，这是双方共同认可的事实，故本案争议的焦点为合力华通公司是否事先履行了告知义务。

车辆销售价格的降低或优惠以及赠送车饰是销售商常用的销售策略，也是双方当事人协商的结果，不能由此推断出合力华通公司在告知张莉汽车存在瑕疵的基础上对其进行了降价和优惠。合力华通公司提交的有张莉签名的车辆交接验收单，因系合力华通公司单方保存，且备注一栏内容由该公司不同人员书写，加之张莉对此不予认可，该验收单不足以证明张莉对车辆以前维修过有所了解。故对合力华通公司抗辩称其向张莉履行了瑕疵告知义务，不予采信，应认定合力华通公司在售车时隐瞒了车辆存在的瑕疵，有欺诈行为，应退车还款并增加赔偿张莉的损失。

理解与参照

2013年11月8日，最高人民法院发布了指导案例17号《张莉诉北京合力华通汽车服务有限公司买卖合同纠纷案》。为了正确理解和准确参照适用该指导性案例，现对其推选经过、裁判要点、需要说明问题等情况予以解释、论证和说明。

一、推选经过及其指导意义

该指导案例系北京市高级人民法院向最高人民法院案例指导工作办公室推荐。案例指导工作办公室经集体讨论，并征求了最高人民法院民一庭的意见。民一庭经审查认为，汽车属于消费品，购买者的目的是用于生活消费，应当适用消费者权益保护法的规定，同意本案例作为备选指导性案例。2013年7月23日，研究室室务会经讨论并报院领导同意提请审委会审议。10月28日，最高人民法院审判委员会经讨论认为，该案例符合《最高人民法院关于案例指导工作的规定》第二条的有关规定，同意将该案例确定为指导性案例。11月8日，最高人民法院以法〔2013〕241号文件将该案例列在第五批指导性案例予以发布。

该指导案例旨在明确为家庭生活消费需要购买家用汽车的，其权益应受消费者权益保护法的保护。销售者出售汽车有欺诈行为的，消费者有权依法要求增加赔偿其受到的损失。这对于进一步保护消费者的合法权益，倡导诚信经营，加强社会诚信建设，维护公平的市场交易秩序具有显著的引领意义。

二、裁判要点的理解与说明

该指导案例的裁判要点确认：(1）为家庭生活消费需要购买汽车，发生欺诈纠纷的，可以按照消费者权益保护法处理。(2）汽车销售者承诺向消费者出售没有使用或维修过的新车，消费者购买后发现系使用或维修过的汽车，销售者不能证明已履行告知义务且得到消费者认可的，构成销售欺诈，消费者要求销售者按照消费者权益保护法赔偿损失的，人民法院应予支持。以下围绕与该裁判要点相关的问题逐一说明。

（一）消费者购买汽车是否受消费者权益保护法的保护

这是该案例首要的争议焦点，也是实务界广泛关注的热点问题。我们可以从几个类似案例梳理这一问题。

2002年8月，消费者朱敏以28.5万元的价格，从四川西林汽车销售有限公司达州分公司（以下简称西林达州分公司）购买了一辆广州本田雅阁轿车。2004年初，一位知情人告诉朱敏，他所买的车是一辆事故车，该车在运送过程中曾与一辆出租车碰擦，右边车门变形。从当事出租车司机、当地交警支队以及相关保险公司那里，朱敏相继找到了确凿证据。2004 年 4 月，朱敏向达县人民法院起诉，请求法院依据消费者权益保护法第四十九条判令西林达州分公司退车并加倍赔偿。2004 年 8 月，达县人民法院一审判决，认定被告有欺诈行为，支持原告朱敏的诉讼请求，判定该车仍归原告使用，被告赔偿原告 28.5 万元。被告不服，上诉至达州中院，达州中院判决维持一审原判。此后，被告又向四川省高级人民法院提出了申诉。2005 年 12 月 19 日，四川省高院作出终审判决，维持原判。该案于 2006 年 4 月按法院判决执行完毕。

2006 年 6 月，四川成都的消费者朱刚发现自己购买的“新车”曾经出售给别人并使用过一段时间，当即将销售商告上法庭要求双倍赔偿，但一审和二审过后，法院认为汽车消费在我国现阶段而言，属于奢侈消费，不属于消费者权益保护法意义上的生活消费需要，因此驳回了朱先生的诉讼请求。该判决作出后，在社会上引起强烈反响，汽车、住房等大宗商品消费是否应受消费者权益保护法保护，成为许多人关注的焦点。

2009 年 4 月，辽宁省鞍山市王先生以 10.89 万元购买了一辆轿车，做车内装饰时发现右前叶子板、A 柱及前保险杠有喷漆的痕迹，但销售商一口咬定是新车，于是王先生提起了诉讼。法院经审理查明，该车在 4S 店入库时曾有过碰撞，4S 店对受损部分进行了维修，并当做新车出售。据此，法院认为，交付车辆存在质量瑕疵，与合同约定不符，经销商交车时未将真实情况予以告知，存在故意隐瞒事实的行为。因此，在王先生要求退车的情况下，4S 店返还车款 10.89 万元，赔偿王先生 10.89 万元，并承担因退车造成的保险费、车辆购置税、汽车装饰费、牌证费和车辆检验费损失，合计 23.38 万元。

上述案件发生后，引起了四川省保护消费者权益委员会（以下简称四川省消委会）、中国消费者权益保护协会（以下简称中消协）的密切关注。四川省消委会副秘书长王国滨认为，汽车是否是生活消费品，不是由其商品属性决定，也不是由商品的价格高低决定的。如果成都市民朱刚买旧车案的判例能够最终成立的话，那么是否意味着消费者购买房产、购买珠宝首饰等都不受消费者权益保护法保护呢？显然，这种观点是不能成立的。四川省消委会秘书长刘亚兵认为，法院认定汽车消费不属于消费者权益保护法所称的生活消费范畴“很荒唐”，如果该认定成立，像出国旅游、购买高档手表、高档家具等消费是不是也不属于生活消费？消费者权益保护法中所指的“生活消费”是相对于“生产消费”而言，只要消费者购买的汽车是用于上下班或者旅游等自身需要，都应当属于生活消费；如果用于营运则不属于生活消费。生活消费并不局限于吃、穿、住、行，还包括消费者的文化消费、精神消费，诸如唱歌、旅游，甚至购买钻石珠宝等。随着经济的发展，生活消费品的概念还逐年升级，汽车、教育、商品房等目前都已由原来的非生活消费品变为生活消费品。① 中消协有关负责人表示，消费者权益保护法中的生活消费是相对于生产消费而言的。就购买、使用汽车的行为而言，不论车型、款式如何，只要是用于生活需要，而非运营等生产需要，就属于消费者权益保护法的调整范围；生活消费品不等于生活必需品，不能以汽车消费是奢侈消费为由将其排除在消费者权益保护法保护之外；越来越多的消费者开始步入购车行列，切实保护汽车消费者合法权益，有助于实现扩大内需，拉动经济增长的战略目标。中消协呼吁有关部门就消费者权益保护法的有关问题作出立法解释，减少各方面认识上的偏差。②

消费者权益保护法第二条规定：消费者为生活消费需要购买、使用商品或者接受服务，其权益受消费者权益保护法的保护。根据该条的规定，消费者购买汽车可以受到消费者权益保护法的保护，应当至少符合两个要件，一是汽车可以作为生活消费品，二是消费者购买汽车是为了生活消费需要。

1. 关于汽车是否可以作为生活消费品

生活消费品是用来满足人们物质和文化生活需要的那部分社会产品，可以用来交换的商品。汽车属于商品，可以进入市场流通，满足人们的生活消费需要。消费者权益保护法对消费者购买的商品没有价格的限制，所以汽车是否属于生活消费品与汽车价格的高低，是否属于奢侈品没有必然关系。因此，认为汽车单价过高，属于奢侈品，不是消费者权益保护法意义上的消费品的观点是没有法律依据的。同样，随着社会经济的发展，人们的生活消费需要呈现范围更广、层次更多的发展趋势，汽车、珠宝、高档手表、高档家

---

① 《汽车消费欺诈应双倍赔偿》，载《四川质量报》2006年6月19日。

② 《汽车消费欺诈双倍赔偿》，载《北京日报》2006年6月23日，转引自搜狐新闻中心综合频道。

具等商品进入越来越多的家庭。将这些商品认定为生活消费品，依法纳入消费者权益保护法的调整范围，不仅有利于充分保护消费者权益，满足人民群众日益增长的生活消费需要，而且有利于规范市场秩序，刺激消费需求，促进产业发展。

2. 关于消费者购买汽车是否属于生活消费需要

上述案例中，消费者购买汽车都是为了满足家庭生活的需要。消费者权益保护法中所指的“生活消费”是相对于“生产消费”而言，只要消费者购买汽车是用于上下班或者旅游等自身出行需要，都应当属于生活消费；反之，企业购车用于生产经营，或者出租车公司购车用于乘客交通营运，这都不属于生活消费。从消费者权益保护法的立法目的看，该法主要是保护消费者的合法权益，至于生产经营者生产消费权益的保护，应当通过合同法等法律予以调整。因此，消费者权益保护法的调整范围不能扩张太大，并非所有购买汽车的消费都受该法保护，一定要满足消费者购买汽车是用于生活消费这个要件。

综上，消费者为家庭生活消费的需要而购买汽车，与销售者发生欺诈纠纷的，可以按照消费者权益保护法处理。

（二）消费者购买汽车遭受欺诈的赔偿

实践中，销售者隐瞒真实情况谎称“新车”，实际向消费者出售“二手车”或维修过的车是常见的汽车消费欺诈纠纷。本指导案例裁判要点第二点明确，汽车销售者承诺向消费者出售没有使用或维修过的新车，消费者购买后发现系使用或维修过的汽车，销售者不能证明已履行告知义务且得到消费者认可的，构成销售欺诈，消费者要求销售者按照消费者权益保护法赔偿损失的，人民法院应予支持。

本案例一、二审判决依据的是原消费者权益保护法第四十九条，该条规定：“经营者提供商品或者服务有欺诈行为的，应当按照消费者的要求增加赔偿其受到的损失，增加赔偿的金额为消费者购买商品的价款或者接受服务的费用的一倍。”即销售者售车存在欺诈行为的，应当“双倍赔偿”消费者的损失。需要说明的是，本案例作为指导性案例发布前，消费者权益保护法于2013年10月25日进行了修改，新法将于2014年3月15日实施。原法第四十九条修改为第五十五条第一款，修改为：“经营者提供商品或者服务有欺诈行为的，应当按照消费者的要求增加赔偿其受到的损失，增加赔偿的金额为消费者购买商品的价款或者接受服务的费用的三倍；增加赔偿的金额不足五百元的，为五百元。法律另有规定的，依照其规定。”另外增加一款，作为第二款：“经营者明知商品或者服务存在缺陷，仍然向消费者提供，造成消费者或者其他受害人死亡或者健康严重损害的，受害人有权要求经营者依照本法第四十九条、第五十一条等法律规定赔偿损失，并有权要求所受损失二倍以下的惩罚性赔偿。”修改后的新法对受到消费欺诈的消费者的保护力度更大了，更有利于约束销售者规范经营、诚信经营。

因为本案在作出生效裁判时，与后来被推选为指导性案例时法律经过修改，所以本指导案例在编写“相关法条”部分作了特别标注。“相关法条”部分直接引用了修改后的消费者权益保护法相关条文，即第五十五条第一款，并紧随其后在括号内注明“该款系2013年10月25日修改，修改前为第四十九条”。

三、其他需要说明的问题

本指导案例在适用时要注意以下几个问题：

一是一般应当限制在“生活消费需要”的范围内。前文已述，生活消费需要主要是同生产消费需要相区别的。实践中，有人购买汽车主要用来进行“黑车”运营，这种情况不宜认定为“生活消费需要”，因而不能主张加倍赔偿。但实践中对“生活消费需要”的范围界定也存在一定程度的突破，例如农民购买种子、化肥等直接用于农业生产的生产资料，虽不算严格意义上的“生活消费需要”，但一般认为应受消费者权益保护法的保护。这一点已经被修改后的消费者权益保护法所确认，新法“附则”第六十二条明确规定：“农民购买、使用直接用于农业生产的生产资料，参照本法执行。”消费者权益保护法主要起草人之一，中国消费者权益保护法学研究会会长河山认为，从发展趋势上看，为充分保护消费者的合法权益，维护公平的市场经济秩序，对“生活消费需要”的界定不宜过严，未来应根据实际情况的需要进一步放宽。①

① 胡维佳、姚冬琴：《新消法：回避知假买假和假一赔三成亮点》，载人民网－中国经济周刊，于2013年11月5日访问。

实践中，分歧最大、争议最多的问题是“知假买假”是否算消费者，是否受消费者权益保护法的保护。2013 年 10 月新的消费者权益保护法修改依然回避了这个问题，没有对“知假买假”行为是否属于消费者权益保护法保护范围予以明确规定。反对的观点认为，“知假买假”存在道德问题，明知是假货还特意购买，意在以此牟利，不应受法律保护。支持的观点认为，造假者、售假者才是不道德经营行为，“以恶制恶”虽然不是最好的选择，但若不予保护此种方式打假，实际是纵容不道德商家。“知假买假”群体的存在，多少让那些制假售假的不法商人产生敬畏，在有关执法部门难以完全杜绝假货的情况下，这也不失为净化市场的一种有效手段和途径。① 目前市场假货横行，商家坑害消费者的事件层出不穷，而单个消费者处于弱势地位，保护自身合法权益的成本很高，只有动员广大消费者一起打假，打一场“人民战争”，才能有效杜绝假货，维护市场秩序。这个问题实践中争议很大，情况比较复杂，过去有人认为对于“知假买假”纠纷的处理，以个案分析处理为宜，应当根据消费者权益保护法第二条并结合具体案件的实际情况作出妥善处理。2013 年 12 月 23 日，最高人民法院公布《关于审理食品药品纠纷案件适用法律若干问题的规定》，将于 2014 年 3 月 15 日起施行。该规定明确了“知假买假”不影响主张消费者权利，惩罚性赔偿不以消费者人身权益遭受损害为前提。该规定的适用范围虽然为食品药品纠纷案件，但明确了最高人民法院对待“知假买假”的支持态度，这对其他领域，如汽车消费等消费者权益纠纷案件的审理同样具有参照意义。

二是是否应当对消费品的价格予以限制。随着人们物质生活水平的不断提高，各种高档消费品、奢侈品越来越多地进入消费者家庭。例如，有的高档汽车价格以百万计，有的名表价格数十万。如果商家在销售高档消费品时存在欺诈行为，损害了消费者权益，是否也应当适用惩罚性赔偿呢？支持价格限制的观点认为，购买高档消费品、奢侈品是否属于生活消费需要有一定争议，如果商家欺诈销售也适用惩罚性赔偿，可能会引发道德风险，诱使部分消费者以此牟利，而且高价格的商品必然带来高额的赔偿数额，可能对商家的惩罚责任太重，有失公平。因此，这种情况下法律保护的主要应当是消费者购买家常日用品等商品。反对价格限制的观点认为，对购买消费品的价

---

① 《新消法在“知假买假”定性上不该缺位》，载东方网，于 2013 年 10 月 27 日访问。

格予以限制没有法律依据，消费者权益保护法仅从购买行为的目的进行限制，没有价格方面的限制；消费者购买商品都应受消费者权益保护法有关规定的保护，不应有商品价格的限制，否则是不公平的，执法判断的标准也无法把握，可以说是强人所难；消费者属于弱势群体，应当充分保护其合法权益，遏制不法商家谋取不正当利益的不道德、不诚信行为，当前许多普通工薪阶层积攒多年积蓄购买了少量奢侈品，也是为了满足自身高端的生活消费需要，如果不予以同等保护，有损公平。综上，随着经济社会的发展，人们的物质生活水平进一步提高，消费观念和层次也进一步更新、丰富，法律应当跟上对消费者合法权益保护的脚步，这样才能促进形成洁净、和谐的社会环境，满足人们日益增长的生活追求。

指导性案例第 18 号：用人单位不得因劳动者考核末位单方解除劳动合同

吴光侠 *

案例要览

关键词 民事 劳动合同 单方解除

裁判要点

劳动者在用人单位等级考核中居于末位等次，不等同于"不能胜任工作"，不符合单方解除劳动合同的法定条件，用人单位不能据此单方解除劳动合同。

相关法条

《中华人民共和国劳动合同法》第三十九条、第四十条

基本案情

2005 年 7 月，被告王鹏进入原告中兴通讯（杭州）有限责任公司（以下简称中兴通讯）工作，劳动合同约定王鹏从事销售工作，基本工资每月 3840 元。该公司的《员工绩效管理办法》规定：员工半年、年度绩效考核分别为 S、A、C1、C2 四个等级，分别代表优秀、良好、价值观不符、业绩待改进；S、A、C（C1、C2）等级的比例分别为 20%、70%、10%；不胜任工作原则上考核为 C2。王鹏原在该公司分销科从事销售工作，2009 年 1 月后因分销科解散等原因，转岗至华东区从事销售工作。2008 年下半年、2009 年上半年及 2010 年下半年，王鹏的考核结果均为 C2。中兴通讯认为，王鹏不能胜任工作，经转岗后，仍不能胜任工作，故在支付了部分经济补偿金的情

---

* 最高人民法院案例指导工作办公室高级法官。

况下解除了劳动合同。

2011年7月27日，王鹏提起劳动仲裁。同年10月8日，仲裁委作出裁决：中兴通讯支付王鹏违法解除劳动合同的赔偿金余额36596.28元。中兴通讯认为其不存在违法解除劳动合同的行为，故于同年11月1日诉至法院，请求判令不予支付解除劳动合同赔偿金余额。

裁判结果

浙江省杭州市滨江区人民法院于2011年12月6日作出（2011）杭滨民初字第885号民事判决：原告中兴通讯（杭州）有限责任公司于本判决生效之日起十五日内一次性支付被告王鹏违法解除劳动合同的赔偿金余额36596.28元。宣判后，双方均未上诉，判决已发生法律效力。

裁判理由

法院生效裁判认为：为了保护劳动者的合法权益，构建和发展和谐稳定的劳动关系，《中华人民共和国劳动法》《中华人民共和国劳动合同法》对用人单位单方解除劳动合同的条件进行了明确限定。原告中兴通讯以被告王鹏不胜任工作，经转岗后仍不胜任工作为由，解除劳动合同，对此应负举证责任。根据《员工绩效管理办法》的规定，"C（C1、C2）考核等级的比例为10%"，虽然王鹏曾经考核结果为C2，但是C2等级并不完全等同于"不能胜任工作"，中兴通讯仅凭该限定考核等级比例的考核结果，不能证明劳动者不能胜任工作，不符合据此单方解除劳动合同的法定条件。虽然2009年1月王鹏从分销科转岗，但是转岗前后均从事销售工作，并存在分销科解散导致王鹏转岗这一根本原因，故不能证明王鹏系因不能胜任工作而转岗。因此，中兴通讯主张王鹏不胜任工作，经转岗后仍然不胜任工作的依据不足，存在违法解除劳动合同的情形，应当依法向王鹏支付经济补偿标准二倍的赔偿金。

理解与参照

2013年11月8日，最高人民法院发布了指导案例18号《中兴通讯（杭州）有限公司诉王鹏劳动合同纠纷案》。为了正确理解和准确参照适用该指导性案例，现对其推选经过、裁判要点、需要说明的问题等有关情况予以解释、论证和说明。

一、推选经过及其指导意义

本案于2011年12月经浙江省杭州市滨江区人民法院一审后，双方当事人未上诉，判决发生法律效力。2013 年浙江省高级人民法院经审判委员会讨论将该案例作为备选指导性案例向最高人民法院推荐。2013 年 6 月 22 日，最高人民法院民一庭审查认为，“末位淘汰制”在有关劳动争议司法解释起草过程中曾有涉及，但最终没有规定。通过指导性案例规制，有助于劳资双方对这一问题清晰理解，达到较好社会效果。9 月 3 日，研究室室务会讨论了该案例，认为它解决了司法实践中的争议问题，一致同意作为指导性案例。10 月 28 日，最高人民法院审判委员会经讨论一致同意将该案例确定为指导性案例。11 月 8 日，最高人民法院以法〔2013〕241 号文件将该案例作为第五批指导案例予以公开发布。

本案例系因“末位淘汰制”引发的劳动合同解除典型案例，具有一定的典型性。该指导案例旨在明确用人单位不能仅因劳动者在考核中居于末位等次而单方解除劳动合同。该案例裁判要点贯彻了劳动法和劳动合同法的有关规定，强调了单方解除劳动合同必须符合法定条件，对于严格把握用人单位单方解除劳动合同的条件，保护劳动者合法权益具有普遍指导意义。发布该指导性案例，一方面，有利于依法促进就业，保护劳动者合法权益；另一方面，也能够促使用人单位在遵守劳动法、劳动合同法的前提下，制定合法合理的绩效考核体系和内部管理规章制度，从而维护和谐稳定的劳动关系，防范和减少劳动纠纷的发生，促进经济协调健康发展。

二、裁判要点的理解与说明

指导案例 18 号裁判要点确认：劳动者在用人单位等级考核中居于末位等次，不等同于“不能胜任工作”，不符合单方解除劳动合同的法定条件，用人单位不能据此单方解除劳动合同。该裁判要点针对法律和司法解释没有规定的“末位淘汰制”热点问题，以劳动法、劳动合同法为依据，根据劳动合同法第四十七条、第四十八条、第八十七条等规定，重点分析了“末位淘汰制”不符合劳动合同法规定的“劳动者不能胜任工作，经过培训或者调整工作岗位，仍不能胜任工作的”情形，用人单位不能以此单方解除劳动合同。下面结合有关法律和司法解释等规定，围绕与裁判要点有关的问题逐一论证和说明。

（一）“末位淘汰制”是否属于用人单位规章制度

“末位淘汰制”作为绩效考核的一种管理制度，是指工作单位根据本单位的工作目标，结合各个岗位的实际情况，制定具体的考核指标体系对员工考核，并依据考核结果对得分靠后的员工予以淘汰的管理制度。这一制度源于美国通用电气公司杰克·韦尔奇创建的活力曲线，也叫10%淘汰率法则，每年对员工工作绩效严格评估，有10%的员工被评为C类落后员工，表现最差的员工通常会被淘汰。这是一种强势的管理制度，员工竞争激励机制，一方面有积极作用，从客观上推动了员工工作积极性，有利于提高企业竞争力；另一方面也有消极作用，如可能存在违法内容、给员工过大压力等。近年来，我国一些企业将"末位淘汰制"写入企业规章制度或者劳动合同中，作为绩效考核的重要内容，定期将业绩居于末位的劳动者降薪、调岗或解除劳动合同，由此引发的劳动争议纠纷逐渐增多。本案例中，中兴通讯（杭州）有限公司（以下简称中兴通讯）将其《员工绩效管理办法》在网上予以公示，使其成为一项单位内部规章制度。

我国劳动合同法第四条对用人单位制定规章制度的总体要求进行了规定，《最高人民法院关于审理劳动争议案件适用法律若干问题的解释（一）》第十九条对此也有涉及。据此，用人单位的规章制度要合法有效，在劳动争议案件审理中可以作为依据之一，须同时具备以下条件：其一，规章制度的制定程序合法。用人单位在制定、修改或者决定有关劳动报酬、工作时间、休息休假、劳动安全卫生、保险福利、职工培训、劳动纪律以及劳动定额管理等直接涉及劳动者切身利益的规章制度或者重大事项时，应当经职工代表大会或者全体职工讨论，提出草案，听取意见，与工会或者职工代表平等协商后确定。其二，履行告知义务。用人单位应当将直接涉及劳动者切身利益的规章制度和重大事项决定予以公示，或者直接告知劳动者。其三，不违反国家法律、行政法规及政策规定。根据劳动合同法第八十条的规定，用人单位直接涉及劳动者切身利益的规章制度违反法律、法规规定的，由劳动行政部门责令改正，给予警告；给劳动者造成损害的，应当承担赔偿责任。

本案例中，中兴通讯的《员工绩效管理办法》，内容属于涉及劳动者切身利益的重大事项，将其制定为单位的规章制度，要履行前述的协商制定程序和公示义务，制定包括实行末位淘汰的岗位、对象、程序、淘汰形式等内容的书面方案，充分征求员工意见，经过职工代表大会讨论后，向员工公示，并不得违反法律、法规的规定。

（二）“末位淘汰制”可否作为单方解除劳动合同的条件

“末位淘汰制”作为用人单位的规章制度，并不意味着用人单位对业绩居于末位等次的劳动者可以单方面解除劳动合同。劳动合同法第三十九条、第四十条和《劳动合同法实施条例》第十九条规定了用人单位可以单方面解除劳动合同的法定情形。实践中劳动者与用人单位因为考核而解除劳动合同容易发生争议的情形主要有两种：一是“劳动者严重违反用人单位的规章制度”；二是“劳动者不能胜任工作，经过培训或者调整工作岗位，仍不能胜任工作”。下面对这两种情形逐一分析：

第一，劳动者考核等次居于末位，是否构成“严重违反用人单位的规章制度”。严重违反用人单位的规章制度，是指劳动者明知或应知规章制度的要求，却基于故意或重大过失的心态，实施了严重违反规章制度的行为。考核居于末位是一种客观状态，不是员工的主观行为。有考核就有先进与落后之分，从客观上讲任何规章制度都不可能禁止劳动者的工作业绩在单位考核中居于末位。因此，劳动者考核中居于末位，并不意味着严重违反用人单位的规章制度，用人单位不能以此为由单方面解除劳动合同。

第二，劳动者考核等次居于末位，是否属于“劳动者不能胜任工作”。劳动者考核居于末位等次，可能是其不胜任现职工作，也可能是其能够胜任现职工作，但因各种因素在某次考核中居于末位等次。因为末位等次总是客观存在的，每次考核中总会有人居于末位等次，考核的末位等次不能直接等同于不胜任现职工作；以同一标准在相同行业考核，本单位考核的末位可能是其他单位考核的中位甚至首位，即“末位不末”，以此来认定劳动者不胜任工作也并不科学合理。即使考核居于末位等次的劳动者确实不能胜任现职工作，用人单位也不能直接与之解除劳动合同，而应当对劳动者先进行培训或调整工作岗位。只有在劳动者经培训或者调整工作岗位后仍不能胜任工作的情况下，才能提前30日以书面形式通知劳动者本人或者额外支付劳动者1个月工资后解除劳动合同。因此，用人单位不能仅因劳动者居于末位等次，就以其不能胜任工作为由而解除合同。

本案例中，中兴通讯的《员工绩效管理办法》规定，员工半年、年度绩效考核登记分别为S、A、C1、C2四个等级，其中C（C1、C2）等级的比例为10%，不胜任工作原则上考核为C2。可以看出，中兴通讯是以单位规章制度的形式规定了“末位淘汰制”。因王鹏三次考核为C2，中兴通讯以其“不能胜任工作，经转岗后仍不胜任工作”为由，解除劳动合同。由此有两个问题需要研究：即考核为C2是否意味着不能胜任工作？王鹏是否因不能胜任工作而进行转岗？

首先，考核为C2并不意味着不胜任工作。中兴通讯在单位规章制度中限定了考核为C的比例为10%，即每次考核中，不管员工的业绩如何，总会有人被考核为C。如前所述，考核的末位等次不能直接等同于不胜任现职工作，中兴通讯认为王鹏不胜任工作，应举证证明有合法的考核标准和王鹏不能胜任工作的具体事实，不能仅凭王鹏考核为C就认定其不胜任工作。

其次，王鹏没有因不能胜任工作而进行转岗。即使王鹏不能胜任工作，中兴通讯也应该对其进行培训或调整工作岗位，只有仍不能胜任工作的，才可以提前30日以书面形式通知其本人或者额外支付1个月工资后解除劳动合同。虽然2009年1月，王鹏从该公司分销科转岗至另一岗位华东区工作，存在调整工作岗位的事实，但转岗的根本原因是王鹏原工作岗位解散，而且王鹏原工作岗位的其他员工均进行了转岗，由此并不能证明王鹏转岗是因不能胜任工作。因此，中兴通讯主张王鹏不胜任工作，经转岗后仍然不胜任工作的依据不足，存在违法解除劳动合同的情形。

（三）“末位淘汰制”可否调整岗位或工资待遇

所谓“淘汰”，本意指去掉不合适的，留下合适的。淘汰制度，并非仅指解除劳动合同，而是可以泛指降级、降职、免职、调整工作岗位、待岗培训、解除劳动合同等多种形式。

劳动者在用人单位的工作岗位、工资待遇等，应由双方协商确定。根据劳动合同法第三十五条的规定，用人单位与劳动者协商一致，采用书面形式，可以变更劳动合同约定的内容。调整工作岗位或者工资待遇等涉及劳动者切身利益，只要符合劳动法、劳动合同法等法律规定，经过了前述的民主协商程序，可以视为双方事前协商约定了单方变更劳动合同的内容，就合法有效，对双方具有约束力。因此，如果将“淘汰”限定为降级、降职、免职、调整工作岗位、待岗培训等其他形式，用人单位就可以在不解除劳动合同的前提下，对考核居于末位的劳动者作出调整工作岗位等处理。但是，用人单位单方解除劳动合同的条件是法定的，即使用人单位以法定程序制定了以“末位淘汰制”为内容的规章制度，且经过公示，也不能将其作为单方解除劳动合同的依据。需要注意的是，用人单位将考核与劳动报酬、奖金等工资待遇相挂钩，不得违反法律法规的相关规定。例如，试用期的工资不得低于本单位相同岗位最低档工资或者劳动合同约定工资的80%，并不得低于用人单位所在地的最低工资标准。

三、其他需要说明的问题

（一）参照该指导案例需要注意的问题

审理“末位淘汰”类具体案件时，要分别从考核制度制定的合法性，解除劳动合同条件的法定性，“不能胜任工作”的举证，以及对末位劳动者采取的不同处理形式等多方面，进行具体分析。在劳动合同法第四十二条的法定情形下，用人单位不得依照本法第四十条、第四十一条的规定解除劳动合同。在不解除劳动合同的前提下，用人单位可以依据合法的规章制度或者劳动合同，对考核居于末位的劳动者予以待岗培训、调整工作岗位等处理。故在参照适用该指导性案例时应注意区别案件的不同情况，依法作出正确妥当的裁判。

（二）如何进行科学合理的考核

考核中“末位”总是存在的，用人单位必须将不能胜任工作而处于末位和能胜任工作而处于末位区分开来。如果劳动者能胜任工作而处于末位，则用人单位根据规章制度或者劳动合同，可以对劳动者进行待岗培训、调整工作岗位等处理，而不能单方解除劳动合同。如果劳动者不能胜任工作而处于末位，那么用人单位须先对其进行培训或调整工作岗位，只有仍不能胜任工作，才可以依法解除劳动合同。

要区分上述两种情形下的末位，就需要制定科学合理的考核指标，以判断劳动者能否胜任工作。首先，用人单位要有明确的目标管理制度和清晰的岗位职责，制定科学合理的考核标准和程序，将劳动者的工作职责、岗位要求细化、量化，明确不能胜任工作的具体标准和指标。其次，用人单位应当根据单位工作实际情况，在与劳动者或其代表民主协商的基础上，在单位规章制度或者劳动合同中对考核指标予以明确并公示告知，并注意不得违反法律法规的规定。

指导性案例第19号：套牌车出借人与使用人对交通事故负连带责任

石 磊*

案例要览

关键词　民事　机动车交通事故　责任　套牌　连带责任

裁判要点

机动车所有人或者管理人将机动车号牌出借他人套牌使用，或者明知他人套牌使用其机动车号牌不予制止，套牌机动车发生交通事故造成他人损害的，机动车所有人或者管理人应当与套牌机动车所有人或者管理人承担连带责任。

相关法条

《中华人民共和国侵权责任法》第八条

《中华人民共和国道路交通安全法》第十六条

基本案情

2008年11月25日5时30分许，被告林则东驾驶套牌的鲁F41703货车在同三高速公路某段行驶时，与同向行驶的被告周亚平驾驶的客车相撞，两车冲下路基，客车翻滚致车内乘客冯永菊当场死亡。经交警部门认定，货车司机林则东负主要责任，客车司机周亚平负次要责任，冯永菊不负事故责任。原告赵春明、赵某某、冯某某、侯某某分别系死者冯永菊的丈夫、儿子、父亲和母亲。

* 最高人民法院案例指导工作办公室法官。

鲁 F41703 号牌在车辆管理部门登记的货车并非肇事货车，该号牌登记货车的所有人系被告烟台市福山区汽车运输公司（以下简称福山公司），实际所有人系被告卫德平，该货车在被告永安财产保险股份有限公司烟台中心支公司（以下简称永安保险公司）投保机动车第三者责任强制保险。

套牌使用鲁 F41703 号牌的货车（肇事货车）实际所有人为被告卫广辉，林则东系卫广辉雇用的司机。据车辆管理部门登记信息反映，鲁 F41703 号牌登记货车自 2004 年 4 月 26 日至 2008 年 7 月 2 日，先后 15 次被以损坏或灭失为由申请补领号牌和行驶证。2007 年 8 月 23 日卫广辉申请补领行驶证的申请表上有福山公司的签章。事发后，福山公司曾派人到交警部门处理相关事宜。审理中，卫广辉表示，卫德平对套牌事宜知情并收取套牌费，事发后卫广辉还向卫德平借用鲁 F41703 号牌登记货车的保单去处理事故，保单仍在卫广辉处。

发生事故的客车的登记所有人系被告朱荣明，但该车辆几经转手，现实际所有人系周亚平，朱荣明对该客车既不支配也未从该车运营中获益。被告上海腾飞建设工程有限公司（以下简称腾飞公司）系周亚平的雇主，但事发时周亚平并非履行职务。该客车在中国人民财产保险股份有限公司上海市分公司（以下简称人保公司）投保了机动车第三者责任强制保险。

裁判结果

上海市宝山区人民法院于 2010 年 5 月 18 日作出（2009）宝民一（民）初字第 1128 号民事判决：一、被告卫广辉、林则东赔偿四原告丧葬费、精神损害抚慰金、死亡赔偿金、交通费、误工费、住宿费、被扶养人生活费和律师费共计 396863 元。二、被告周亚平赔偿四原告丧葬费、精神损害抚慰金、死亡赔偿金、交通费、误工费、住宿费、被扶养人生活费和律师费共计 170084 元。三、被告福山公司、卫德平对上述判决主文第一项的赔偿义务承担连带责任；被告卫广辉、林则东、周亚平对上述判决主文第一、二项的赔偿义务互负连带责任。四、驳回四原告的其余诉讼请求。宣判后，卫德平提起上诉。上海市第二中级人民法院于 2010 年 8 月 5 日作出（2010）沪二中民一（民）终字第 1353 号民事判决：驳回上诉，维持原判。

裁判理由

法院生效裁判认为：根据本案交通事故责任认定，肇事货车司机林则东负事故主要责任，而卫广辉是肇事货车的实际所有人，也是林则东的雇主，故卫广辉和林则东应就本案事故损失连带承担主要赔偿责任。永安保险公司承保的鲁F41703货车并非实际肇事货车，其也不知道鲁F41703机动车号牌被肇事货车套牌，故永安保险公司对本案事故不承担赔偿责任。根据交通事故责任认定，本案客车司机周亚平对事故负次要责任，周亚平也是该客车的实际所有人，故周亚平应对本案事故损失承担次要赔偿责任。朱荣明虽系该客车的登记所有人，但该客车已几经转手，朱荣明既不支配该车，也未从该车运营中获益，故其对本案事故不承担责任。周亚平虽受雇于腾飞公司，但本案事发时周亚平并非在为腾飞公司履行职务，故腾飞公司对本案亦不承担责任。至于承保该客车的人保公司，因死者冯永菊系车内人员，依法不适用机动车交通事故责任强制保险，故人保公司对本案不承担责任。另，卫广辉和林则东一方、周亚平一方虽各自应承担的责任比例有所不同，但车祸的发生系两方的共同侵权行为所致，故卫广辉、林则东对于周亚平的应负责任份额、周亚平对于卫广辉、林则东的应负责任份额，均应互负连带责任。

鲁F41703货车的登记所有人福山公司和实际所有人卫德平，明知卫广辉等人套用自己的机动车号牌而不予阻止，且提供方便，纵容套牌货车在公路上行驶，福山公司与卫德平的行为已属于出借机动车号牌给他人使用的情形，该行为违反了《中华人民共和国道路交通安全法》等有关机动车管理的法律规定。将机动车号牌出借他人套牌使用，将会纵容不符合安全技术标准的机动车通过套牌在道路上行驶，增加道路交通的危险性，危及公共安全。套牌机动车发生交通事故造成损害，号牌出借人同样存在过错，对于肇事的套牌车一方应负的赔偿责任，号牌出借人应当承担连带责任。故福山公司和卫德平应对卫广辉与林则东一方的赔偿责任份额承担连带责任。

理解与参照

2013年11月8日，最高人民法院发布了指导案例19号《赵春明等诉烟台市福山区汽车运输公司、卫德平等机动车交通事故责任纠纷案》。为了正确理解和准确参照适用该指导性案例，现对其推选经过、裁判要点、需要说明的问题等情况予以解释、论证和说明。

一、推选经过及其指导意义

2013年1月15日，上海市高级人民法院向最高人民法院案例指导工作办公室推荐该案例。案例指导工作办公室经集体讨论，并征求了最高人民法院民一庭的意见。民一庭经审查认为，本案例处理结果和理由，符合最高人民法院交通事故损害责任相关司法解释的规定。套牌车社会危险性极大，必须用司法裁判的手段促进实现公法上的管理功能，即应确立这样的规则，套牌车发生事故造成损害，同意套牌的机动车所有人应当承担连带责任。最高人民法院研究室室务会经讨论并报院领导同意提交审委会审议。2013 年 2 月 18 日，最高人民法院审判委员会经讨论认为，该案例符合《最高人民法院关于案例指导工作的规定》第二条的有关规定，同意将该案例确定为指导性案例。11 月 8 日，最高人民法院以法〔2013〕241 号文件将该案例列在第五批指导性案例予以发布。

该指导案例旨在明确出借机动车号牌给他人套牌使用的法律责任。该案例裁判要点明确：机动车所有人或者管理人将机动车号牌出借他人套牌使用，或者明知他人套牌使用其机动车号牌不予制止，套牌机动车发生交通事故造成他人损害的，机动车所有人或者管理人应当与套牌机动车所有人或者管理人承担连带责任。该案例进一步细化了交通事故责任纠纷有关法律和司法解释的规定，其价值导向是通过增加机动车号牌出借人的违法成本，遏制机动车套牌的违法行为，切实维护被害人的合法权益和机动车管理秩序，促进道路交通安全。

二、裁判要点的理解与说明

该指导案例的裁判要点确认：机动车所有人或者管理人将机动车号牌出借他人套牌使用，或者明知他人套牌使用其机动车号牌不予制止，套牌机动车发生交通事故造成他人损害的，机动车所有人或者管理人应当与套牌机动车所有人或者管理人承担连带责任。以下围绕与该裁判要点相关的问题逐一说明：

（一）套牌车概述

套牌车，即指导案例 19 号所涉的套牌机动车，俗称克隆车，是指通过伪造或者非法套取其他车辆号牌及行驶证等手续上路行驶的车辆。一般认为使用伪造、变造的机动车号牌，使用其他车辆的机动车号牌，使用欺骗、贿赂手段取得机动车号牌的机动车均可以被称为套牌车。由于现在机动车及其号牌管理尚存在某些漏洞，套牌行为花样百出，从套用民用号牌发展到套用专用号牌、军牌、警牌，从改装、拼装车套牌发展到报废车、盗抢车套牌，再到用欺骗、贿赂手段重新取得机动车号牌均有发生。

套牌车产生的原因主要有：有的车辆来路不明，没有合法手续，例如非法走私车、盗抢车、报废车等，这些车辆根本不可能申领到合法号牌，为上路行驶而违法套用号牌；有的车主为行车"方便"，逃避电子警察的监控，套用别车号牌，甚至军牌、警牌，随意违法行驶，即使被"电子警察"抓拍到，也不会被查到而逍遥法外；有的车主受经济利益的驱使，购买车辆后不办理注册登记，直接套用别的车辆号牌上路行驶，逃避应该缴纳的税费，而且逃避参加车辆年检。由于交通监控技术难以全面覆盖，对于套牌车的处罚力度不够严厉，违法成本低，导致套牌车现象愈演愈烈，屡禁不止。以大货车为例，使用假牌套牌，一辆车一年可逃避的费用就高达数万元，但是被查获后的处罚数额偏低，违法成本低于守法成本，助长了某些违法车主的侥幸心理。

套牌车的危害：一是扰乱公安机关对公共安全的管控，制造社会不稳定因素。套牌车不仅严重干扰了良好的道路交通秩序，还增加了交通事故发生的概率，而且由于套牌车没有合法手续和保险，一旦发生交通事故，驾驶人极易逃逸，大大增加了案件的侦破难度。即使破获案件，高昂的医疗费用、车辆损害赔偿使得车主、驾驶人难以负担，严重危害社会治安稳定和人民群众生命、财产安全。更重要的是，套牌车还为犯罪活动提供作案工具。近年来高发的"两抢"案件尤其是高速公路上的盗窃、抢劫案件，其作案工具多是套牌车辆，严重危害社会和谐和群众的生命、财产安全。二是扰乱运输市场经营秩序。因为套牌车逃避各种税费，其运行成本比合法车辆要低得多，因而也降低了货物运输的费用，直接加剧了运输市场的恶性竞争，造成运输环境恶性循环，使有序的运输秩序变得杂乱无章。三是扰乱国家的经济秩序。首先，由于套牌车多是非法营运，不会主动缴纳国家各种税费，管理部门又根本无从征收各种税费，从而造成了国家税费的大量流失。其次，保险公司在机动车投保、索赔等环节上对套牌车缺少有效管理和监督，套牌车发生事故后，经常出现骗保等欺诈行为，严重损害了保险业务的经营秩序和利益。四是损害真实车主的合法权益。合法车辆在被别的车辆套牌后，在车辆交通违法、事故处理等方面，真实车主往往要充当"冤大头"，给真实车主带来不必要的麻烦和经济损失，严重损害了守法车主的合法权益。

（二）我国关于套牌车的法律规定

我国关于套牌车的法律规定主要在道路交通安全法、公安部相关规章，以及最高人民法院发布的相关道路交通事故司法解释中。

道路交通安全法第十六条第（四）项规定，禁止使用其他机动车的登记证书、号牌、行驶证、检验合格标志、保险标志。第九十六条第三款规定："使用其他车辆的机动车登记证书、号牌、行驶证、检验合格标志、保险标志的，由公安机关交通管理部门予以收缴，扣留该机动车，处二千元以上五千元以下罚款。"2012年公安部公布《机动车驾驶证申领和使用规定》，加大了对套牌车的处罚力度，其中规定：使用伪造、变造的机动车号牌、行驶证、驾驶证、校车标牌或者使用其他机动车号牌、行驶证的，一次记12分。另外，公安部还明确规定，确定为被套牌的车辆，可撤销使用套牌期间发生的交通违法信息，车主还可以申请换发新的号牌（使用新的车牌号）和行驶证。上述规定都是对套牌车进行行政管理和处罚方面的法律规定。

2012年12月21日起施行的《最高人民法院关于审理道路交通事故损害赔偿案件适用法律若干问题的解释》（法释〔2012〕19号，以下简称《道路交通事故赔偿解释》）第五条对套牌机动车的民事责任作出了规定。该条规定："套牌机动车发生交通事故造成损害，属于该机动车一方责任，当事人请求由套牌机动车的所有人或者管理人承担赔偿责任的，人民法院应予支持；被套牌机动车所有人或者管理人同意套牌的，应当与套牌机动车的所有人或者管理人承担连带责任。"该条最引人注目的规定即为机动车所有人或者管理人同意套牌的连带责任，指导案例19号的裁判要点正与这一规定相契合。

（三）套牌车交通事故责任相关案例

套牌车交通事故引发的纠纷时有发生，以前已有不少这方面的典型案例，下文择其中一二予以简评：

案例1：2003年4月15日，原车主王某将粤BCXX号小轿车出售给陈某并办理了车辆登记转移手续，自己的行驶证随之作废。2003年5月26日，崔某以4万元低价购买了日产小轿车，并套用了粤BCXX号的车牌号。2004年2月10日，崔某以6.5万元的价格将该套牌车出售给赵某。赵某购买该车后，仍然延续套用粤BCXX小轿车的车牌号，并且由崔某帮助赵某在原王某作废的粤BCXX号机动车行驶证上加盖“检验合格”标志，致使该车一直未经国家车辆管理部门登记，未进行技术检测，亦未投保第三者责任险。2005年12月11日晚9时许，赵某驾驶该套牌车与张某驾驶的正三轮摩托车和冯某停放在行车道上的挂车相撞，致使张某死亡，正三轮摩托车和套牌小轿车不同程度损坏。赵某承担该事故25%的责任。法院经审理认为，崔某以明显的低价购买车辆，明知自2004年5月1日道路交通安全法实施起，国家实行机动车投保第三者责任强制险，在未经技术检测、未投保第三者责任强制险情况下，套用他人的粤BCXX号机动车车牌号，并将该套牌车出售给他人，且长期帮助购买人在他人作废的行驶证上加盖虚假的“检验合格”标志，致使安全性能无法保障的套牌车由赵某驾驶长期上路行驶，成为安全隐患和“马路杀手”，并造成事故的发生。崔某应与赵某承担道路交通事故的连带责任。①

案例2：2007年7月10日10时，林某驾驶车牌号为闽D80361的重型货车行驶在厦门市集美区杏滨路，欲左转进入新阳大桥时，不慎与驾驶两轮摩托车的徐某发生了碰撞，造成徐某重伤、摩托车损坏的后果。2007年8月13日，厦门市公安局交警支队集美大队作出交通事故认定书，认定林某应负事故全部责任。由于林某受雇于陈某，故作为雇主的陈某被追加为被告。陈某则称，肇事车为套牌车，系他套用柯某的闽D80361车牌，故柯某也被追加为被告。柯某辩称，肇事车辆的真实车牌号是闽D51022，车主为陈某，事故发生时是陈某套用其所有的闽D80361车牌，他不是本案适格被告，更不应对徐某承担人身损害赔偿责任。另外，柯某还向法院申请对闽D80361车辆进行鉴定，但是由于时隔久远而且两辆车都在营运中，这两辆车的现状与事发时的车辆现状已发生改变，丧失了鉴定条件。一审法院认为，陈某应赔偿徐某医疗费、误工费等共计约22万元。此外，林某也应承担连带赔偿责任。而柯某作为闽D80361车辆的车主，在事故发生后知道套牌事实，却未及时向交警部门反映或采取其他措施，导致是否“套牌”的事实无法查清，其提供的证据不能证明事故发生时肇事车辆为闽D51022，应承担举证不能的法律后果，鉴于柯某对事故的发生存在管理上的过失，应当对徐某的损失承担连

---

① 参见：《套牌车出售者与购买者连带承担事故责任》，载海南省公安厅交通警察总队网站，http：//www.hainanjj.gov.cn，于2013年10月26日访问。

带赔偿责任。二审维持了一审判决。①

评析：上述两案最终判决结果都是套牌车发生交通事故所涉车主承担连带赔偿责任。有所不同的是，第一个案例中崔某将套牌车出售给赵某，属于明知自己的行为可能发生危害社会的结果，因此与肇事车车主赵某承担连带责任；第二个案例中，柯某在事故发生后知道自己车被套牌的事实，却未及时向相关部门反映，导致是否“套牌”事实无法查清，应承担不利的后果，即应与套牌车车主承担连带责任。

（四）指导案例19号的具体说明

本指导案例中，鲁F41703货车的登记所有人福山公司和实际所有人卫德平系明知卫广辉等人套用自己的车牌而不予阻止，且提供方便，纵容套牌货车在公路上行驶，卫德平与福山公司的行为实质上等同于出借机动车号牌给他人使用，该行为违反了道路交通安全法等有关机动车管理的法律规定。套牌机动车肇事造成损害的，号牌出借人同样存在过错，二者构成共同侵权。侵权责任法第八条规定：“二人以上共同实施侵权行为，造成他人损害的，应当承担连带责任。”因此，对于肇事的套牌车一方应负的赔偿责任，号牌出借人应当承担连带责任。故本案福山公司和卫德平应对卫广辉与林则东一方的赔偿责任份额承担连带责任。

前文已述，最高人民法院发布的《道路交通事故赔偿解释》第五条规定，被套牌机动车所有人或者管理人同意套牌的，应当与套牌机动车的所有人或者管理人承担连带责任。本指导案例进一步明确，明知他人套牌使用而不予制止的，也应当与套牌机动车所有人或者管理人承担连带责任。本指导案例裁判要点述及的套牌行为有两种情形：一种是积极地出借机动车号牌给他人使用，另一种是知道他人套牌使用自己的机动车号牌而消极地不予制止。两种情形下行为人对于损害的发生都具有过错。前文评析的两个相关案例正好契合了本指导案例所述的两种套牌情形，这样本案例的指导价值更为全面、准确，有利于指导相关案件的审判。

发放机动车号牌是对机动车管理的重要手段，只有经定期检验符合国家安全技术标准的机动车才可核发和使用号牌。当前，机动车套牌行驶的违法

---

① 参见：《套牌车肇事伤人　名义车主被判负连带责任》，载《厦门日报》2010年3月26日。

现象十分突出，这一行为严重违反道路交通安全法的规定，并且使大量不符合安全技术标准的机动车在道路上行驶，增加道路交通的危险性。对于这类违法行为，相关行政机关加大执法力度固然有必要，而本指导案例通过依法合理延伸交通事故民事赔偿责任主体的范围，增加机动车号牌出借人的违法风险和成本，来遏制机动车套牌的违法行为，维护道路交通安全和正常的机动车管理秩序，也将具有很好的法律效果和社会效果。

三、其他需要说明的问题

本指导案例在适用时要注意以下几个问题：

（一）关于相关法律依据问题

需要说明的是，本指导案例原型案件发生于侵权责任法施行之前，认定共同侵权的依据主要是民法通则和相关司法解释的规定。民法通则第一百三十条规定："二人以上共同侵权造成他人损害的，应当承担连带责任。"最高人民法院于2003年颁布的《关于审理人身损害赔偿案件适用法律若干问题的解释》对共同侵权进行了细化，其中第三条第一款规定："二人以上共同故意或者共同过失致人损害，或者虽无共同故意、共同过失，但其侵害行为直接结合发生同一损害后果的，构成共同侵权，应当依照民法通则第一百三十条规定承担连带责任。"侵权责任法自2010年7月1日起施行以后，机动车套牌构成共同侵权适用的法律依据应当是侵权责任法第八条及其他相关法律规定。

（二）关于所有人、管理人责任问题

本指导案例裁判要点将机动车所有人和管理人都纳入承担连带责任的主体，合理地规定了责任主体的范围，有利于加强被侵权人请求权的保护，提高被侵权人获得赔偿的可能性。责任主体涵盖所有人和管理人，不仅包括机动车号牌出借方的机动车所有人、管理人，也包括套牌机动车的所有人、管理人。

指导性案例第20号：专利临时保护期内实施发明所得产品的后续使用不侵害专利权

郎贵梅* 吴光侠**

案例要览

关键词 民事 知识产权 侵害 发明专利权 临时保护期 后续行为

裁判要点

在发明专利申请公布后至专利权授予前的临时保护期内制造、销售、进口的被诉专利侵权产品不为专利法禁止的情况下，其后续的使用、许诺销售、销售，即使未经专利权人许可，也不视为侵害专利权，但专利权人可以依法要求临时保护期内实施其发明的单位或者个人支付适当的费用。

相关法条

《中华人民共和国专利法》第十一条、第十三条、第六十九条

基本案情

深圳市斯瑞曼精细化工有限公司（以下简称斯瑞曼公司）于2006年1月19日向国家知识产权局申请发明专利，该专利于2006年7月19日公开，2009年1月21日授权公告，授权的发明名称为“制备高纯度二氧化氯的设备”，专利权人为斯瑞曼公司。该专利最近一次年费缴纳时间为2008年11月28日。2008年10月20日，深圳市坑梓自来水有限公司（以下简称坑梓自来水公司）与深圳市康泰蓝水处理设备有限公司（以下简称康泰蓝公司）签订

* 最高人民法院民事审判第三庭法官。
** 最高人民法院案例指导工作办公室高级法官。

《购销合同》一份，坑梓自来水公司向康泰蓝公司购买康泰蓝二氧化氯发生器一套，价款26万元。康泰蓝公司已于2008年12月30日就上述产品销售款要求税务机关代开统一发票。在上述《购销合同》中，约定坑梓自来水公司分期向康泰蓝公司支付设备款项，康泰蓝公司为坑梓自来水公司提供安装、调试、维修、保养等技术支持及售后服务。

2009年3月16日，斯瑞曼公司向广东省深圳市中级人民法院诉称：其拥有名称为"制备高纯度二氧化氯的设备"的发明专利（以下简称涉案发明专利），康泰蓝公司生产、销售和坑梓自来水公司使用的二氧化氯生产设备落入涉案发明专利保护范围。请求判令二被告停止侵权并赔偿经济损失30万元、承担诉讼费等费用。在本案中，斯瑞曼公司没有提出支付发明专利临时保护期使用费的诉讼请求，在一审法院已作释明的情况下，斯瑞曼公司仍坚持原诉讼请求。

裁判结果

广东省深圳市中级人民法院于2010年1月6日作出（2009）深中法民三初字第94号民事判决：康泰蓝公司停止侵权，康泰蓝公司和坑梓自来水公司连带赔偿斯瑞曼公司经济损失8万元。康泰蓝公司、坑梓自来水公司均提起上诉，广东省高级人民法院于2010年11月15日作出（2010）粤高法民三终字第444号民事判决：驳回上诉，维持原判。坑梓自来水公司不服二审判决，向最高人民法院申请再审。最高人民法院于2011年12月20日作出（2011）民提字第259号民事判决：撤销原一、二审判决，驳回斯瑞曼公司的诉讼请求。

裁判理由

最高人民法院认为：斯瑞曼公司在本案中没有提出支付发明专利临时保护期使用费的诉讼请求，因此本案的主要争议焦点在于，坑梓自来水公司在涉案发明专利授权后使用其在涉案发明专利临时保护期内向康泰蓝公司购买的被诉专利侵权产品是否侵犯涉案发明专利权，康泰蓝公司在涉案发明专利授权后为坑梓自来水公司使用被诉专利侵权产品提供售后服务是否侵犯涉案发明专利权。

对于侵犯专利权行为的认定，应当全面综合考虑专利法的相关规定。根据本案被诉侵权行为时间，本案应当适用2000年修改的《中华人民共和国专利法》。专利法第十一条第一款规定："发明和实用新型专利权被授予后，除本法另有规定的以外，任何单位或者个人未经专利权人许可，都不得实施其专利，即不得为生产经营目的制造、使用、许诺销售、销售、进口其专利产品，或者使用其专利方法以及使用、许诺销售、销售、进口依照该专利方法直接获得的产品。”第十三条规定：“发明专利申请公布后，申请人可以要求实施其发明的单位或者个人支付适当的费用。”第六十二条规定：“侵犯专利权的诉讼时效为二年，自专利权人或者利害关系人得知或者应当得知侵权行为之日起计算。发明专利申请公布后至专利权授予前使用该发明未支付适当使用费的，专利权人要求支付使用费的诉讼时效为二年，自专利权人得知或者应当得知他人使用其发明之日起计算，但是，专利权人于专利权授予之日前即已得知或者应当得知的，自专利权授予之日起计算。”综合考虑上述规定，专利法虽然规定了申请人可以要求在发明专利申请公布后至专利权授予之前（即专利临时保护期内）实施其发明的单位或者个人支付适当的费用，即享有请求给付发明专利临时保护期使用费的权利，但对于专利临时保护期内实施其发明的行为并不享有请求停止实施的权利。因此，在发明专利临时保护期内实施相关发明的，不属于专利法禁止的行为。在专利临时保护期内制造、销售、进口被诉专利侵权产品不为专利法禁止的情况下，其后续的使用、许诺销售、销售该产品的行为，即使未经专利权人许可，也应当得到允许。也就是说，专利权人无权禁止他人对专利临时保护期内制造、销售、进口的被诉专利侵权产品的后续使用、许诺销售、销售。当然，这并不否定专利权人根据专利法第十三条规定行使要求实施其发明者支付适当费用的权利。对于在专利临时保护期内制造、销售、进口的被诉专利侵权产品，在销售者、使用者提供了合法来源的情况下，销售者、使用者不应承担支付适当费用的责任。

认定在发明专利授权后针对发明专利临时保护期内实施发明得到的产品的后续使用、许诺销售、销售等实施行为不构成侵权，符合专利法的立法宗旨。一方面，专利制度的设计初衷是“以公开换保护”，且是在授权之后才能请求予以保护。对于发明专利申请来说，在公开日之前实施相关发明，不构成侵权，在公开日后也应当允许此前实施发明得到的产品的后续实施行为；在公开日到授权日之间，为发明专利申请提供的是临时保护，在此期间实施相关发明，不为专利法所禁止，同样也应当允许实施发明得到的产品在此期间之后的后续实施行为，但申请人在获得专利权后有权要求在临时保护期内实施其发明者支付适当费用。由于专利法没有禁止发明专利授权前的实施行为，则专利授权前制造出来的产品的后续实施也不构成侵权。否则就违背了专利法的立法初衷，为尚未公开或者授权的技术方案提供了保护。另一方面，专利法规定了先用权，虽然仅规定了先用权人在原有范围内继续制造相同产品、使用相同方法不视为侵权，没有规定制造的相同产品或者使用相同方法制造的产品的后续实施行为是否构成侵权，但是不能因为专利法没有明确规定就认定上述后续实施行为构成侵权，否则，专利法规定的先用权没有任何意义。

本案中，康泰蓝公司销售被诉专利侵权产品是在涉案发明专利临时保护期内，该行为不为专利法所禁止。在此情况下，后续的坑梓自来水公司使用所购买的被诉专利侵权产品的行为也应当得到允许。因此，坑梓自来水公司后续的使用行为不侵犯涉案发明专利权。同理，康泰蓝公司在涉案发明专利授权后为坑梓自来水公司使用被诉专利侵权产品提供售后服务也不侵犯涉案发明专利权。

理解与参照

2013年11月8日，最高人民法院发布了指导案例20号《深圳市斯瑞曼精细化工有限公司诉深圳市坑梓自来水有限公司、深圳市康泰蓝水处理设备有限公司侵害发明专利权纠纷案》。为了深入理解和准确参照适用该指导性案例，现对该指导性案例的推选经过、裁判要点等有关情况予以解释、论证和说明。

一、推选经过及其指导意义

该案例系最高人民法院提审案件，2011年12月20日，经最高人民法院再审生效。最高人民法院民三庭于2013年7月17日将该案作为指导性案例予以推荐。案例指导工作办公室经研究讨论和修改完善，按照程序报院领导同意提请最高人民法院审判委员会讨论。10月28日，最高人民法院审判委员会对该案例进行了讨论，同意将其确定为指导性案例。11月8日，最高人民法院以法〔2013〕241号文件将该案例作为第五批指导性案例予以发布。

该案判决确立的裁判规则具有重要的指导意义。该案例明确解决了一个在专利侵权审判实践中争议较大的问题，即专利临时保护期内制造的被诉专利侵权产品的销售、使用等后续行为是否构成侵害专利权。我国专利法对此没有明确具体的规定。最高人民法院在综合考虑专利法相关规定的基础上使用体系解释的方法在该案判决中解释出如下裁判规则：专利临时保护期内制造、销售、进口的被诉专利侵权产品的后续使用、许诺销售、销售，不构成侵犯专利权。以上裁判规则的得出考虑了如下因素：专利临时保护期内制造专利产品的行为本身属于合法，专利法更注重控制专利侵权源头，即制造；专利法的立法初衷是为已经公开或者授权的技术方案提供保护；专利法规定的五种未经许可不得实施的行为并不是相互独立的，专利法对于任何一种实施行为的侵权认定和责任确定均考虑了其源头的性质。根据本案裁判规则还可以延伸出如下规则：实用新型和外观设计专利授权前制造的专利产品的销售、使用等后续行为，也不构成侵犯专利权。该指导案例裁判要点旨在明确专利权人无权禁止他人对专利临时保护期内制造、销售、进口的被诉专利侵权产品的后续使用、许诺销售、销售。这一裁判要点解决了司法实践中的争议，对审判类似案件具有指导意义，不仅符合专利法“以公开换保护”的立法精神，而且有利于推动发明创造的应用，促进科学技术进步和经济社会发展。

二、裁判要点的理解和说明

指导案例20号的裁判要点是：在发明专利申请公布后至专利权授予前的临时保护期内制造、销售、进口被诉专利侵权产品不为专利法禁止的情况下，其后续的使用、许诺销售、销售，即使未经专利权人许可，也不视为侵害专利权，但专利权人可以依法要求临时保护期内实施其发明的单位或者个人支付适当的费用。

发明专利临时保护期是指发明专利申请公开日至授权日这段期间。根据专利法，专利可分为外观设计、实用新型和发明专利三种类型。发明专利申请与其他两种专利申请的审查制度不同。实用新型和外观设计专利申请仅需要经过初步审查，不需要进行实质审查，在授权的同时公开专利文件。对于发明专利申请，我国实行的是世界各国普遍采用的“早期公开、延迟审查”制度，即国务院专利行政部门收到发明专利申请后，经初步审查认为符合专利法要求的，自申请日起满18个月，即行公布；发明专利申请自申请日起3年内，国务院专利行政部门可以根据申请人随时提出的请求，对其申请进行实质审查；经实质审查没有发现驳回理由的，由国务院专利行政部门作出授予发明专利权的决定，发给发明专利证书，同时予以公告和登记，发明专利权自公告之日起生效。由于实质审查周期较长，如果等到实质审查结束才公布发明专利申请的内容，对同一课题进行重复研究、重复投资和重复申请的可能性就会增大，不能很好地发挥专利制度促进信息公开、及时传播技术信息的作用。况且公布发明专利申请后，让尽量多的人和想看到的人看到，任何人都可以提出异议和意见，有助于实质审查，保证授权发明专利的质量。此外，规定自申请日起满18个月即行公布发明专利申请，给申请人充分的时间来考虑是否和何时提出实质审查请求，有一部分申请人将根据实际情况和需要放弃实质审查请求，放弃后还可以采取商业秘密途径保护其发明；专利审查机构则减轻了审批工作量，使审查员能够集中精力审查提出实质审查请求的发明专利申请。在延迟审查制度下，发明专利申请已经公开但还没有授权，如果允许他人任意实施该发明，对申请人显然是不公平的。为了解决该矛盾，设立了发明专利临时保护制度。根据我国专利法第十三条的规定，发明专利申请公布后，申请人可以要求实施其发明的单位或者个人支付适当的费用。但是，在发明专利授权后，针对发明专利临时保护期内实施发明得到的产品的后续使用、许诺销售、销售等实施行为，是否构成侵犯专利权，我国专利法及其相关司法解释均没有明确规定。

上述问题正是该指导案例涉及的争议焦点。根据该案被诉侵权行为时间，该案应当适用2000年修改的专利法。对该问题有两种截然相反的观点：一种观点主张该行为认定构成侵犯发明专利权。主要理由是：（1）专利法第十一条规定的五种禁止实施的行为相互独立，分别构成单一类型的侵权行为。在专利授权后的任何一种实施行为，只有当这种行为属于专利法第六十三条各项不视为侵犯专利权的情形，以及专利法第四十八条至第五十条关于专利实施的强制许可的情形（仍需向专利权人支付使用费）时，才不构成侵犯专利权。（2）假设专利法没有临时保护期的规定，则本案中在专利授权之后的使用行为应当构成侵犯专利权。如果认定本案被诉侵权使用行为不构成侵犯专利权，则专利法增加了临时保护期的规定，反而免除了原本的使用侵权责任，对专利权人来说还不如没有这样的临时保护期。（3）认定不构成侵犯发明专利权，可能导致鼓励他人在发明专利申请公布后至授权前大肆实施该发明专利申请，抢占申请人的市场，专利权人的合法权益无疑会遭受极大损害，专利法第十一条第一款对专利权人的保护也成空谈。

另一种观点主张该行为认定不构成侵犯发明专利权。本指导案例采纳了第二种观点，以上裁判要点的得出主要考虑了如下因素：专利临时保护期内制造专利产品的行为本身属于合法，专利法更注重控制专利侵权源头，即制造；专利法的立法初衷是为已经公开或者授权的技术方案提供保护；专利法规定的五种未经许可不得实施的行为并不是相互独立的，专利法对于任何一种实施行为的侵权认定和责任确定均考虑了其源头的性质。具体主要理由如下：

（一）符合专利法立法目的和精神

综合考虑专利法有关规定，专利法规定的五种禁止实施的行为是否构成侵权的认定并不是相互独立的，专利法对于五种实施行为的侵权认定和责任确定，均注重控制其源头制造行为。

对于侵害专利权行为的认定，应当全面综合考虑专利法第十一条、第十三条、第六十二条、第六十三条等相关规定。专利法第十一条第一款规定："发明和实用新型专利权被授予后，除本法另有规定的以外，任何单位或者个人未经专利权人许可，都不得实施其专利，即不得为生产经营目的制造、使用、许诺销售、销售、进口其专利产品，或者使用其专利方法以及使用、许诺销售、销售、进口依照该专利方法直接获得的产品。"第十三条规定："发明专利申请公布后，申请人可以要求实施其发明的单位或者个人支付适当的费用。"第六十二条规定："侵犯专利权的诉讼时效为二年，自专利权人或者利害关系人得知或者应当得知侵权行为之日起计算。发明专利申请公布后至专利权授予前使用该发明未支付适当使用费的，专利权人要求支付使用费的诉讼时效为二年，自专利权人得知或者应当得知他人使用其发明之日起计算，但是，专利权人于专利权授予之日前即已得知或者应当得知的，自专利权授予之日起计算。"综合考虑上述规定，专利法虽然规定了申请人可以要求在发明专利申请公布后至专利权授予之前（即专利临时保护期内）实施其发明的单位或者个人支付适当的费用，即享有请求给付发明专利临时保护期使用费的权利，但对于专利临时保护期内实施其发明的行为并不享有请求停止实施的权利，而且提起发明专利临时保护期使用费纠纷诉讼应当在专利授权之后。因此，在发明专利临时保护期内实施相关发明的，不属于专利法禁止的行为。在专利临时保护期内制造、销售、进口被诉专利侵权产品不为专利法禁止的情况下，其后续的使用、许诺销售、销售该产品的行为，即使未经专利权人许可，也应当得到允许。也就是说，专利权人无权禁止他人对专利临时保护期内制造、销售、进口的被诉专利侵权产品的后续使用、许诺销售、销售。当然，这并不否定专利权人根据专利法第十三条规定行使要求实施其发明者支付适当费用的权利。

专利法第十一条第一款规定的未经专利权人许可不得实施的行为有五种，即制造、使用、许诺销售、销售、进口，这五种行为在专利法中的地位并不相同。根据专利法第六十三条第二款的规定，为生产经营目的使用或者销售不知道是未经专利权人许可而制造并售出的专利产品或者依照专利方法直接获得的产品，能证明其产品合法来源的，不承担赔偿责任。可见，专利法对于未经许可的制造与其他实施行为在构成侵权的情况下应承担何种侵权责任显然是区别对待的，制造者要承担更为重大的责任，因为制造行为是所有专利侵权行为的源头。从专利法第六十三条第一款第（一）项关于权利用尽抗辩和第（二）项关于先用权抗辩等规定，也可以体现专利法更注重控制专利侵权源头的精神。对于发明专利临时保护期内的实施行为，因未被专利法禁止，故针对该实施行为得到的产品的后续实施行为也应当得到允许，这与专利法更注重控制专利侵权源头的精神是一致的。

认定在发明专利授权后针对发明专利临时保护期内实施发明所得产品的后续使用、许诺销售、销售等实施行为不构成侵权，符合专利法的立法宗旨。一方面，专利制度的设计初衷是“以公开换保护”，且是在授权之后才能请求予以保护。对于发明专利申请来说，在公开日之前实施相关发明，不构成侵权，在公开日后也应当允许此前实施发明所得产品的后续实施行为；在公开日到授权日之间，为发明专利申请提供的是临时保护，在此期间实施相关发明，不为专利法所禁止，同样也应当允许针对在此期间实施发明所得产品而产生的后续实施行为，但申请人在获得专利权后有权要求在临时保护期内实施其发明者支付适当费用。对于实用新型和外观设计专利来说，公开日即授权日，在公开日即授权日之前制造落入专利保护范围的产品未构成侵权，该产品的后续销售等专利实施行为也不构成侵权，否则就是违背了专利法的立法初衷，为尚未公开或者授权的技术方案提供了专利权保护。另一方面，专利法不可能对所有不构成侵犯专利权的实施行为均作出明确具体的规定，是否构成侵犯专利权，还是需要综合考虑专利法的相关规定作出判断。

专利法第六十三条第一款第（二）项规定了先用权，虽然该条仅规定了先用权人在原有范围内继续制造相同产品、使用相同方法不视为侵权，没有规定制造的相同产品或者使用相同方法制造的产品的后续销售、使用等是否构成侵权，但不能因为专利法没有明确规定就认定上述后续实施行为构成侵权，否则，专利法规定的先用权没有任何意义。

（二）设置发明专利临时保护期更有利于专利权人

认定在发明专利授权后针对发明专利临时保护期内实施发明所得产品的后续实施行为不构成侵权，并不能得出为发明专利提供临时保护反而不利于专利权人的结论。假设专利法没有规定发明专利临时保护期，一方面，专利权人无权请求临时保护期内实施其发明的单位和个人支付适当的费用；另一方面，由于专利法没有禁止专利授权前的制造行为，则专利授权前制造出来的产品的后续销售、使用等也是合法的，并不构成侵权。显然，还是设置专利临时保护期更有利于专利权人。

（三）他人并不会因此而具有抢占专利权人市场的优势

认定在发明专利授权后针对发明专利临时保护期内实施发明所得产品的后续实施行为不构成侵权，并不会导致鼓励他人在发明专利申请公开后至授权前大肆实施该发明专利申请，抢占申请人的市场。除了先用权人的实施外，在专利临时保护期内实施发明专利申请的，可能要面临专利权人在专利授权后提起的发明专利临时保护期使用费纠纷之诉，而且在专利授权后未经许可不能继续制造专利产品，为实施发明专利申请而投入的设备、厂房等也将变为沉没成本。在上述约束条件下，实施人并不具有抢占市场的优势，甚至不具备占有市场的能力，即专利授权后，除了销售和使用在授权日前制造的专利产品外，实施人不得继续制造专利产品，必须退出市场。即便是先用权人，也不能扩大制造、使用的范围，这势必会影响其形成竞争优势。况且，发明专利申请一旦公布，理性的竞争者为了避免今后可能面对的纠纷，一般不会为了抢占市场而故意制造落入专利权保护范围的产品，通常的做法是通过开发和实施绕道发明以绕开已经公开的专利申请。

（四）有利于专利权人与社会公众利益的平衡

专利法是专利权人及其利害关系人请求保护专利权的法律依据，但专利法的立法目的不仅限于保护专利权、鼓励发明创造，还包括推动发明创造的应用、促进科学技术进步和经济社会发展。专利法的具体制度设计总是需要考虑专利权人利益与社会公众利益这两方面之间的平衡。专利权人在提起侵犯发明专利权纠纷诉讼后，如果经审理发现被诉侵权产品是在专利临时保护期内制造的，只能请求给付适当费用，而不能请求停止侵权和赔偿损失。这样既避免了重复诉讼，也平衡了专利权人与社会公众的利益。反之，如果将临时保护期内制造的专利产品的后续销售、使用等行为认定为侵权行为，则专利权人在请求后续销售者、使用者承担了停止侵权责任后，还有权要求专利临时保护期内的实施者给付适当的费用，显然是有失公平的。

中国司法观念和司法方法的转型

——来自“王海打假案”十年司法史的启示

鲍 艳* 熊丙万**

一、“王海打假案”争议背后的司法方法论分歧

1993年消费者权益保护法第四十九条规定：“经营者提供商品或者服务有欺诈行为的，应当按照消费者的要求增加赔偿其受到的损失，增加赔偿的金额为消费者购买商品的价款或者接受服务的费用的一倍。”这也即是通常所谓的“惩罚性赔偿规则”。而问题在于，知假买假者是否也享有请求惩罚性赔偿的权利？在1995年的“王海打假案”之后，“知假买假行为”① 曾一度得到司法界和学术界的广泛认可。② 但自1998年天津市第一中级人民法院

---

* 北京市第一中级人民法院助理审判员，中国人民大学博士研究生。

** 法学博士，LL. M.（哈佛大学），中国人民大学民商事法律科学研究中心副研究员。本文系全国博士后科学研究基金一等资助项目“从个人主义走向合作主义”的阶段性成果。

① 严格来讲，“王海打假行为”与“知假买假行为”这两个概念在内涵和外延上存在一定的差异。王海后来从事的打假活动具有职业打假的色彩，而从事“知假买假行为”的人并非都是职业打假人，也可能是普通消费者。不过，从实践来看，引发诉讼争议的知假买假行为多具有职业打假色彩。有鉴于此，为了行文便利，在没有特别说明的情况下，本文将交替使用这两个概念，指称以获得惩罚性赔偿为目的的知假买假行为。

② 代表性论述可见杨立新：《“王海现象”的民法思考》，载《河北法学》1997年第5期。

的终审判决起，王海遭遇了一系列败诉。司法界和学术界也自此对“知假买假行为”的正当性问题产生了日益激烈的争论。支持者有之，反对者亦不少。① 国家立法一直对此采取回避态度，希望通过各地方的审判实践来总结立法经验。即便全国人大常委会于2013年修订1993年消费者权益保护法的惩罚性赔偿条款，也未对近十年的“王海打假案”争议作出回应。②

值得注意的是，最高人民法院于2013年12月发布了《关于审理食品药品纠纷案件适用法律若干问题的规定》（以下简称《食品药品案件规定》），首次在国家司法层面明确认可了食品、药品领域的知假买假行为，有限度地表达了国家对知假买假行为的价值取向。《食品药品案件规定》第三条规定：“因食品、药品质量问题发生纠纷，购买者向生产者、销售者主张权利，生产者、销售者以购买者明知食品、药品存在质量问题而仍然购买为由进行抗辩的，人民法院不予支持。”该司法解释将终结近十年来在食品、药品领域的“王海打假案”司法判决分歧，也很可能对其他商品或服务消费领域的知假买假案件的审判工作产生示范效应。尽管如此，该司法解释在解决“知假买假案”这一具体问题的裁判争议时，并没有（也不太可能）直接回应隐藏在具体案件判决争议背后的司法方法论分歧。而这对司法审判实践而言又十分重要。因为，我们细致观察可以发现，在大量围绕具体法律问题产生的争议的背后，其实是辩论者所秉持的司法哲学和司法方法论的差异。如果我们

---

① 关于司法界的观察，见王长军、王果：《消费者主张十倍赔偿的构成要件》，载《人民司法（案例）》2012年第4期；胡建忠：《对消费者权益纠纷案件中“一多一少”现象的思考》，载《人民司法（应用）》2009年第6期。关于学术界的相反观点，见梁慧星：《消费者权益保护法第49条的解释与适用》，载《人民法院报》2001年3月29日；王利明：《消费者的概念及消费者权益保护法的调整范围》，载《政治与法律》2002年第2期。

② 2013年新修订的消费者权益保护法第五十五条对1993年消费者权益保护法第四十九条作了修改。根据新法，“（1）经营者提供商品或者服务有欺诈行为的，应当按照消费者的要求增加赔偿其受到的损失，增加赔偿的金额为消费者购买商品的价款或者接受服务的费用的三倍；增加赔偿的金额不足五百元的，为五百元。法律另有规定的，依照其规定。（2）经营者明知商品或者服务存在缺陷，仍然向消费者提供，造成消费者或者其他受害人死亡或者健康严重损害的，受害人有权要求经营者依照本法第四十九条、第五十一条等法律规定赔偿损失，并有权要求所受损失二倍以下的惩罚性赔偿。”

无法在司法哲学观念和司法方法层面达成起码限度的共识，那么，我们也就不太可能在具体问题的讨论中取得一致看法，而只会无休无止地重复类似的争论。相反，如果我们能够更主动地揭示和辩论“王海打假案”十年司法实践史背后的司法哲学观念和司法方法论分歧，则将有助于推动这一层面共识的形成，并最终服务于具体法律问题的讨论。

概括起来，有三类主要的司法观念和方法论在支撑着近十年来围绕知假买假现象展开的辩论，即法律道德论、法律教义学和法律功能主义。这里先将这三类司法哲学观念和方法论的代表性阐述予以简要回顾，然后在本文后三部分详细讨论这三类观念和方法。

（一）法律道德论

这类认识将社会道德观念作为评判法律规则和社会行为的起点和标准。其认为，法律必须建立在社会道德的基础之上；或者说，法律所允许或倡导的社会行为规范不得违背社会大众道德观念。具体到“知假买假行为”，这类观点认为，知假买假行为是将打假作为一种牟利的“投机行为”。而“投机行为”是一种背离社会大众道德观念的行为，不值得法律保护。①

（二）法律教义学

法律教义学严格区分法律的制定（立法）和法律的适用（司法）。就司法活动而言，法律教义学信奉法律部门的严格划分，并认为有一套与特定部门法律文本（如公法与私法；民法与刑法；物权法、合同法与侵权责任法等）相对应的法律学说。该套学说是判断此类型法律问题和相应社会问题的准则。在这套法律学说基础之上，足以为相应法律与社会问题推导出妥当的法律结论。②

在近十年来围绕知假买假行为的法律性质所展开的讨论中，至少有三种法律教义学说影响着论者的基本判断：（1）合同成立学说。这种学说认为：一方面，只有在合同成立之后，当事人之间才可能产生赔偿和惩罚性赔偿之类的法律问题。如果合同尚未成立，则当事人之间只能发生返还原物、恢复

① 励进、潘佟：《关于打假的几点思考》，载《法学》1997 年第 6 期。

② 需要说明的，不同论者所言“法教义学”在所指称的具体内容上存在一定的差异。不过在总体上，这里将要讨论的针对“知假买假”行为的教义学说具有代表性，即希望根据合同成立学说、因果关系学说和文义解释学说来判断具体法律问题。

原状之类的关系和效果。而另一方面，关于合同成立的问题，根据民法基本原理，合同系当事人之间一致意思表示的结果，而在知假买假情形下，一方是经营者出于与消费者订约的目的，另一方却是消费者出于打假的目的，合同双方缺乏一致的意思表示。因此，该买卖合同不成立，在法律上只发生返还原物、恢复原状等效果，后者无权请求惩罚性赔偿。① （2）因果关系学说。因果关系学说是侵权责任法学理论中的一类核心学说，用于判断侵权责任是否构成。其主要针对知假买假者因消费“假产品或服务”而遭受现实损害的情形。其认为，知假买假者明知产品或服务不符合安全标准而消费，所导致的损害是其自身行为所造成的，与生产和销售行为之间基本不存在因果关系，也就不能因此请求经营者承担侵权赔偿责任。②（3）法律文本的解释学说。这种学说是一套关于如何解释法律文本的方法论，包括文义解释、体系解释、历史解释、目的解释等各种法律解释方法。这类学说认为，法官只要准确掌握和运用法律文本的解释方法，就能够准确地适用法律。具体到知假买假者能否依据消费者权益保护法请求惩罚性赔偿的问题，这类学说关心的主要问题在于，“知假买假者”是否属于消费者权益保护法所保护的“消费者”。论者认为，“无论采用何种解释方法，其解释结果都不得违背法律条文可能的文义”。③ 但无论是根据《布莱克法律词典》《牛津法律词典》等域外法律词典对“消费者”一词的界定，还是根据我国消费者权益保护法第二条对“消费行为”的规定，知假买假行为都超出了“为生活消费需要购买、使用商品或者接受服务”的范围，也就是说超出了“消费”这一法律术语可能涵盖的文义范围。④ 因此，知假买假者不具备请求惩罚性赔偿所要求的“消费者”资格，不能请求经营者给予惩罚性赔偿。

（三）法律功能论

与前两类司法哲学观念相比，法律功能论者表现出了明显的实用主义倾

---

① 胡建忠：《对消费者权益纠纷案件中“一多一少”现象的思考》，载《人民司法（应用）》2009年第6期。

② 励进、潘佟：《关于打假的几点思考》，载《法学》1997年第6期。

③ 梁慧星：《知假买假不受消法保护》，载《南方周末》2002年7月5日；《消费者权益保护法第49条的解释与适用》，载《人民法院报》2001年3月29日第3版。

④ 代表性的观点如胡建忠：《对消费者权益纠纷案件中“一多一少”现象的思考》，载《人民司法（应用）》2009年第6期。

向。虽然论者既不否定道德观念对法律的影响、又不完全排斥关于不同法律部门的教义学说，但他们更积极、更主动地关注法律规则对社会生活的现实影响。这类观念并不特别严格地坚持法律部门之间的划分，不仅注重发挥每一项立法的社会公共政策功能，而且还强调诸多法律部门之间的协同治理效果。例如，在知假买假者能否请求惩罚性赔偿的问题上，论者强调：赋予知假买假者惩罚性赔偿请求权，有助于弥补消费者群体自身诉讼动力的不足和政府监管力度的欠缺这两大问题，[1] 进而对“打击无良商家、维护消费者权益、净化食品药品市场环境具有重要意义”。[2]

二、法律道德论

无论是在立法过程中，还是在法律适用活动中，社会道德观念都可能在不同程度上影响着决策者的行为选择。在知假买假问题上，大量讨论者将社会关于“投机行为”的一般道德观念作为标准，用于评判社会行为方式和法律规则。可以说，这只是整个法律道德论的一个缩影，反映了法学辩论中的一股较为流行的倾向。这类认识将社会道德观念视为一种天然的好东西，将那些背离社会道德观念的社会行为和社会规范视为不好的东西。当前，无论是在法学教科书中，还是在其他职业法律人的话语体系中，都流行着这样一种说法：国家立法必须建立在社会道德的基础之上，应当反映最低限度的社会道德共识。

关于国家立法和司法中的道德观念问题，笔者曾作过专题讨论。[3] 概括地说，由于没有贴近社会实践去观察大众道德观的生成机理和功能特征，当前流行的法律道德论只是对“法律与道德之关系”的十分片面的观察，在很大程度上扭曲了这类关系图景的本来面目。这类认识要么想当然地将社会大众道德观念视为一种天经地义的好东西，而忽视了大量与之明显不符的情

---

① 应飞虎：《知假买假行为适用惩罚性赔偿的思考——基于法经济学和法社会学的视角》，载《中国法学》2004 年第 6 期。

② 杨立新教授接受《新京报》采访时发表的评论，《最高法：“知假买假”不影响 10 倍索赔》，载《新京报》2014 年 1 月 10 日。

③ 熊丙万、周院生：《国家立法中的道德观念与社会福利》，载《法制日报》2014 年元旦专刊。关于法律与道德之关系的更系统观察，See Louis Kaplow & Steven Shavell, Fairness Versus Welfare, 114 Harv. L. Rev. 961, (2001).

形；要么简单地推定存在一种区分“先进道德”与“落后道德”的标准，而让标准本身免于被讨论。而只要从生成机理的视角去观察大众道德观，我们就能够掀开道德观念的神秘面纱，进而更科学地描绘国家立法和司法中的道德角色。

的确，在大量情形下，法律规则与道德规范表现出趋同的关系，给人以“道德是法律之基础”的表象。例如，讲诚实守信用是人们普遍信奉的道德观念。“一言九鼎”“一言既出驷马难追”等习俗语言就很好地反映了此种道德观。而在法律层面，民法通则将“诚实信用”确定为私人交往活动的基本法律原则；合同法更进一步要求，“当事人应当按照约定履行自己的义务，不得擅自变更或者解除合同”。在这类问题上，确实是先形成了广为大众所熟知的道德观念，然后才出现与道德规范趋同的法律规则。

但事实上，法律与道德除了表现出趋同关系之外，还同时呈现出了另外三类完全不同的关系性图景。一是相左关系，即国家立法确定的规则与既有道德宣示的规范明显相左。例如，“杀人偿命”是中国社会长期以来的道德观念，但我国刑法却在很大程度上背离了这种道德，且“少杀慎杀”日益成为职业法律人的普遍共识。再如，“父债子还”也曾一度是不容置疑的道德准则，而今天的法律却让那些放弃继承权的子女免于承担父母留下的债务。二是选择性关系，即国家统一立法需要在多种相互冲突的道德观中作出选择。例如，关于女方在解除婚约后是否应当向男方返还彩礼的问题，我国不同地域曾表现出了明显的道德观念分歧。而关于这方面的国家立法和司法解释需要在相互竞争的道德规范中作出抉择。三是无任何关系。在国家立法出现之前根本就不存在关于相应问题的社会道德观念。例如，在中国修建第一条高速公路之初时，国家立法需要讨论“是否限速”（德国等国家的高速公路迄今仍不限速)、“限速多少”，而立法当时根本就不存在相应的道德观念。再如，公司的设立是否需要满足最低注册资本要求，责任保险是否需要强制要求，银行资本充足率如何设定，比赛用篮球框的高度和大小如何设定，如此等等。这些问题对社会生产和生活的影响甚大，但却很难找到相关的道德观念。

究其原因，社会大众的道德观念是通过朴素的道德教化而逐渐自发形成的内心信念和行为规范，区别于通过专业的缜密分析而形成的外在规则。因此，大量道德观念的形成过程蕴含着社会大众的一般生活经验，体现了人们对特定社会组织和生活方式的朴素判断。在这些情形，道德所宣扬的行为规范确实有助于普遍地增进人们的社会福利，因此为法律所采纳和规定。然而，毕竟道德观念是经长时间的反复道德教化而自发产生的，并非理性分析和考证的结果。这就决定了，社会道德所体现的行为规范是朴素的、粗糙的，其倡导的社会行为方式并非必然增进公民的社会福利，如“父母之命、媒妁之言”“父债子还”“以命抵命”等。其实，“国家立法必须以社会道德观念为基础”这一观念本身在很大程度上也是法学家朴素道德教化的结果，而不是科学研究的结论。此外，道德观念的生长是以广泛的社会实践和经验积累为基础的。在特定社会实践活动出现之前，是不太可能存在相关道德观念的。在信息化和科技化时代，社会实践的创新速度日新月异，新型社会生产和交往活动层出不穷，且因对社会影响甚大而需要国家立法的及时规范。但此时相应的社会道德观根本就不存在，“要求法律建立在道德基础上”顶多是一个幻想而已。总之，道德观念的生成机理决定了，国家司法作为一种职业法律活动，不宜简单地将既有道德观念本身作为一项独立的考量因素，也不宜在法律适用中赋予道德观本身特别的权重，而应当侧重关注其所倡导的社会行为规范对公民社会福利的现实影响。①

具体到知假买假行为，不少人之所以对此怀有直觉性抵触，是因为他们提前给这类行为贴上了“投机行为”的道德标签，并想当然地将道德范畴的“投机行为”直接转化为法律上的非正当行为。但事实上，支撑和维系整个国民经济和国民生活的商业活动大都是投机行为，如证券买卖行为。可正是因为这些被法律允许的投机行为，使潜在的社会交往机会得以开发和利用，社会生活水平得到提高。因此，我们不能简单地因知假买假活动的“投机性”而直接对其作出否定性评价。相反，我们需要切实地观察此种投机行为对公民社会福利的现实影响。

三、法律教义学

法律教义学是围绕成文法的解释和适用建立起来的理论学说，在中国当

---

① 当然，我们并不是要完全否认社会道德观念的积极功能。与国家立法相比，社会道德观念具有简单易懂、易于传播、自动执行等明显优势。如果特定道德观念所倡导的行为规范有利于普遍地增进公民的社会福利，那么，积极弘扬此种道德观念能够有效地降低法律规范的教育、传播和执行成本，让社会组织的运行更为和谐。

代职业法律人的话语体系中具有十分重要的影响。这类学说严格区分各法律部门，如划分公法与私法、民法与刑法、民法与行政法等，将每个法律部门视为一个独立封闭的系统，有其自身独立的使命，并受到一套自身独有的法律学说和方法的约束。① 法律教义学的信奉者在分析具体法律问题时，将法律学说和方法作为讨论问题的起点和标准（常常也是唯一的标准），希望藉此推导出妥当的法律判断结论。在知假买假的问题上，那些将“合同成立学说”“因果关系学说”和“法律文本的解释方法”作为核心判断标准的做法就是法律教义学的典型代表。

事实上，法律教义学与法律道德论面临类似的问题。具体到民商法教义学，中国今天的民商法教义学说主要来源于对欧洲大陆私法学说（特别是德国私法学说）的直接继受。但从历史角度观察，法学教义并非自古有之，也非孤立的社会现象。相反，无论是在早期罗马法时代，还是在同时期的普通法中，法律规定基本上都是列举式的，缺少“一般条款”之类的抽象概括性规定。在职业法律话语体系中，自然也就没有所谓的法律教义学说了。② 随着分散的法律制度的增多、法律实践和经验观察的积累，法学家才开始在总结各种既有的、分散的法律制度基础之上提炼出一般经验性规律，并反过来用于认识法律制度和指导法律实践（包括司法活动）。再后来，经过职业法学家的反复理论润色和宣扬，法律教义学就日益成为相应法律职业群体中的一般知识。

法律教义学形成的历史背景决定了，其具有三方面的优势：一是便于形成系统的法律知识。随着社会生活和交往方式的负责化，早期罗马法和普通法所采用的列举式规定和以单一规定为基础的法律知识体系就会越来越不适应，因为即便是职业法律人也难以学习和掌握这些事无巨细的规则。而法律教义学通过归纳、抽象和一般化等技术手段，让我们对数量庞大的法律制度的认识工作简易化。只要掌握了法律学说，就很可能准确掌握应对该类问题

① 中国法学在近现代继受两大法系法律制度的同时，也在很大程度上接受了来自欧美（特别是欧洲大陆国家）的法律教义学。中国民法学和刑法学在这方面最为明显，中国宪法学界近期也有不少学者开始传播欧洲大陆（特别是德国）的法教义学。

② 关于早期罗马法和普通法的基本形态的比较观察，见［德］格哈特·瓦格纳：《当代侵权法比较研究》，高圣平、熊丙万译，载《法学家》2010年第2期。

的法律知识。二是形成稳定的法律知识。系统梳理的过程也就让法律知识变得稳定，有利于增强法律制度本身的稳定性和可预期性。三是便于法律知识的教育和传播。欧洲大陆国家曾经出现了大规模法典化运动，并围绕各种法典形成了相应的学说体系，在很大程度上是为了应对当时面临的信息传播障碍。① 在电子化和数字化时代到来之前，信息（特别是法律知识）的传播主要依靠成本高昂的纸质印刷，信息传播的数量和速度都非常有限。在这样的背景下，应对日益增长的法律知识和信息的一个有效办法就是将法律知识形式化和标准化，将那些具有实质共性的分散个体归为一类，作一体化处理（否则，分散的制度就日益庞杂）。② 如此一来，职业法律人所使用的法律话语体系、所理解和运用的法律规则就可以在比较高的程度上实现统一化。这对规范和约束各地方法官的司法行为、保障法制统一而言无疑具有重要作用，因为在信息不畅通时代，地方法官的恣意裁判行为难以引起及时、广泛的公共讨论，难以得到国家权威立法机关的及时、有效应对。从这个意义上讲，法律教义学在任何时期都有其积极价值。

在平稳的社会发展时期，社会生产和交往活动稳步开展，很少出现新的社会问题。在此情形下，司法严格遵守建立在法学家经验观察基础之上的法律教义和学说，不仅有助于保持司法判决的确定性和可预期性，更有助于维持良好的、稳定的社会生产生活秩序。如此一来，法律教义学似乎就成了通往正义的正确道路，甚至成了良好社会秩序的代名词，进而被很多职业法律人信奉不已。那些根据“合同成立学说”“因果关系学说”和“法律文本解释学说”就直接否定知假买假者惩罚性赔偿请求权的论者就是这方面的代表。

然而，正如费孝通先生所观察的那样，在快速变迁和转型的社会中，教义却是适应的阻碍，经验等于顽固和落伍。“顽固和落伍并非只是口头上的

---

① 关于这一点的历史观察，参见 Martijin W. Hesselink, *The New European Private Law: Essays on the Future of Private Law in Europe*, Kluwer Law International 2002, pp. 227 ~ 249.

② 关于法律的形式化和标准化技术的系统分析，见 Henry Smith, Thomas Merrill, *Optimal Standardization in the Law of Property: The Numerus Clausus Principle*, 110 Yale Law Journal 1 (2000) .

讥笑，而是生存机会上的威胁。”① 在中国近年来的食品、药品的供给和消费领域，这一观察同样适用。那些信奉严格的“公法/私法”二元化分、私法固有学说和教义的司法方法就明显地面临这方面的问题。如下文将要阐述的那样，一方面，论者盲目相信“公法”和“政府监管”的力量；另一方面，论者死守“私法”领地的独立教义学说。但结果却是，消费者自身努力不够（缺乏必要的诉讼动力），政府监管不力，② 避孕水产、镉大米、硫磺辣椒、农药高残留蔬菜、瘦肉精猪肉、地沟油和缺斤短两等问题频频敲打我们的神经。

其实原因很简单，今天大量职业法律人信奉不已的法律教义学说形成于数个世纪之前，在应对那个时期所面临的社会问题时具有不错“疗效”。但在今天这样一个快速变迁的社会，仍然采用“旧处方治疗新病”，无疑是削足适履，无助于有效应对特定社会特定时期的法律治理需求。③ 这就要求，职业法律人要更理性地看待和运用法律教义学。在有足够信息的条件下，司法工作者要敢于审视自身所秉持的司法哲学和司法方法，敢于从形形色色的法律教义和学说中跳出来，主动积极地去观察特定法律制度（和判决）将对社会现实生活产生的影响，并在国家立法赋予的职权范围内主动选择和表达更为理想的价值立场，积极发挥法律和判决的社会公共政策功能。而在知假买假者能否获得惩罚性赔偿这一类问题上，司法工作者在司法哲学观念和司法方法上的转型显得尤为重要。下文将说明，《食品药品案件规定》对知假买假者惩罚性赔偿请求权的有限度确认，以及因此对相应司法裁判的认可，可以视为在司法哲学观念和司法方法转型上的有益尝试。

---

① 参见费孝通：《乡土中国》，人民出版社2008年版，第84页。

② 如后文将阐述，加强政府监管虽然是当前必不可少的努力方向，但是，该方向的努力既无法解决所有问题，也不会与其他方向的努力发生实质效果上的矛盾。

③ 常常被中国民商法学家和法官所忽视的是，欧洲大陆作为中国所继受民商法教义学说的发源地，近几十年来在法学观念和方法上已经发生了重大变化，越来越多地从形式意义上的法律教义学说导向转向实质意义上的法律社会功能导向。关于这方面的系统观察，参见 Martijn Willem Hesselink, *The New European Private Law: Essays on the Future of Private Law in Europe*, Kluwer Law International, 2002, pp. 227~249.

四、法律社会功能主义

与法律道德论和法律教义学不同，法律社会功能主义论者在考虑社会道德观念与教义学说的同时，更积极地关心法律制度和司法判决所处的社会现实背景，更主动思考不同法律解释结论（或者说不同法律适用方案）[①] 在该背景下将产生何种实际影响。在立法所允许的职权范围内，法官可以更积极地追求那些具有更好公共政策功能的法律适用方案。

具体到知假买假问题，那些法律道德论和法律教义学的信奉者通常不会关心这一点：与经营者相对的交易主体远不限于单个分散的消费者个体，其还包括整个消费者群体。[②] 在一个理想的情境中，当不安全食品频出不穷时，分散的消费者个体就应当联合起来采取集体行动，每当遭遇欺诈行为时就积极地追究经营者的民事赔偿责任。如此一来，经营者的欺诈营销就会得不偿失，其从事违法生产销售行为的动力就大大降低。但实际上，这种理想化的集体行动不太可能发生。其中原因很多，如消费者不知晓惩罚性赔偿制度、消费者对个案胜诉概率的预期不明确、消费者举证能力欠缺、个案诉讼成本高于诉讼收益等。有经验研究表明，即便消费者权益保护法和食品安全法等

---

① 目前，中国法学界已经对各种法律文本解释技术展开过较为全面的叙述，包括文义解释、体系解释、目的解释、历史解释等等。但迄今为止，少有讨论者清楚地认识到，法律解释方法本身无法解决法律的确定性问题。因为，法律解释方法经常成为一种被解释者“操纵”的东西，选择不同解释方法、采用不同的法律解释方法位阶往往会引起不同的法律解释结论和裁判结论。所以，那些动辄以某种成文法解释方法为理由得出解释结论和裁判结论的做法，很可能掩盖了解释者背后的真实动机和司法观念（还有一种可能，解释者内心里真的将某种解释方法视为真理性的东西）。关于这方面比较准确的观察，参见张志铭：《法律解释原理》，载《国家检察官学院学报》2008 年第 2 期。不过，来自比较法上的大规模司法判决统计分析表明，如果立法明确规定“成文法解释不得超出法律文本可能的意义范围”之类的解释技术，且立法机关对法官有强大的监督权，那么，法官“操纵”法律解释方法的概率就会大大降低。否则，不同法官、同一法官在不同时期的判决很难在法律解释方法的选择上形成广泛共识。See generally Abbe Gluck, *The States as Laboratories of Statutory Interpretation: Methodological Consensus and the New Modified Textualism*, 119 Yale L. J. 1750 (2009 ~ 2010).

② 参见王利明：《消费者的概念及消费者权益保护法的调整范围》，载《政治与法律》2002 年第 2 期。

赋予消费者数倍的惩罚性赔偿请求权，消费者诉讼动力不足的问题仍然没有得到实质性缓解。① 在中国农村社会，这一问题更为严重，前述阻碍集体行动的因素更大。“新闻调查表明，就在人们将目光还聚焦在城市食品安全问题的当下，中国农村正以惊人的速度成为问题食品的‘卸货场’。过期食品翻新登场、假冒伪劣食品扎堆横行，一些在大城市里几乎无处遁形的问题食品，却在农村市场上明目张胆、遍地开花，令人堪忧。”②

当面临前述问题时，人们往往习惯性地想起了国家公权力。特别是那些信奉严格的公法/私法二元化分、私法教义学的论者，他们此时关注的唯一焦点就是行政监管、行政处罚、刑事制裁等公法治理手段，主张通过强化政府监管和法律威慑来提高违法者的违法成本。毫无疑问，这是我国当前亟待努力的方向，也能够在食品安全治理上起到实际效果。但是，他们将这些手段视为应对食品安全问题的唯一正确、有效的途径，则脱离了对现实的准确观察。就像科斯所观察的那样，人们经常高估政府的管理能力，政府行动在不少情形下并没有我们想象的那样有效，在一些情形政府行动也会像市场一样失灵。③ 这不仅是因为政府活动本身是有高昂成本的（包括政府机构的运营成本、决策失误成本和权力寻租成本等），而且更重要的是，对于海量的食品，任何时期政府的抽查和监管概率都不可能太高。否则，政府机构将庞大得让公共财政难以承受。而另一方面，中国今天无法回避的现实在于，生产和销售不符合安全标准食品的现象时有发生。在经营者群体的内心道德激励得到整体提高之前，这些现象仍然是我们在今后一段时间内面临的难题。受这些因素的综合影响，那些信奉“公法/私法”二元划分学说，将食品安全完全寄托在政府身上的夙愿并不一定能够如愿实现。至少这些年来不断出现的惊人的食品安全问题已经在很大程度上说明了这一点。

---

① 关于消费者维权障碍的实证调研和成因分析，可参见应飞虎：《知假买假行为适用惩罚性赔偿的思考——基于法经济学和法社会学的视角》，载《中国法学》2004年第6期。

② 详见马学玲：《春节见闻：问题食品扎堆农村，“舌尖的安全”引忧》，载中国新闻网，http://big5.chinanews.com:89/sh/2014/02-07/5805372.shtml，于2014年2月7日访问。

③ Ronald Coase, *The Problem of Social Cost*, Journal of Law and Economics, Vol. 2. (Oct., 1960), pp. 17~18.

在这样的背景下，如果赋予知假买假者以惩罚性赔偿请求权，激励那些有时间、精力和经验参与打假的人士的积极性，既可以在一定程度上弥补整个消费者群体在诉讼和追偿动力上的缺失，又可以弥补政府查处力度的不足。而对违法经营者而言，无论是消费者自身的索赔，还是行政罚款、刑事罚款或者其他公法制裁，或是知假买假者的索赔，只要提高了他们从事违法活动的成本，他们都会同样敏感，都会将其作为违法成本并据此决定是否继续从事违法活动。而对依法经营者而言，自然就不用考虑这些问题。再者，知假买假者在发挥补充激励功能的同时，还节省了政府行动的成本，① 可谓一举两得。

尽管王海打假活动在这些方面具有明显的优势，但职业打假活动引发的担忧一直不少。不过，在本文看来，这种担忧表面上看起来有道理，但更细致的观察告诉我们，这些问题大都是臆想出来的或者被过度夸大了。典型的例如，知假买假者可能利用经营者力图维护商业声誉的软肋，提出高额私了的要求，且实践中有时会得到满足。② 这类担忧者没有注意到两点：一是这类情况发生的概率比较低。因为，知假买假者的此类行为本身是违法的，甚至构成敲诈勒索罪。因此，知假买假者选择这类行为的概率比较低，现实危险并没有那么大。二是这类行为的实际社会危害并不大，甚至只有积极社会影响。因为，即便实践中出现了“高额私了”现象，违法经营者一般会理性地权衡“私了”与“接受行政、刑事处罚”的成本大小。如果依法接受处罚的成本低于私了成本，那么，他们就会理性地选择接受行政或刑事处罚，而不会接受私了要求。我们在总体上推定，依法确立的行政、刑事责任是正当的（至少食品安全领域如此），是违法者应当承受的合理负担。因此，如果违法行为人放弃选择“公了”，那么，即便行为人选择了“私了”，说明其违法行为仍然有利可图；仍然没有承受法定的负担，没有得到足够充分的外部激励。“‘以牙还牙，以眼还眼’不仅不是不道德的行为，而且是维持社会信

---

① 人们常常忽视政府行动的成本问题，因为政府运用经费是通过收税后的财政分配提供的，纳税人常常缺乏直接的感知能力。但这种成本在实践中又很高。以刑事审判为例，从侦查、公诉到审判，再到执行，都涉及不小的财政支出。政府查处的力度与财政支出在很大程度上具有正相关性。

② 胡建忠：《对消费者权益纠纷案件中“一多一少”现象的思考》，载《人民司法（应用）》2009 年第 6 期。

用制度的必不可少的手段。"① 至于"担心曝光、影响声誉"也是没有道理的，因为，违法行为本身就应当被社会所公知，这并不构成生产、经营者的额外负担，即使是被行政处罚和刑事判决也都应当依法公开。从这些意义上讲，违法经营者选择"私了"，只会捡了便宜，而不会承受额外负担。此外，现实中还有另外一种情形发生，即一些职业打假者所"猎取"的对象并不是那些真正不符合安全标准的商品，而是那些商品信息标识不准确或者错误的情形（例如，在中国内地销售的进口红酒必须贴中文信息标识，但这些中文标识可能因翻译不严谨而出现不准确甚至错误等情况）。这将给那些"良心"经营者的正常生产经营活动带来不必要的障碍。在本文看来，这种担心的必要性也比较小。因为，一方面，对那些秉持功能主义司法观念的审判人员来说，他们应当在法律所允许的框架内尽量全面充分地考虑各种信息。如果真是细微的商品信息标识问题，且不影响产品质量的安全和基本信息的识别(如产地等)，那么，就不应当将它们认定为"假产品"或者"欺诈行为"。如此，不仅可以引导此类知假买假行为，而且可以免除"良心"经营者的不合理负担。另一方面，对于那些非故意引起的信息标识问题，如果错误到了影响消费者的基本判断（如将红酒的产地标错），则如同前面的论述，知假买假者的惩罚性赔偿请求将有助于矫正此类行为，利大于弊。

在社会转型时期，司法哲学观念和司法方法同样需要适时转型。除了能够更好地应对中国所面临的现实问题之外，这方面的变化还具有比较法上的重要价值。事实上，我国近年来的民法学说和民事立法已经表现出这方面的努力，并得到国外同行的赞誉，给他们提供了经验。以侵权责任法为例，美国宾夕法尼亚大学法学院戴杰教授（Jacque deLisle）评论到：我们常常误认为，中国侵权法主要来源于对域外侵权法的直接学习。但事实并非如此。大量中国侵权法律制度回应了中国当前面临的社会治理问题，有机会发挥民法的公共政策功能，如产品责任制度、医疗损害赔偿制度、环境污染责任制度等等。② 相似的，《食品药品案件规定》也在这方面提供了良好的司法方法

---

① 张维迎：《法律制度的信誉基础》，载《经济研究》2002年第1期。

② See Jacque deLisle, *A Common Law-like Civil Law and a Public Face for Private Law: China's Tort Law in Comparative Perspective*, in *Towards A Chinese Civil Code: Comparative and Historical Perspectives* 353 (Martinus Nijhoff 2012).

启示，可资审判实践参考。

五、如何看待法官的自由裁量权（代结论）

本文倡导司法工作者在司法过程中更主动地考虑法律适用对社会现实的影响，更积极地发挥民事法律适用的公共政策功能，也同时带来了“法官的自由裁量权及其调控”这一老问题。在司法方法上从法律道德论、法律教义学走向法律社会功能主义，也就意味着法官在法律适用过程中具有更大的自由裁量空间，从而降低了司法裁判的确定性。这是另一个宏大的命题，笔者曾在其他地方作过专门讨论。[①] 我们认为，法律的确定性取决于法律的可确定性。在那些立法机关本身就予以回避的问题上（如知假买假者能否请求惩罚性赔偿），原本就不存在确定性的法律结论。对于这些问题，泛泛地呼吁通过法教义学等司法方法来限制法官自由裁量权、提高司法的确定性只不过是一种幻想而已。相反，一种更可行的办法是进一步加强司法公开，通过强化法官保障制度来鼓励（和要求）法官更充分地在司法判决中公开表达其法律价值观念，从而通过这些判决及其背后的法律价值观付诸公共讨论。在数字信息日益畅通的时代，这样不仅有助于限制那些滥用自由裁量权的司法行为，而且更为重要的是，充分的公共讨论有助于我们去寻求更高程度的共识和对分歧的真诚理解。

① 周院生、熊丙万、鲍艳：《法律的确定性与不确定性》，载《法制日报》2013 年 11 月 20 日。

支持起诉制度新论

李　琛*

一、背景问题说明

支持起诉原则的实定法基础主要在于民事诉讼法第十五条，该条规定："机关、社会团体、企业事业单位对损害国家、集体或者个人民事权益的行为，可以支持受损害的单位或者个人向人民法院起诉。"但是，诚如绝大多数学者指出的，民事诉讼法仅对支持起诉作出了原则性规定，有关支持起诉的方式、程序以及支持起诉者的诉讼地位和诉讼权利义务等尚缺乏相应的操作性规范，因而，根据法治原则，基于防止支持起诉被滥用的考虑，学界对支持起诉原则要么持限制论，要么持否定论。限制论认为，支持起诉应当符合以下三个条件：第一，必须是发生了损害国家、集体或者个人民事权益的侵权行为。也即支持起诉的案件仅限于侵权行为引起的民事案件，如果只是一般的民事纠纷，则无需支持起诉。第二，有权支持起诉者，只限于机关、社会团体，不包括个人。法律未赋予公民个人支持起诉的权利，目的在于防止包揽诉讼和干扰法院审判的情况发生。第三，受损害者尚未起诉。如果受损害者已经向法院起诉，其民事权益已置于司法保护之下，则无需他人再支持起诉。① 之所以说前述观点属于限制论，主要是因为我们并不能从民事诉讼法第十五条的规定，直接得出支持起诉仅适用于侵权案件的结论。事实

* 贵州省六盘水师范学院讲师。

① 刘家兴：《民事诉讼法》，北京大学出版社1994年版，第70页。

上，损害民事权益的行为，既可能基于侵权行为发生，也可能因违约行为或其他违法行为引起。否定论认为，支持起诉在立法构造上过于原则化，缺乏操作性，导致支持起诉有名无实；在立法理念上带有强烈的国家（社会）干预色彩，与现代民事诉讼理念相冲突；在法典位置上属于错位，支持起诉并非基本原则，充其量仅是诉答阶段的一项具体制度；在功能上，法律援助制度、司法救济制度足以发挥支持起诉所能发挥的作用，因而，提倡否定支持起诉的实际适用。① 当然，还有不少人专门对检察院的支持起诉展开激烈的论战，鉴于本文的考察对象不仅限于检察院的支持起诉，因而，不再对其进行综述。

事实上，限制说与否定说都是建立在立法论层面，既未对司法实践进行深入观察，也无视司法实践的现实需求。首先，限制说认为，支持起诉仅能适用于侵权案件，但是，在司法实践中，检察机关、工会、妇联、消费者协会等机关、团体所支持起诉的案件类型中，相当大的比例是合同纠纷案件，或者说是合同纠纷和侵权纠纷竞合的案件。其次，限制说认为，如果受损害者已经向法院起诉，其民事权益已置于司法保护之下，则无需他人再支持起诉。换言之，支持起诉工作应当终止于法院受理案件，但是，支持起诉的机关、社会团体、企业事业单位不再仅仅局限于在法院受理案件之前对受损害者给予道义上的支持以及法律上和物质上的帮助，鼓励其向法院起诉，而且在案件受理后，通过向人民法院递交《支持起诉意见书》② 派员出庭以独立

---

① 参见蒋集跃、梁玉超：《存在未必合理——支持起诉原则的反思》，载《政治与法律》2004 年第 5 期。

② 在以往的司法实践中，向受理法院递交《支持起诉意见书》的主体仅限于人民检察院。但是，近日，甘肃省张掖市甘州区消费者协会向甘州区人民法院递交了全国首份《消费者协会支持消费者起诉意见书》（甘州消协书字（2009）01 号）。从发展趋势来分析，除人民检察院以外的其他支持起诉的主体，尤其是消费者协会、妇女联合会、环境保护社会团体向人民法院递交《支持起诉意见书》的可能性将会呈现增加趋势。

支持者身份支持起诉①、派员出庭以委托单立人身份支持起诉②等形式参与到案件的诉讼过程中。再次，否定说有关"支持起诉名存实亡"的断言已经被实践证明是错误的。一方面，自从2004年民事公益诉讼被暂时叫停之后，检察院系统、行政机关、社会团体积极探索新思路，充分运用支持起诉制度履行其监督职责，③ 新民事诉讼法、消费者权益保护法以及《环境保护法修正案（二审稿）》虽然都规定公益诉讼，但其适格主体范围极为有限，难以胜任维护社会公共利益的现实需要，支持起诉制度仍有生存和发展空间。另一方面，消费者协会、妇女联合会等社会团体支持起诉的情形也司空见惯。复次，支持起诉缺乏操作性规则的困境已经有所缓解，虽然在法律以及司法解释层面都尚未为支持起诉设置必要的操作性规则，但是，地方人民法院、人民检察院单独或者联合出台了一系列"意见""规定""办法"或者"会议纪要"，对支持起诉提供具备一定操作性的规范，从《最高人民检察院民事行政检察厅关于印发〈全国检察机关部分中心城市民事行政检察工作座谈会纪要〉的通知》（［2006］高检民法第12号）来分析，地方人民法院、人民检察院的探索得到检察院系统的认可，从人民法院倾向于受理支持起诉案件、接收《支持起诉意见书》的态度来分析，法院系统对于支持起诉也基本上是认可的。因此，规则的不完备性是构成否定制度存在的理由还是构成完善制度的根据，值得我们进一步思考。最后，所谓的"支持起诉"在司法实践中已经突破"起诉"的界限。在司法实践中，支持起诉制度已经向支持诉讼（包括起诉和应诉两个方面）发展和延伸。从侧面来分析，支持起诉情形的出现也凸显出支持起诉制度设置的另一个不足之处。对于公益性质的社会

---

① 到目前为止，笔者所收集到的资料显示，派员以独立支持者身份出庭参与诉讼的主体仅限于人民检察院，其他主体均未尝以独立的支持者身份派员出庭发表支持起诉意见。

② 派员出庭以委托单立人身份支持起诉的主体比较广泛，几乎涵盖现行法律规定可以支持起诉的主体。

③ 据统计，2003年至2006年，全国检察机关办理支持起诉案件15742件。根据最高人民检察院民事行政检察厅副厅长文先保介绍，仅2008年一年，检察机关办理支持起诉和督促起诉的案件就达4588件。以地方为例，重庆市检察机关从2005年至今共办理支持起诉案件1918件，胜诉1568件。其中涉及维护农民工合法权益的案件约占95%，为农民工等困难群众挽回经济损失600万余元。刘卉：《支持起诉、督促起诉：实践呼唤完善立法》，载《检察日报》2009年3月13日。

团体，支持应诉也是其履行职责的一种重要方式，尤其是对妇联来说，支持作为社会弱势群体的妇女应对丈夫提起的离婚之诉在某些特殊情形之下确有必要。① 从这个层面来分析，支持起诉制度已经向支持诉讼制度发展。

鉴于现有的理论无法回应前述的各种困境，也无法满足现实的客观需要，因而，有必要结合实践，对支持起诉进行必要的反思。正是基于这样的目的，本文试图通过对一个真实的典型案件的全面剖析，抛砖引玉，对支持起诉进行重新解读。

二、关于支持起诉的重新解读

朱某等 56 名农民于 2005 年 11 月至 2006 年 4 月期间，分别从梁某经营的“三才种子农药经销部”购买数量不等的 305 稻种，并按季节下种育苗。但是，发现出苗率极低，发现时已经时值春稻插播季节，迫使农民寻买稻种，甚至被迫改种玉米，给农民带来了不同程度的经济损失。这些农民向 B 市 F 区工商局、B 市 F 区消费者协会进行投诉。在 B 市 F 区工商局组织、协调并垫付鉴定费的情况下，从农民宋某家提取剩余 305 稻种，经梁某确认签字，封存样品，并交北京市种子质量监督检验站检验，检验报告结论是：样品 305 稻种发芽率为 53%，而按照国家《农作物种子质量标准（一）(GB4404. 1 - 1996 粮食作物种子、禾谷类)》规定，该稻种的发芽率不得低于 80%。在此基础上，F 区消费者协会组织当事人进行调解，要求梁某承担赔偿责任，遭到拒绝后，在取得 56 名农民的 112 份授权委托书的基础上，F 区消费者协会垫付诉讼受理费用，并派遣其副秘书长郑某、其法律支持中心主任李某（执业律师）以诉讼代理人身份向 F 区人民法院提起 56 个民事诉讼案件，起诉要求被告梁某赔偿经济损失、承担诉讼费用，其中原告之一的宋某还要求被告承担鉴定费用。F 区人民法院决定合并审理，并于 2007 年 1 月8 日开庭审理后作出原告胜诉的判决。当然，人民法院根据证据情况而对

① 连云港市妇联权益部的工作人员就曾经在一宗案件中，支持一位老太太应诉老头子的离婚诉讼，在开庭审理前，运用妇联的公共职权收集证据，并派员作为被告的诉讼代理人支持应诉。参见：《六旬老太的情案—— 把握属于自己的人生》，载连云港妇女网，http：//www. lygwoman. com/detail. asp？ id = 193，于 2013 年 7 月 28 日访问。

请求赔偿的经济损失金额有所调整。

（一）支持起诉的定位

关于支持起诉属于原则抑或制度的争议由来已久。学术界通说认为，支持起诉是制度，而非原则。所持理由是民事诉讼法关于支持起诉的规定对民事诉讼全过程并无指导作用。既然立法把“支持”限定于“起诉”，那么最多也只是在起诉和受理阶段有一定的意义。① 换言之，支持起诉与民事诉讼活动并无直接的关系，只在起诉之前发挥作用。②

从本案来分析，F区消费者协会的支持行为并非止于法院受理之时，而是借诉讼代理制度参与到案件的实质审理活动中去。因而，实践中的“支持起诉”已经不同于纸上的“支持起诉”，仅仅从支持起诉人介入的时间来定位支持起诉是不够全面的。尽管如此，基本原则是贯穿于民事诉讼的制定和实施过程，对整个民事诉讼活动起指导作用的基本准则，而适用支持起诉并不是常态的民事诉讼模式，仅适用于受害人因为某种原因，不能、不敢或者不善于保护自己的民事权益的情形，因而，支持起诉具有补充性、非常态性，因而，不能上升至原则的层次，更谈不上基本原则。

（二）支持起诉的理论基础

传统民事诉讼法学界认为，支持起诉原则即是社会干预原则，是建立在列宁关于“社会主义的民事法律关系是公法关系而不是私法关系”的理论基础上的，它是国家干预民事法律关系的补充，体现了依靠社会力量维护国家法制的思想，有助于提倡机关、社会团体、企业事业单位关心国家、集体和他人的民事权益，积极同民事违法行为作斗争，伸张正义，保护弱者，维护社会稳定，树立良好的社会风气。但是，不少学者对此持异议，他们大多认为，“支持起诉”不同于社会干预原则，两者存在以下三个方面的区别：第一，按照社会干预原则，干预者在受其保护的人发生民事争议时，有权起诉，不需征得受其保护的权益人同意；我国支持起诉的规定只限于侵权行为的案件，而且未强调支持人对被害人是否负有保护责任。第二，依社会干预原

---

① 参见何文燕：《调解和支持起诉两项民诉法基本原则应否定》，载《法学》1997年第4期。

② 参见江伟主编：《民事诉讼法》，中国人民大学出版社2008年版，第54页。

则，干预者有起诉和参加诉讼的权利；而依支持起诉的规定，支持者只有抽象的支持权，并且只能是“支持”起诉，不能直接提起诉讼和参加诉讼。第三，社会干预原则允许负有保护责任的个人实施干预行为，起诉或参加诉讼；而我国不允许个人支持起诉。①

结合本案来分析，本案在客观上属于大规模诉讼，处理不当有可能影响社会的和谐局面。此外，据F区消协反映，该56名农民在种子纠纷的处理过程中也确实出现情绪激动化，甚至存在大动手脚的可能。当案件进入诉讼阶段，则出现比较良好的局面，56名原告全部授权委托消协的两位工作人员进行诉讼活动，并且授权他们调解，增加、变更、放弃诉讼请求，而自己统统不出庭参与诉讼活动。应该说，消协的支持起诉行为有效地缓解了56名农民的激动情绪，有利于纠纷的合理化解决，从这个层面来分析，我们应当看到社会干预原则的影子。然而，这并不等于支持起诉制度的理论基础就在于社会干预原则，因为我国民事诉讼法并没有确定社会干预原则。恰恰相反，我国民事诉讼法确定了处分权原则，并且支持起诉也仅限于在当事人同意的基础上提供道义、物质或者法律上的帮助，而并非代替当事人提起诉讼或者参加诉讼活动。因而，作为制度层面的支持起诉的理论基础并不能直接归于社会干预原则。否则，消协就没有必要挨家挨户地取得56名农民的112份授权委托书，并以这56名农民的名义向法院提起56个民事诉讼，而可以径直以自己名义向人民法院提起诉讼。

笔者认为，尽管支持起诉制度的理论并非是社会干预原则，但是，确实含有社会干预的色彩。只是由于社会干预原则基于苏联的法律明文规定，而定格为负有保护责任的单位或个人对于受它保护的人发生的有关民事权益争议，有权起诉或随时介入诉讼，实行干预。从广义上讲，社会干预并非意味着社会可以代替当事人行使权利，而只是强调基于民事诉讼制度本身存在着不可避免的缺陷，如果彻底遵循当事人主义，排除一切外来力量的干预，将法院设置为原、被告双方当事人的攻击、防御的场所，那么对于那些基于客观原因而欠缺实际诉讼能力的弱势群体来说，则过于忽视客观实体正义。也正因为如此，为了衡平形式正义和实质正义，民事诉讼法确有必要规定一些

---

① 参见何文燕：《调解和支持起诉两项民诉法基本原则应否定》，载《法学》1997年第4期。

补充性的制度加以补救。支持起诉仅仅是这些补充性制度之一，因而，支持起诉的理论基础在于一定程度上纠正民事诉讼制度所导致的过分实质不正义，以缩小当事人的实际诉讼能力的差距。

（三）支持起诉的形式

传统民事诉讼法学将支持起诉解释为精神上和物质上的鼓励和支持，以及法律上的帮助。换言之，传统民事诉讼法圈定支持起诉制度的适用范围仅限于不出庭的支持起诉，而不涵盖出庭的支持起诉。

具体到本案来分析，在传统民事诉讼法学的理论框架内，消协所能做的就是在法院受理案件之前，从道义上谴责被告，声援原告，如发布相关消费侵权；从物质上给予原告一定的支持，如为原告垫付案件受理费；从法律上向原告提供法律知识帮助，如接受原告的法律咨询。但是，在这种支持起诉模式下，原告通过诉讼途径理性解决纠纷的可能性还是相当低。首先，作为人数众多的原告一方是否亲自参与诉讼存在较大的难度。从法院最后判决被告赔偿的金额来看，56个原告的赔偿总额是32020.2元，其中，最低的赔偿额是120元，最高的赔偿额是11647.6元，有48名原告的赔偿额不足500元，占总人数的85.71%。为了不足500元的损失而单独提起诉讼的可能性不大。其次，即使当事人决定单独提起诉讼，那么产生的诉讼成本过高，甚至高于诉讼收益，不符合诉讼经济原则。再次，当事人虽然可以通过推选诉讼代表人提起代表人之诉来节省、分摊诉讼成本，但是，代表人诉讼基本上已经处于“冻结”状态，难以保证人民法院会受理，另外，56名农民之间要推选出彼此都信任的并且愿意履行该职责的诉讼代表人的难度也不小。复次，众多赔偿额较小的当事人是怀着“搭便车”的心态来处理其纠纷的，如果工商局不垫付鉴定费，消费者协会不垫付案件受理费，提供诉讼代理服务，并且承诺“包揽”诉讼，原告完全可以在不实质参与诉讼活动的前提下实现其权益的话，这些受害农民极有可能不愿意耐心地通过诉讼途径来解决纠纷。因而，在传统民事诉讼法学的框架内，支持起诉的功能是极其有限的，并不能有效地实现其纠纷实质不正义的制度宗旨。

笔者认为，对支持起诉的形式应当随着时间的推移而有所扩展，应当及时总结司法实践中的积极探索经验，转化为具有直接“生产力”的制度模式。具体来说，为了有效地弥补当事人之间的实际诉讼能力差距，避免诉讼制度所带来的固有弊端，应当逐步接纳诉讼代理等新形式的支持起诉模式。从理论层面来分析，2012 年民事诉讼法实施之前的消费者权益保护组织不存在团体诉讼的空间，[①] 但是，团体诉讼所能发挥的功能却是社会客观需要，因而，在司法实践中，人们自觉不自觉地寻求某些替代性策略，以实现类型团体诉讼的功能。在 2012 年民事诉讼法第五十五条规定法律规定的机关和有关组织可以向人民法院提起旨在保护社会公共利益的民事诉讼，而 2013 年消费者权益保护法第四十七条以及《环境保护法修正案（草案）（二次审议稿）》第三十六条分别将能够提起消费公益诉讼和环境公益诉讼的团体限定于全国性及省级消费者协会/环保联合会，而其他旨在保护消费者权益和环境公益的组织则不享有法定的公益性诉讼实施权，这使得在我国确立公益诉讼制度之后的当下法制环境下，仍然存在着大量亟需社会力量介入保护的社会公共利益，同时也存在大量具备公益诉讼动力的社会团体，这两者共同决定以支持起诉的形式实现类似公益诉讼所能实现的类似功能。

此外，对于不涉及社会公共利益的群体性纠纷而言，以支持起诉的形式实现类似团体诉讼、集团诉讼、示范性诉讼等现代型诉讼所能实现的集约化纠纷解决功能。尽管我国民事诉讼法第五十三、五十四条已经规定了适宜于解决群体性纠纷的代表人诉讼制度，但由于担心引发群体性事件，代表人诉讼已经基本上停止适用。从本案的实际审理模式也可以看出代表人诉讼遭受“冻结”的迹象，56 名原告不推选诉讼代表人进行代表人诉讼，而是分别委托共同的诉讼代理人来展开诉讼活动。因而，可以说，至少在法律表面上，我国群体性纠纷缺乏相应的制度基础。为了弥补该法律空缺，支持起诉制度被激活，通过诉讼代理制度，在当事人全面授权的前提下，从证据的收集、

---

① 当然这也不是绝对的。在我国现行的法律框架内，环保团体诉讼也没有生存空间，但是江苏省无锡市中级人民法院却受理中华环保联合会提起的公益诉讼。参见《江苏省无锡市中级人民法院受理案件通知书》[（2009）锡民初字第 0021 号]。

诉讼的提起，诉讼的续行，诉讼的终结，甚至代理申请执行生效裁判，① 从而使得消费者协会在实质上履行了团体诉讼的职能。② 尽管从制度层面来分析，消费者协会提起团体诉讼是以自己的名义进行的，并且诉讼后果也直接归属于消费者协会本身，而对于以“全权”诉讼代理方式支持起诉的诉讼模式来说，消费者协会并非以自己名义提起民事诉讼，而是以实体当事人名义提起诉讼，因而诉讼后果不经消费者协会中转而直接由实体当事人承受，并且实体当事人享有任意解除权，但是，在实质意义上来分析，消费者协会在

---

① 事实上，通过派员充当诉讼代理人的形式来参与诉讼在各类支持起诉制度中也广泛存在。首先，对于人民检察院派员作为诉讼代理人参与诉讼活动的典型案例有如重庆市巴南区人民检察院支持起诉的该区财政局与重庆东泉丝绸厂及杨某确认房屋买卖合同无效纠纷案。在该案件中，重庆市巴南区检察院东泉丝厂未经申报、审核及资产评估等法定程序而擅自出卖其国有商业用房，以检察建议的形式要求国有资产管理部门区财政局据此提起民事诉讼，受本案原告巴南区财政局的委托，巴南区人民检察院特指派民行科两名检察员以诉讼代理人身份支持起诉。参见：《由一起公益民事诉讼案件所引起的思考》，载中国职务犯罪预防网，http://www.yfw.com.cn/shownews.asp?id=14733，于2013年7月27日访问。其次，对于妇联委托工作人员以诉讼代理人身份支持起诉的典型案例有如冯某珠诉冯某章支付扶养费案，在该案件中，冯某珠与冯某章系合法夫妻，冯某章在多米尼加共和国定居之后，对在国内的、患有精神病的妻子冯某珠不闻不问，拒不支付扶养费，恩平市妇联同志与法律援助处的工作者作为冯某珠的诉讼代理人协助冯某珠于2008年1月向恩平市人民法院提起了诉讼，法院于2008年8月公开开庭审理了此案，缺席判决被告冯某章每年支付扶养费4202.3元给原告冯某珠。参见：《妻子患有精神病，丈夫要承担扶养义务》，载江门妇联网，http://fl.jiangmen.gov.cn/show_news.aspx?guid=20050811111766479，于2013年7月27日访问。最后，对于环保组织来说，通过聘请志愿律师代理环境污染案件则是再常见不过的事情。

② 应当指出的是，尽管出庭支持起诉在一定程度上能够发挥团体诉讼的功效，但是，相对于出庭支持起诉而言，团体诉讼制度具有诸多优势：首先，如果本案适用的是团体诉讼，那么，消费者协会没有必要千辛万苦寻找56名原告签112份授权委托书，向法院递交56份起诉状、证据材料等；受案法院也不用立56个案件，作出56份判决书。其次，团体诉讼能够实现穷尽利润、甚至惩罚性的目的，而支持起诉制度则不可能实现该目的。再次，团体诉讼的生效裁判能够对那些没有起诉的被害人产生一定的拘束力，对于纠纷的解决具有示范意义，而支持起诉所能作出来的生效裁判并不具有既判力（片面）扩张的功能。最后，团体诉讼制度下的一个案件的诉讼成本要远远小于支持起诉制度下的56个案件。因而，即使笔者主张接纳新类型的支持起诉模式并非意味着笔者不提倡引入团体诉讼或者集团诉讼制度。

取得全面授权的前提下所从事的诉讼行为在法律效果上与团体诉讼并没有实质的差异，因而，能够起到团体诉讼的部分功能。

综上所述，基于团体诉讼、集团诉讼等群体诉讼机制的缺失以及代表人诉讼的虚化，民事公益诉讼的临时冻结，使得支持起诉制度在运用诉讼代理制度的基础上，发挥着解决大规模小额消费纠纷的功能。鉴于此，笔者认为，为了成功化解大规模小额消费纠纷以及其他类似大规模纠纷（如环境污染纠纷），有必要扩展支持起诉制度的内涵，将派员以诉讼代理人身份参与民事诉讼的方式纳入支持起诉的范畴。

行文至此，有人可能会提出以下质疑：派员以诉讼代理人身份参加民事诉讼属于诉讼代理制度的固有内涵，与支持起诉没有必然联系，上述所探讨的情形无非就是两个制度的简单结合，即学者所谓的支持起诉人转化为诉讼代理人，因而，没有必然将支持起诉的方式作出扩展。对此，笔者的初步观点是，支持起诉的机关、社会团体、企业事业单位往往具备一定的公共职能，而这些单位所派遣的工作人员以个人名义作为诉讼代理人在本质上确实履行其法定职责，因而，在制度上必然存在诸多的冲突，有赖于我们对其进行梳理、分析，只有在对这些冲突进行研究的基础上，才能得出是否有必要扩展支持起诉内涵的结论。

（四）支持起诉制度和诉讼代理制度简单结合的弊端

虽然，通过诉讼代理制度的介入，对支持起诉作出新的解读，能够较好地缓解我国群体性诉讼机制缺失所带来的问题，但是，强行将传统意义上的支持起诉制度和诉讼代理制度结合起来必然导致“生态失衡”，在制度之间产生一定的紧张关系。

首先，F 区消费者协会尽管可以委派副秘书长郑某、法律支持中心主任李某以诉讼代理人身份进行诉讼活动，其中，郑某只能以公民身份、李某则以其律师身份代理案件。但是，从实质上来分析，无论是作为副秘书长的郑某，还是作为法律支持中心主任的李某，其之所以代理案件，乃是基于消费者协会的委派，其行为属于职务行为。因而，这就导致了职务行为却只能以个人名义进行的非正常形态。

其次，基于双重身份的法律属性，郑某与李某虽然仅以个人名义代理案件，但是，其收集证据的行为并非以诉讼代理人的身份，而是以消费者协会的身份来进行的。也正是迫于工商局、消费者协会的行政或者准行政压力，被告梁某才会配合在封存单上签字确认从宋某家所提取的305稻种是从其处购买的，从而使得原告方取得确凿证据。这就导致了消费者协会委派的诉讼代理人享有超越其他诉讼代理人的取证权限的非正常形态。

再次，从形式上来分析，消费者协会委派的诉讼代理人取得了56名原告的授权委托书，但是，从实质上来分析，与其说，原告授权郑某与李某代理其诉讼行为，不如说是授权消费者协会代理其诉讼行为。这是因为原告对于消费者协会最终委托哪些工作人员作为其诉讼代理人并不太关心，其之所以授权消费者协会工作人员代理诉讼，无非是基于对该消费者协会的信任。举一个更为明显的例子来分析，常熟市检察院于2007年8月与有关单位达成共识：由有关单位出具委托函，一旦出现国有资产被破坏或者危害公共利益的情况，该院自动接受委托，代为提起诉讼。① 从该报道可以看出，有关单位向常熟市检察院出具概括性委托授权书，只要出现国有资产被破坏或者危害公共利益的情况，该检察院自动接受委托，代为提起诉讼。由此可见，接受委托的是检察院而非其工作人员。然而，在传统民事诉讼法学理论里，能够接受委托以诉讼代理人身份参加诉讼的只能是个人，而前述做法却导致了委托单位为诉讼代理人的非正常形态。

复次，在应然层面来分析，存在着支持起诉的单位既提交《支持起诉意见书》，又派员代理诉讼的情形，还可能出现支持起诉的单位既派员以独立支持者身份出庭参加诉讼，又派员以诉讼代理人身份参加诉讼，甚至还可能出现支持起诉的单位委托相同的工作人员既以独立支持者身份又以诉讼代理人身份参加诉讼，这将导致民事诉讼法第五十八条第一款有关“当事人、法定代理人可以委托一至二人作为诉讼代理人”的规定被规避适用。因为无论是独立的支持者还是诉讼代理人，其所履行的职责无非都是维护原告的合法权益，独立的支持者和诉讼代理人在功能上具有共通性。

最后，如前所述，支持起诉单位所委派的诉讼代理人具有双重身份，这就导致了当该诉讼代理人在代理案件过程中存在违法行为时如何定性的难题。对于那些具备律师资格，并以律师身份代理支持起诉案件的工作人员，

---

① 卢志坚、张雪松、曲虹：《常熟：实施刑事附带民事诉讼委托函机制》，载《检察日报》2007年10月8日。

如果存在违法行为，是根据律师法加以处罚，还是根据公务员法进行处分？对于那些不具备律师资格，并以公民身份代理支持起诉案件的工作人员，如果存在违法行为，如果不将其代理行为视为职务行为，则往往不能加以行政处罚或者行政处分，如果不进行处罚或者处分，势必存在放纵违法之嫌；如果对其进行行政处罚或者处分，则其可以辩解其行为仅为以公民身份进行的，而非履行公务的行为。换言之，这就导致了责任追究上的困境与混乱。

综上所述，笔者认为，将支持起诉的单位派员以诉讼代理人身份出庭参加诉讼活动的行为简单理解为支持起诉制度和诉讼代理制度的叠加有所不妥，导致制度之间的相互冲突。因而，有必要将支持起诉的单位派员以诉讼代理人身份出庭参加诉讼活动的行为涵盖进支持起诉的方式之中，并对其作出一些有别于委托代理的制度解读。

（五）确立出庭支持起诉的必要性

关于支持起诉人在诉讼上是否有地位，以及有什么样的诉讼地位，诉讼法理论界有三种认识：（1）认为支持起诉人可以支持者的身份参加民事诉讼，成为诉讼参与人之一；（2）认为支持起诉人类似于委托代理人；（3）认为支持起诉人只是法律上的支持者和道义上的同情者，不具有诉讼上的地位。[①] 笔者认为，支持起诉制度的宗旨在于增强原告方的力量，支持起诉的制度设置以及诉讼代理人制度的设置在直接目的上都是弥补当事人在某些方面的欠缺，因而它们之间具有一定的共通性。法律援助制度、司法救助制度确实在一定程度上发挥了支持起诉制度的功能，但是，支持者收集证据运用的是其固有的职权，所以，在通常情况下，相对于单纯的诉讼代理人来说，支持者的收集证据能力要超越普通的诉讼代理人。对于特定弱势群体来说，单纯向其提供免费的法律服务未必能够有效地保护其合法权益，而检察院、消费者协会、妇联等机关、社会团体享有一定的社会公共管理职权，在与行政部门沟通方面也存在着较大的优势，对于抗衡一些强势当事人具有一定的功能，而普通诉讼代理人，即使是律师，尽管能够运用其专业、法律知识弥补原告的实际诉讼能力，但是，却依然难以制衡强大的被告。从这个层面来分析，支持起诉制度有着法律援助制度、司法救助制度无法发挥的独特功

① 张淑兰主编：《民事诉讼法学》，中国政法大学出版社1993年版，第41页。

能，因而，具有存在、完善的必要性。

尽管如此，基于支持起诉制度和诉讼代理制度之间的共通性，在支持起诉制度和诉讼代理制度的适用方面应当保持协调。笔者认为，司法实践中有关支持起诉的做法可以进行必要的类型化，然后在不同类型的基础上协调前述两个制度之间的紧张关系。根据支持起诉单位介入程度的不同，可以将支持起诉分为不出庭的支持起诉和出庭的支持起诉，对于不出庭的支持起诉，原告可以自行委托诉讼代理人，支持起诉单位也可以为其聘请普通律师担任其诉讼代理人；对于出庭的支持起诉，原告则不应当再行委托诉讼代理人，支持起诉单位也不得为其聘请普通律师。之所以这么主张，就是因为出庭支持起诉和诉讼代理人代理诉讼活动在本质上没有区别。易言之，不管支持者享有多大的公共管理职权，一旦以支持者身份出现在法庭上，他就应当以普通诉讼参加人的身份参加诉讼，绝对不能运用职权干预法院的审判，因而，其职权色彩荡然无存，与诉讼代理人在功能上完全重叠，为了避免导致过多的倾斜，此外，也为了落实有限代理人制度，有必要避免出庭的支持起诉制度和诉讼代理制度重叠适用。

具体到本案来分析，F区消费者协会副秘书长郑某、法律支持中心主任李某尽管是以个人身份接受原告委托进行诉讼活动，但是，在本质上其行为属于职务行为，正是由于出庭支持起诉尚未得以普遍认可，才迫使消费者协会只能借诉讼代理制度变相地履行其支持起诉职责。如果出庭支持起诉的合法性得以确认，那么，消费者协会完全可以名正言顺地通过支持起诉制度履行其职责，从而避免一系列的制度冲突。

三、结束语

我国民事诉讼法将支持起诉作为基本原则进行了原则性规定，而没有设置具体的规则，因而，在很长的时间里，支持起诉制度基本上处于“冻结”状态。但是，伴随着公益诉讼的叫停，团体诉讼的缺位，在司法改革的浪潮中，支持起诉制度得以“解冻”，并且呈现出极大的生命力。尽管立法机关已经打开公益诉讼的口子，但享有公益性诉讼实施权的主体范围过于狭隘，使得公益诉讼难以胜任维护社会公共利益和有效解决群体性纠纷的预期功能，因而，支持起诉制度在司法实践中仍然大有作为。然而，由于法律规定的过于简单，各地在司法实践中也呈现出多元化改革趋势，影响了法律适用的统一性，因而，理论界有必要对其及时进行梳理、总结，以期对支持起诉进行必要的修正和完善。

尽管现行民事诉讼法将支持起诉定位为基本原则，但是，从其实际运行来看，支持起诉仅仅属于制度而非原则，因为其仅仅适用于极少数的民事诉讼案件，而非绝大部分民事诉讼案件。尽管支持起诉从基本原则降格为具体制度而得以存在，但是，实践中的支持起诉制度已经不同于过去纸面上的支持起诉制度。在支持起诉案件类型方面，已经突破侵权案件的局限；在支持起诉的时间方面，已经突破法院受理案件之时；在支持方式方面，已经突破道义、物质、法律知识的支持，而延伸至出庭的支持起诉模式；在制度的基本构造方面，支持起诉制度已经呈现出向支持诉讼的方向发展的趋势，支持应诉的案例时有发生。

面对着司法改革中琳琅满目的“支持起诉”，笔者建议最高人民法院对支持起诉制度出台专门司法解释，除了对支持起诉的制度化定位、可操作化程序等进行规定外，应当重点解决以下几个问题：第一，基于支持起诉和支持应诉具有同等重要的社会功能，基于将支持工作局限于法院受理案件前不足以支持被支持人提起或者参加诉讼，应该考虑用术语“支持诉讼”代替“支持起诉”，以表征既可以支持起诉还可以支持应诉，不仅可以在案件受理前支持，还可以在诉讼进行中提供必要支持。第二，分阶段对支持诉讼进行程序性规范设置，在证据收集阶段，应当允许支持诉讼的单位动用其社会公共管理职权，以弥补弱势群体的实际诉讼能力低下；在案件审理阶段，应当强调双方当事人平等的诉讼地位，享有平等的诉讼权利，承担平等的诉讼义务，出庭支持诉讼的人员不得运用公共管理职权对审判进行任何形式的干涉。第三，应该通过出庭的支持起诉模式代替由支持起诉单位委派其工作人员充当诉讼代理人出庭进行诉讼活动的模式，并且出庭的支持起诉制度和诉讼代理制度不能同时适用，以避免正义的天平过分地向被支持方倾斜，同时，也可以避免制度之间的冲突。

流押契约关系利益分析论

钟　维*

一、比较法的趋势：理论反思与立法改革

我国物权法重申了担保法中所确立的流押契约禁止的规则，① 但是，这一规则是否合理，诚需仔细检讨。事实上，正如笔者在下文所将要指出的那样，面对现实中的各种复杂情况，流押契约禁止的规则只用一种方式进行粗暴调整，根本无法对现实世界的需求作出妥当回应。在比较法上，大陆法系的主要国家也已经或正在经历这一理论与立法的检讨过程，典型例子如采禁止主义的德国和台湾地区，以及采折中主义的日本和法国。

（一）德国与日本的理论反思

一般认为，不管是采禁止主义的德国，还是采折中主义的日本，其所禁止的流质契约部分，都在实践中屡屡被冲击和突破，从而引起理论上的反思。

---

* 中国人民大学法学院民商法学博士研究生。

① 虽然物权法在表述上与担保法有所不同，将担保法第四十条中的“订立抵押合同时”修改为“债务履行期间届满前”，但从参与物权法立法的有关人士对该法的解读来看，他们认为修改后的规定本质上与担保法没有什么不同：因为担保法规定的“订立抵押合同时”也不能理解为仅指抵押人与抵押权人最初订立的抵押合同，实际上债务履行期间抵押人和抵押权人对合同的变更也应理解为订立合同，从立法的角度来看，物权法的修改避免了对禁止流押规定的误解。参见王胜明主编：《中华人民共和国物权法解读》，中国法制出版社2007年版，第403页。

《德国民法典》第1149条规定了对土地流押的禁止:“只要债权对所有人未到期,所有人就不得将为清偿的目的而请求转让土地所有权的权利或以强制执行以外的方式实施土地的让与的权利给予债权人。”第1229条则规定了对动产流质的禁止:“出卖权发生前所做出的,规定质物所有权在质权人不受清偿或不适时地受清偿情形下应归属于质权人或被转让给质权人的约定,无效。”按照通说,这两个条文只是保护担保物权的特性不受到合同自治的改变,它们捍卫的是担保物权的法定内容。而与没有物上担保的债权人约定的流质条款是允许的。德国法律实践中变通地创设出了多种含有流质因素的构造形式,以至于担保物权必须在与格式条款构造的这些担保形式的竞争中,证明其提供制度资源的能力。①

《日本民法典》第349条规定了流质契约禁止:“质权设定人不能在设定行为或债务清偿期前的契约中与质权人约定:许诺质权人以取得质物的所有权作为清偿,或以其他非依法律规定的方法处分质物。”但在抵押权中却没有流押契约禁止的规定。通说认为,流押契约的特殊约定是有效的,并且应该改变流质契约一律无效的僵硬的态度。② 第349条因回赎、让与担保等制度被抽去了主要内容,根据这些制度,流质契约的禁止法理事实上也只是形式而已。③

(二)法国与台湾地区的立法改革

近年来,法国和台湾地区不约而同地进行了对担保物权的立法改革,确立了“流押契约自由+清算主义”的立法模式。

法国于2006年3月23日通过了《第2006-346号关于担保的法令》。在法令出台以前,《法国民法典》只是明文禁止了流质契约的订立,但是没有涉及流押契约的订立;法国法院判例曾表明的倾向是:《民法典》没有禁止流押契约,禁止流质的规定也不被类推适用到抵押领域。④ 这次改革以后,

① 参见[德]鲍尔·施蒂尔纳:《德国物权法》(下册),申卫星、王洪亮译,法律出版社2006年版,第168~169页。

② 参见[日]我妻荣:《我妻荣民法讲义Ⅲ 新订担保物权法》,申政武等译,中国法制出版社2008年版,第281、135页。

③ 参见[日]近江幸治:《担保物权法》,祝娅等译,法律出版社2000年版,第72页。

④ 参见李世刚:《关于法国担保制度的改革》,载《政治与法律》2007年第3期。

《法国民法典》通过第2348条、第2459条明确承认了流质、流押契约都具有有效性，但作为债务人的主要居所的不动产除外。此外根据第2348条、第2460条，除有市场价格的财产外，应当对担保财产进行评估作价，将超过担保债务数额部分的款项返还债务人。

我国台湾地区曾对流押契约和流质契约均持禁止主义的立场，但2007年3月5日对物权法担保物权部分进行修正后对这两者均予以承认，修正后的台湾地区“民法典”第873条之1规定：“约定于债权已届清偿期而未为清偿时，抵押物之所有权移属于抵押权人者，非经登记，不得对抗第三人。抵押权人请求抵押人为抵押物所有权之移转时，抵押物价值超过担保债权部分，应返还抵押人；不足清偿担保债权者，仍得请求债务人清偿。抵押人在抵押物所有权移转于抵押权人前，得清偿抵押权担保之债权，以消灭该抵押权。”而根据第893条第2款，该规则也准用于流质契约。

二、对研究方法的反思

流押契约是指在抵押合同成立时债务双方当事人在合同中所作的，债务人违约时抵押财产归债权人所有的约定。① 也有认为在债务履行期届满前的这种约定均属流押契约。② 我国以往对流押契约问题的讨论，禁止论者和自由论者往往局限于互相对一些理由的列举与反驳，而这些理由通常只能针对部分情况成立，无法涵盖流押契约所涉及到的复杂关系，难免失之偏颇，陷入自说自话的境地，导致任何一方都无法真正说服对方。此外，在具体的一些论证理由与方法上，双方也都存在各自的问题。

在流押契约禁止论中，其问题体现在对流押契约立法目的的过分扩张上。如有人认为禁止流押契约的目的是为了防止国有资产流失，因为在我国目前国有经济占主导地位的情形下，以国有资产抵押的情形极为普遍，一些国有企业领导人很可能利用流押条款逃避国有资产管理部门对国有资产的监

① 该约定在质押领域称为流质契约，在意定担保领域的此种约定则合称为流担保契约。为表达上的方便，本文一般只以抵押作为典型进行讨论，但分析结论同样适用于流质契约及其他流担保契约。

② 如我国物权法第一百八十六条规定：“抵押权人在债务履行期届满前，不得与抵押人约定债务人不履行到期债务时抵押财产归债权人所有。”《德国民法典》与《日本民法典》的立场也类似。

管，从而造成国有资产大量流失。[①] 可是正如对公有财产的特殊保护和防止国有资产流失是物权法的“无法承受之重”一样，防止国有资产流失同样也是流押契约立法的“无法承受之重”。对国有资产的保护应当从完善金融机构、国企的内部机制和加强外部监管入手，是一个法律与政治、经济、社会的综合工程。物权法都无法独立承担起这个重任，遑论对区区一个流押契约的立法选择？更何况在民法上还可通过“恶意串通损害国家利益的法律行为无效”的制度来解决此类问题，也就是说只有损害国家利益的流押契约才应该无效。以此观之，把防止国有资产流失作为流押契约禁止的立法目的就显得既不公允也不恰当。

还有就是循环论证的问题。如有人认为，流押契约禁止的原因在于维护抵押权的价值权性，抵押权是一种换价权和优先受偿权，也就是说，抵押权的实现，应以抵押物变卖的价金或由抵押权人折价取得抵押物的所有权，来清偿所担保的主债权，如果未经任何变卖程序直接以订立合同方式取得抵押物的所有权，则与抵押权为价值权的性质相违背。[②] 此种看法存在着循环论证之嫌——当其在定义“抵押权必须具有价值权性”的时候，论证实际上就已经结束，因为有利于己方的价值判断在预设前提之时就已被加入其中，而在后面的论证过程中实质上并没有加入新的论证因素，论证的起点就是终点。这样的论证方法说服力并不强。

对于流押契约自由论而言，最大的问题在于论证过程中大量地依靠或然性判断得出结论。比如“担保物的价值未必高于担保债权的数额”，“债务人未必届期不履行债务”，“债务人借债未必都出于急迫窘困，其他债权人的债权实现未必依赖于担保物”；[③] “流质约款并非必然有损于其他债权人的利益”，“流质约款并非必然损害债务人的利益”，[④] 等等。对于这类或然性判断结论，在缺乏实证统计数据支持的情况下，即便论者再加入一些自认为具有更高价值的理念（如私法自治、合同自由等原则），仍然缺乏足够的证明

---

① 参见程啸：《中国抵押权制度的理论与实践》，法律出版社 2002 年版，第 404 ~ 405 页。

② 参见魏淑君：《流质契约禁止的原因与必要性》，载《政法论丛》1998 年第 3 期；刘静：《论流质契约的禁止》，载《法律适用》1999 年第 6 期。

③ 孙鹏、王勤劳：《流质条款效力论》，载《法学》2008 年第 1 期。

④ 王明锁：《禁止流质约款之合理性反思》，载《法律科学》2006 年第 1 期。

力。在社会科学领域，没有什么理念是先验正确的，不是因为某种理念价值高所以效果一定会好，而是这种理念在当事人利益安排方面效果好它的价值才高。

笔者认为，流押契约应该禁止还是自由，是一个价值判断问题，即两种法律构造中，何者能够对法律关系当事人之间的利益分配作出最妥当安排的问题。对这一问题，需要运用利益分析的方法，结合类型化思维，对流押契约所关涉当事人之间的利益关系进行全面性、体系性评价。体系性的利益分析实际上是立法者对流押契约法律关系进行的一个立法论上的考量，而其中每一个具体情况中的利益分析实际上就是裁判者在个案中所应该作出的判断。只有在立法时对流押契约所关涉当事人之间的利益关系进行全面性、体系性评价，在司法时才不会出现不符合价值判断与利益分析要求的裁判大前提。

在这里，利益分析涉及到的有关当事人包括债权人、债务人、设定抵押的第三人、债务人的其他债权人等。

三、债权人与债务人之间的利益安排

（一）抵押财产价值低于或大致等于所担保债权价值，双方为节省未来实现抵押权的时间和成本自愿订立流押契约

当抵押财产价值低于所担保债权价值的时候，债权人自愿与抵押人订立抵押合同，实际上是让渡了一部分自己的担保利益，此时并无所谓损害债务人利益的情况出现。此外，抵押权设立后由于经济波动抵押财产价值下跌，导致实现抵押权时其价值低于所担保债权的情况也基本可以归于此类。虽然此时担保利益的丧失并非出于债权人的意愿，但抵押财产价格会随市场形势发生波动对于债权人而言应是基本常识，债权人经过审慎评估后仍同意担保，自应承担由此产生的风险。

有关调查显示，担保物权的实现时间超过两年的占50%，一年半至两年的占25%；在审理和执行阶段，司法执行费用约占执行标的金额的5%，而各种诸如评估费、拍卖费等20余种税费，约占担保债权的17%。① 可见我国

① 中国人民银行研究局：《中国动产担保物权与信贷市场发展》，中信出版社2006年版，第56页。

担保物权的实现通常耗时长、成本高，浪费了债权债务当事人和社会的大量资源。如果抵押财产价值低于或大致等于所担保债权价值，双方为节省未来实现抵押权的时间和成本自愿订立流押契约，此种约定既无损于债务人，也无损于其他债权人，反而还有利于当事人双方，法律自无禁止的必要。这一优点对于本文所讨论的各种情况而言都是存在的。

（二）抵押财产价值高于所担保债权的价值，双方自愿订立流押契约

流押契约禁止论者往往认为，处于强势地位的债权人利用债务人急迫窘困的机会迫使其订立流押契约，用价值甚高的抵押物担保小额债权，以在债务人届期不能偿债时取得抵押物所有权，获取非分利益，为保护债务人，需要禁止此种约定。[①] 这是对流押契约禁止的传统的同时也是最有力的支持理由，事实上，以担保财产和债权的价值对比作为衡量标准也是支持改革后的法国和台湾地区的“流押契约自由＋清算主义”立法模式的理由。对此，我们需要考虑两个问题：

首先，当事人订立契约的行为及其内容真的是以契约标的价值为转移吗？或者说，以抵押财产和债权的价值作为衡量流押契约是否损害债务人利益的唯一标准是否合理？在此需要引入“效用”的概念，所谓效用，是指某种事物在满足主体需求上所具有的作用（尺度）。在交易关系中，尽管两个标的价值不等，但只要基于双方自由意志判断下的它们的效用大体相等，交易就能够达成。契约自由的基础是当事人的自由意志，而自由意志的内容则是实现契约所指向对象效用的最大化，衡量契约自由的标准应为效用而非价值。对于一个资金状况极度困窘的借款人来说，一笔贷款也许就能盘活一家企业或者救回一条人命，这笔资金的效用远大于其价值。但如果法律硬性规定禁止流押契约，对于他来说仅有的融资来源可能就不愿意借出这笔钱，使其无法挽回更大的利益，甚至被迫贱卖本来只需作为抵押的财产以获得资金，反而损害了其利益。任何脱离具体情况来谈论双方利益对比的做法都是不可取的，而对具体情况最有发言权的莫过于当事人，这正是契约自由观念

---

① 参见王利明：《物权法研究》（下卷），中国人民大学出版社 2007 年版，第 441 页；陈华彬：《民法物权论》，中国法制出版社 2010 年版，第 412～413 页；崔建远：《物权：规范与学说》（下册），清华大学出版社 2011 年版，第 777 页；尹田：《物权法》，北京大学出版社 2013 年版，第 521 页。

在交易领域存在的正当性所在。只要流押契约未达到显失公平的程度，就仍属于契约自由的范畴。况且，流押契约会否真正发挥效力完全取决于债务人自身，只要债务人届期履行还款义务，便可防止债权人取得抵押财产所有权。至于法国和台湾地区的立法改革，事实上也都陷入了以担保财产和债权的价值对比作为唯一衡量标准的迷思，而且由于清算义务的存在，与违约后由双方协议拍卖或变卖担保财产相比较，这一立法模式在担保物权的实现效率和成本上也并不具备特别优势。比如有台湾学者就认为，担保物权需要迅速可行的实行制度，清算义务是否会延滞其实行、增加成本，值得深思，并认为该规定可以约定排除。①

其次，国家强制力限制私法自治的边界与限度究竟是什么？笔者赞同以"民法价值判断问题的实体性论证规则"作为判断标准——在没有足够充分且正当理由的情况下，不得主张限制民事主体的自由。该理由需要兼具实质上与形式上的正当性：实质上的正当性是指，限制民事主体的自由最终只能落脚于维护国家利益和社会公共利益；形式上的正当性是指，在特定价值判断问题上限制民事主体的自由应符合体系强制，可以在逻辑上保证类似问题应该得到类似处理的法治原则能够得到实现。② 以此规则审视，第一，债权人和债务人自愿订立流押契约，并没有损害国家利益或者社会公共利益，法律强制规定此种约定无效，缺乏实质上的正当性；第二，在我国民法中，显失公平的法律行为被规定为可变更、可撤销的法律行为，而尚未达到显失公平程度的流押契约却被认定为无效，举重以明轻，此种处理方式没有在逻辑上保证类似问题得到类似处理，不符合体系强制的要求，因而也缺乏形式上的正当性。

此外，就法条本身而言，依照物权法第一百八十六条的规定，对于债务发生以后，清偿期届满之前，债务人与债权人所定的流押契约也在禁止之列。而事实上，即便债务人确实急迫窘困，也仅仅存在于获得融资之前，一旦债务人现实地获得了融资，债权人就再无法以是否贷款为手段钳制债务

---

① 参见谢哲胜：《民法物权》，台湾地区三民书局股份有限公司2010年版，第365页。

② 参见王轶：《民法价值判断问题的实体性论证规则》，载《中国社会科学》2004年第6期。

人，此时设定流押契约完全是债务人的自由，不存在被迫的问题。[①] 况且流押契约还能节省实现成本，法律对此一律禁止，似乎也没有足够充分且正当的理由。

（三）流押契约显失公平，或存在欺诈、胁迫、乘人之危，或重大误解

上文所说的“抵押财产价值高于所担保债权价值”，并不包括抵押财产价值和所担保债权价值对比达到显失公平程度的情况。法律行为显失公平，或一方欺诈、胁迫、乘人之危，或一方存在重大误解，均为法律行为变更、撤销的理由。此时流押契约并没有损害国家利益或者社会公共利益，法律评价上没有必要使之确定无效，但须将其归于可变更或可撤销的法律行为（民法通则第五十九条、合同法第五十四条），赋予债务人以变更权或撤销权，以使之得到救济。

有人认为此处应当引入公序良俗原则，当流担保条款确实使债权人实现担保物权时取得过分的暴利，应确认其违反公序良俗原则而无效，即流担保条款在债权额范围内有效，超过债权额部分无效。[②] 这种观点实际源自于日本民法，日本通说认为，因为回赎和让与担保制度的存在，不应该让流质契约一律无效，而是在个别的流质契约中如带有暴利性的话，根据《日本民法典》第90条关于公序良俗的规定确定其为无效。但是近年来日本学者也对此种观点进行反思，认为“违反公序良俗”不能说作为金钱的评价标准是适合的，因为什么程度的行为不违反公序良俗只是手法问题，暴利性的判断标准极为暧昧。[③]

笔者认为，作为民法基本原则的公序良俗，其作用在于穷尽现行法依据而无法有效调整法律关系时才引入以对个案的判断进行价值补充。在法律行

---

① 台湾学者也有类似论述：“一般而言，流抵契约禁止原则之规定，主要是保护抵押人正当利益，防止抵押权人任凭有利之条件与地位，以抵押行为取得不应有之利益。然而，债务人在订立担保契约后，即不再处于弱势地位，法律之保护即应停止。”参见吴光明：《流抵契约禁止原则之转变》，载《人大法律评论》2012年第1辑，法律出版社2012年版。

② 参见吴延学：《多重视角下的流担保条款：反思与重构》，载《重庆社会科学》2007年第2期。

③ 参见［日］近江幸治：《担保物权法》，祝娅等译，法律出版社2000年版，第71页。

为中已有显失公平制度对此种情况进行规范，此时舍弃显失公平而直接去适用公序良俗这一判断标准不确定的民法基本原则并不合理，公序良俗原则的运用应为补充性的、第二位的。

四、债权关系当事人与设定抵押的第三人之间的利益安排

（一）债权人与债务人恶意串通损害抵押人利益

当抵押人为债务人以外第三人的时候，有可能出现债权人与债务人串通，债务人到期故意不履行债务，从而让债权人取得抵押财产所有权，并以此来损害该第三人利益的情况。对于此种情况，虽然民法通则第五十八条、合同法第五十二条规定，恶意串通损害第三人利益的合同无效，但在解释上，这两条规定中所谓“第三人利益”应限定为不特定第三人的利益。只有当损害以不特定第三人为代表的社会公共利益时合同才绝对无效，如果当事人恶意串通损害特定第三人利益，法律行为应为相对于该特定第三人无效。具体到该问题，就是抵押合同中的流押条款相对于该设定抵押的第三人无效，即当且仅当特定第三人主张时，法院或者仲裁机构才可认定该法律行为在其与特定第三人的关系上归于无效。此外，抵押人还可以通过反担保制度或行使对债务人的追偿权保护自己的利益。可见，在既有制度已经完全可以解决问题的情况下，没有必要另外设立类似流押契约禁止这样对其他方面利益安排具有重大影响的制度来进行规范。

（二）债权人与债务人没有恶意串通的情况

当抵押人为债务人以外第三人，如果债权人与债务人没有恶意串通，这种情况下利益分析结构与对“债权人与债务人之间的利益安排”的分析实际上是类似的，可以参照处理，即：一般应肯定流押契约的效力；当流押契约显失公平，或存在欺诈、胁迫、乘人之危，或重大误解时，则属于可变更或可撤销的法律行为。

五、抵押关系当事人与债务人的其他债权人之间的利益安排

（一）抵押权人和债务人恶意串通损害抵押权人以外其他债权人利益

当抵押权人和债务人为逃避债务，恶意串通订立流押契约，债务人到期故意不履行债务，让债权人取得抵押财产所有权，从而损害抵押权人以外其

他债权人利益，即属于“恶意串通损害特定第三人利益”的情形。依据民法通则第五十八条、合同法第五十二条的解释论，如果当事人恶意串通损害特定第三人利益，法律行为应为相对于该特定第三人无效，具体到该问题，就是其他债权人可以主张流押契约相对于自己无效。

（二）抵押权人和债务人没有恶意串通的情况

1. 其他债权人的债权未设担保

此时如果抵押财产价值大大高于债权，流押契约的实现造成债务人财产不足以清偿对其他债权人的债务，债务人此种行为在利益分析上就等同于以不合理的低价转让财产。依据合同法第七十四条，债务人以明显不合理的低价转让财产，对债权人造成损害，并且受让人知道该情形的，债权人可以请求人民法院撤销债务人的行为。基于“相类似之案件，应为相同之处理”的法理，① 为保护债权人利益，对于此种情况应当类推适用合同法第七十四条，其他债权人可以对流押契约行使撤销权。与之法理相似的，还有物权法第一百九十五条第一款：“债务人不履行到期债务或者发生当事人约定的实现抵押权的情形，抵押权人可以与抵押人协议以抵押财产折价或者以拍卖、变卖该抵押财产所得的价款优先受偿。协议损害其他债权人利益的，其他债权人可以在知道或者应当知道撤销事由之日起一年内请求人民法院撤销该协议。”但毕竟该条款也不能直接适用于此种情形，所以物权法宜对此结论直接予以确认。而依据《最高人民法院关于适用〈中华人民共和国合同法〉若干问题的解释（二）》第十九条，对于“明显不合理的低价”，应当以交易当地一般经营者的判断，并参考交易当时交易地的物价部门指导价或者市场交易价，结合其他相关因素综合考虑予以确认，转让价格达不到交易时交易地的指导价或者市场交易价百分之七十的，一般可以视为明显不合理的低价。这可以作为判断抵押财产与债务价值对比是否合理的参考。因此，在物权法或司法解释中应当规定，当债务不足抵押财产价值的百分之七十，流押契约的实现造成债务人财产不足以清偿对其他债权人的债务时，其他债权人对流押契约有撤销权。

2. 其他债权人的债权已设担保

此时的问题可以通过对流押契约制度本身的构建解决，参考我国台湾地

---

① 参见杨仁寿：《法学方法论》，中国政法大学出版社 1999 年版，第 193～194 页。

区“民法典”第873条之1中的合理成分，规定流押契约未经登记不得对抗善意第三人。也就是说抵押合同生效后流押契约即产生债权效力，在履行法定公示方式后抵押权生效，流押契约一并具有物权效力，但只有流押契约被登记后，它才具有对抗效力，可以对抗善意第三人。当然，这样的内容只能通过修改物权法来规定，而很难通过司法解释实现。对此种制度构造的法律效果可作如下分析：

（1）流押契约未经登记

其他债权人的抵押权已经登记，其债权可优先实现（物权法第一百九十九条第（二）项）。

其他债权人的抵押权未经登记，对流押契约存在状况不知情的抵押权人（包括抵押权设立时间先于流押契约的情况），即善意第三人，可主张该流押契约相对于自己无效，各债权人按照债权比例清偿（物权法第一百九十九条第（三）项）；但如果有证据证明在后的抵押权人明知该流押契约的存在，仍同意设定抵押的，不得主张流押契约无效。

（2）流押契约已经登记

设立在后的抵押权，抵押权人可以通过查询登记了解该项财产上存在流押契约的情况，从而自行判断和承担风险。

设立在前已经登记的抵押权，其顺位先于该附有流押契约的抵押权（物权法第一百九十九条第（一）项），因此不受其影响。

设立在前未经登记的抵押权（动产抵押）。根据物权法第一百八十七条，不动产抵押权（包括我国物权法上特殊的不动产权利抵押）自登记时设立，因而不存在未登记的不动产抵押权，所以此处“未经登记的抵押权”一般而言均为动产抵押权。而根据物权法第一百八十八、一百八十九条，动产抵押和动产浮动抵押的设立均遵循“未经登记，不得对抗善意第三人”的规则，因此，这些抵押权需自行承受未登记所带来的不利益，无法对抗已登记的流押契约（物权法第一百九十九条第（一）项），顺位在后，也并无不合理之处。

六、对立法、司法解释的建议

不可否认，民法世界与现实世界存在着差异，但现实世界是民法世界的基础，民法应该对现实世界的需求作出回应。运用利益分析方法对流押契约所关涉当事人之间的利益关系进行全面性、体系性评价，是处理这类价值判断问题重要且有效的方法。通过本文的讨论可以看出，流押契约在有的情况应当有效，有的情况应当可变更、可撤销，有的情况应当相对于特定第三人无效，有的情况仅是其本身的法律构造问题，即使部分情况下流押契约应当绝对无效，但法律行为制度已经完全可以解决问题。面对如此复杂的现实情况，流押契约禁止的规则只用一种方式进行粗暴调整，无法对当事人的利益安排问题作出妥当回应。

既有的法律应当被推定为符合利益分析要求，因此，对于本文所讨论的各种情况的利益分析结论而言，如果相对应的既有法律规范是合理的，就应当直接予以适用，或者采其解释论；如果既有法律规范与利益分析结论相悖，就应当予以更改。根据本文的分析结论（见表1），笔者建议将来在修改物权法或将其整合进民法典的时候采纳流押契约自由的立法模式，并辅以一些法律构造上的限制，具体条文为："抵押权人和抵押人在债务履行期届满前以债务人不履行到期债务时抵押财产归抵押权人所有为内容的约定未经登记不得对抗善意第三人。债务不足抵押财产价值的百分之七十，该约定的实现造成债务人财产不足以清偿对其他债权人的债务的，其他债权人可以请求人民法院撤销该约定。"该条文中第一句的内容只能通过修改物权法来规定，而很难通过司法解释实现。如果目前暂时难以实现对物权法的修改，可以在司法解释中先行规定第二句的内容，同时明确表1中所述的各种情况适用民法通则、合同法的相关规定，从而排除物权法第一百八十六条在这些情况下的适用，使法律对流押契约法律关系的调整尽可能符合利益分析的要求。流质契约条文可比照处理。

表1　流押契约关系利益结构分析

利益关系	具体情况	利益分析结论	法律规范
债权人与债务人	抵押财产价值低于或大致等于所担保债权价值，双方为节省未来实现抵押权的时间和成本自愿订立流押契约	流押契约有效	合同法第四十四条
	抵押财产价值高于所担保债权的价值，双方自愿订立流押契约	流押契约有效	合同法第四十四条
	流押契约显失公平，或存在欺诈、胁迫、乘人之危，或重大误解	流押契约可变更或可撤销	民法通则第五十九条、合同法第五十四条
债权关系当事人与设定抵押的第三人	债权人与债务人恶意串通损害抵押人利益	流押契约相对于抵押人无效	民法通则第五十八条、合同法第五十二条解释论
	债权人与债务人没有恶意串通，且不存在流押契约显失公平，欺诈、胁迫、乘人之危，及重大误解的情况	流押契约有效	合同法第四十四条
	债权人与债务人没有恶意串通，但存在流押契约显失公平，或存在欺诈、胁迫、乘人之危，或重大误解的情况	流押契约可变更或可撤销	民法通则第五十九条、合同法第五十四条

利益关系	具体情况	利益分析结论	法律规范
抵押关系当事人与债务人的其他债权人	抵押权人和债务人恶意串通损害抵押权人以外其他债权人利益	流押契约相对于其他债权人无效	民法通则第五十八条、合同法第五十二条解释论
	抵押权人和债务人没有恶意串通，其他债权人的债权未设担保，流押契约的实现造成债务人财产不足以清偿对其他债权人的债务	流押契约相对于其他债权人可撤销	类推适用合同法第七十四条，物权法或司法解释宜予以确认
	抵押权人和债务人没有恶意串通，其他债权人的债权已设担保	流押契约未经登记不得对抗善意第三人	暂无制度规范，只能通过修改物权法来规定，无法通过司法解释实现

论股权冻结对有限责任公司增资扩股的限制

张 元*

案情概要

申请执行人：天汉投资公司。①

被执行人：海城水务公司。

被执行人：京南瑞琪公司。

天汉投资公司诉海城水务公司、京南瑞琪公司股权确认纠纷，② 山东省济南市中级人民法院一审审理期间，于2009年2月12日冻结京南瑞琪公司所持有海城水务公司100%股权，冻结期限至2012年1月4日。一审判决后，天汉投资公司不服而上诉，又由山东省高级人民法院于2011年8月3日作出（2011）鲁商终字第115号终审判决：确认天汉投资公司持有海城水务公司80%的股权。

判决生效后，天汉投资公司向济南市中级人民法院申请强制执行，济南市中级人民法院立案执行后，在威海市工商局办理变更登记时得知，在该案二审审理期间，威海工商局未事先告知执行法院更未取得执行法院许可，已根据海城水务公司的申请，于2011年4月22日为其办理新增股东京澄公司

* 最高人民法院法官，执行局申诉审查室副主任。

① 因隐私保护需要，本文涉及的当事人均采用化名。

② 按照最高人民法院《民事案件案由规定》，该案应归属于"股东资格确认纠纷"，原审案由表述似不妥，但"股权确认纠纷"实践中被广泛使用，"股东资格确认纠纷"却很少用。笔者也认为，采用"股权确认"更能涵盖此类纠纷实际特点，故本文也采用该称谓。

及增加注册资本的登记手续，自此，海城水务公司股东变更为京南瑞琪公司、京澄公司，京澄公司注资600万元，海城水务公司注册资本由原500万元增至1100万元人民币。

裁判要旨

得知以上情况后，济南市中级人民法院向威海工商局送达《协助执行通知书》:“执行法院已将股权冻结，你局未经法院许可办理股权变动，属妨碍诉讼，应予撤销，请将海城水务公司的股权登记恢复至冻结前状态，并按山东省高级人民法院民事判决确认天汉投资公司持有海城水务公司80%的股权。”

威海工商局函复济南市中级人民法院：“诉讼期间，海城水务公司于2011年4月22日将注册资本变更为1100万元人民币，原400万元出资额对应的出资比例由原来的80%降至36.36%，山东省高级人民法院民事判决已无法执行。另，经逐级向国家工商总局请示，威海工商局在协助冻结股权期间增加公司注册资本的变更登记并无不妥。”

济南市中级人民法院因而向山东省高级人民法院请示，山东省高级人民法院经审判委员会讨论，向最高人民法院请示:① 对于股权确认纠纷，工商部门能否在法院冻结股权的情况下办理增加股东及增加出资。最高人民法院于2013年11月14日以（2013）执他字第12号函向山东省高级人民法院答复:“原则上同意你院审判委员会意见。在人民法院对股权予以冻结的情况下，公司登记机关不得为公司或其他股东办理增资扩股变更登记。本案在按判决执行股权时，应向利害关系人释明，作为案外人的其他股东可以提出执行异议，对异议裁定不服，可以提起异议之诉，要注意从程序上对案外人给予必要的救济。”

---

① 请示案件为人民法院特定案件类型之一。根据1985年3月28日《最高人民法院关于报送民事请示案件有关问题的通知》等有关规定，下级法院因法律适用问题发生争议，经审委会讨论并提出倾向性意见后，可以向上级法院请示。

评析

一、确认判决能否立案执行

因山东省高级人民法院二审判决为确认判决，该案于最高人民法院审查中，关于确认判决能否立案执行，也即确认判决是否具有执行力问题，出现争议。按照大陆法系民事诉讼法传统理论，依据相应的诉讼类型，民事判决区分为给付判决、变更判决①与确认判决。所谓确认判决，是指法院依当事人之请求，宣告某种实体法上的权利或法律关系的存在或不存在，一般分为积极确认判决与消极确认判决。在大陆法系民事诉讼法传统理论中，确认判决属于对当事人当前民事权利义务状况的确认，既不赋予权利，也不课予义务，既不创设法律关系，也不消灭事实，仅仅对当事人之间发生的争议加以澄清，故确认判决没有强制执行力，仅仅具有证据性效力。② 确认判决最先由1877年《德国民事诉讼法》明文规定。③ 我国民事诉讼法并没有明确规定确认之诉与确认判决，在规范层面，该概念目前主要见于最高人民法院《民事案件案由规定》。该规定根据当事人之间纠纷内容归纳出了收养关系确认纠纷、土地承办经营权确认纠纷、股票权利确认纠纷等若干类具有确认性质的诉讼类型。本案所涉股权确认判决，是指法院对股东与股东之间或者股东与公司之间就股权是否存在或者持有比例所作出的确认性裁判。

一种意见坚持认为，按照上述传统理论，确认判决作出后，当事人权利义务意欲发生给付、变更之效果，应另行提起其他相应类型诉讼。该种意见还指出，最高人民法院法释〔1998〕15号《关于人民法院执行工作若干问题的规定（试行）》第18条规定，人民法院受理执行案件应当符合下列条件，“申请执行的法律文书有给付内容，且执行标的和被执行人明确；……不符合上述条件之一的，应当在七日内裁定不予受理”。该司法解释系确认判决无执行力的直接规定，依据该司法解释，执行依据必须具有给付内容。因此，山东省高级人民法院二审判决无执行力，执行法院在原立案审查时即应裁定不予受理，该案的受理属于错误执行情形。

---

① 变更之诉、变更判决或称为形成之诉、形成判决。

② 沈达明：《比较民事诉讼法初论》（上册），中信出版社1991年版。

③ ［日］中村英郎：《新民事诉讼法讲义》，陈刚等译，法律出版社2001年版。

包括笔者观点在内的另一种意见则认为，基于我国目前现实情况，应当对传统理论有所发展和变通，赋予确认判决相应执行内容，案涉判决可以立案执行。其理由在于：

其一，本案天汉投资公司起诉时的诉请仅为确认股权一项，并未提出变更诉请，究其本意，必定包含变更的意思。严格来说，当事人意欲达到确认与变更双重诉讼目的，应当向法院提出双项诉请。但是，因诉讼三分法理论相对复杂以及立法层面没有明确规定和倡导确认之诉等原因，实践中大量存在类似天汉投资公司仅提出单项确认诉请的案件，这部分案件原告的诉请虽仅为确认一项，但真实意图必然包含确认与变更两项。以股权确认之诉而言，即是请求确认一定比例的股权由其持有，以及变更该部分股权至其名下，单纯的确认对其并无太多实际意义。民事诉讼规则要求判决主文逐一对应当事人诉讼请求，对那部分仅提出确认股权一项诉请的案件来说，法官原则上只能作出是否支持其诉请的裁判，如径行作出确认与变更两项裁判，即构成民事诉讼法第二百条第（十一）项“判决超出诉讼请求”的错判情形。对于该类案件，我们应当倡导法官尽量向当事人释明，请其增加“变更股权”的诉请，遗憾的是，在很多案件中，法官未加释明便作出单项确认判决。这类单项确认判决，从原告诉请意图与法官判决本意来分析，实际上包含有两层含义，一是对当事人之间当前民事权利义务状况进行确认，二是使相关权属在当事人之间发生变动，也可以理解为确认判决包含有变更判决之义，具有执行内容，人民法院可以立案执行。①

其二，按照传统理论，当事人持确认判决要求房地产管理机关、公司登记机关等对权属予以变更，相关机关应当无条件执行。但是，国内实际情况却使该理论与实践出现较大偏差，行政审批权大于司法裁判权，相关机关不服从、不执行法院判决属于常态，有时甚至直接以行政决定否定法院判决。当事人持确认判决请求相关机关变更权属，如相关机关不予配合，按照确认

① 绝大部分权属类确认判决与变更判决的实际效果，都是权属移转，例如，判决将登记在当事人乙名下的一套房产确认归甲所有，与判决将该房产变更登记到甲名下，按照传统理论，前者为确认判决，后者为变更判决，两个判决的实际效果是相同的，实践中，也很少有当事人仅仅追求权属的确认而不追求权属的变更，从这个层面看，区别确认之诉与变更之诉的意义并不大。

判决无执行力理论，当事人应当提起行政诉讼，诉行政机关不作为违法，只有行政诉讼基于原确认判决作出行政机关应予变更的判决，当事人方可基于该行政判决申请强制执行。如果行政机关不执行确认判决为偶发情形，我们可以遵照上述处理方式，但该情形并非偶发，上级法院、政府协调下级法院、政府之间类似冲突已属常态工作。从社会整体治理的角度看，我们如坚持通过行政诉讼解决，势必给当事人带来更多诉累，此情况下，我们应当支持当事人向法院申请执行确认判决，通过强制执行程序要求行政机关变更权属，利用民事诉讼法的妨害诉讼制裁措施威慑行政机关，按照诉讼经济效益原则，直接申请执行要远比提起行政诉讼要便利得多。

其三，诉讼类型三分法以及确认判决无执行力之说，系大陆法系民事诉讼传统理论。我国现行民事诉讼法属于大陆法系范畴，公认为受德国、日本影响较大。一般认为，大陆法系民事诉讼大量制度雏形于德国民事诉讼法，后来在其他国家不断进化与发展。例如确认之诉即是德国民事诉讼法首先明文规定，[①] 日本民事诉讼法第134条也规定了“确认书面（文书）真伪之诉”，可以认为，我国民事诉讼法理论确认之诉的概念借鉴于德、日等国。但是，就股权确认相关的公司登记变更而言，因我国与德国、日本的公司登记机关不同，股权确认判决法律效果的实现存在较大差异。德国、法国、日本、意大利、韩国等传统大陆法国家对于公司登记机关采取法院主管模式，德国自19世纪末起，有关商业登记（包括公司登记）事务一直由地方法院主管，在地方法院里专设办理登记事务的机构（如称之为“登记局”），登记员一般由书记官担任。日本商法典和《商业登记法》规定，有关公司登记事务交由地方裁判所主管。[②] 我国虽属大陆法系国家，但公司登记机关方面采取了行政主管模式，由各级工商行政管理机关负责。我国与德国、日本等公司登记机关主管模式的不同，在确认判决法律效果的实现方面造成差异。在法院主管模式下，股权确认判决与确认之后的变更登记机关均为法院，当事

---

① 确认之诉在现行德国民事诉讼法典仍有规定，该法第256条第1款规定：“确定法律关系成立或不成立的诉讼，承认证书的诉讼，或确定证书真伪的诉讼，只有在法律关系的成立与否、证书的真伪由法院裁判并即时确定，对于原告有法律上的利益时，原告才可以提起。”

② 周林彬、任先行：《比较商法导论》，北京大学出版社2000年版，第239页。

人股权状态得到确认后，直接持判决请求法院的登记局等部门办理股权登记变更，属于同一国家机构内部的职责协调，一般不会有过多障碍。在行政机关主管模式下，股权确认判决作出后，另一国家机关是否承认该判决即直接对当事人申请予以变更登记，就可能存在障碍，行政机关是否服从法院判决，具有或然性，我国法院在国家机构中权威性较低，这种障碍更加明显。我国虽吸纳了德国、日本等国确认之诉的制度元素，引用了确认判决无执行力之理论，却并未考虑到国情的不同，德国、日本等国的公司登记为法院主管模式，且其法院具有较高权威性，确认判决无需强制执行即可产生相应法律效果，而在我国，确认判决予以强制执行尚不能保证顺利，反而照搬国外理论而认为确认判决不能执行，势必增加当事人诉累，阻碍当事人合法权益的实现。法学理论应当为法律实践服务，当确认判决无执行力理论已经不适应实践需要，应当有所发展和变通。

确认判决无执行力理论目前仍是诉讼法通说，在很多人观念中已经根深蒂固，因此，在该请示案件审理中，两种意见针锋相对。如果认定确认判决无执行力，山东这一执行案件将认定为错案，最高人民法院不仅不予书面答复法律问题，甚至应当要求山东纠正错误。但是，最高人民法院最终作出了书面答复，意见中也没有提及确认判决问题，也可以认为是采纳了确认判决可以执行的观点。

二、股权冻结是否对公司增资扩股构成限制

民事强制执行程序及诉讼保全中的查封、扣押及冻结，主要目的在于限制被执行人对执行标的的处分，保持执行标的财产价值及权利状态不受变动。如台湾地区学者所言，查封、扣押及冻结“乃保全债权人执行名义所载债权之实现，限制被执行人对于执行标的物之处分权之执行行为”。①

在强制执行程序中，人民法院对股权予以冻结，主要目的在于对被执行人名下所持有股权的转让等处分行为予以限制，也在于防止该部分股权价值

① 杨与龄：《强制执行法论》，中国政法大学出版社2002年版，第404页。

灭失或减损，导致被执行人偿付债务能力削弱，确保判决的顺利执行。① 其一，通过冻结股权，对被执行人名下持有公司股权的转让、质押等处分行为予以限制，以防止被执行人对股权予以处分而规避执行，此为股权冻结的核心目的。其二，通过冻结股权，对被执行人行使股利分配请求权、剩余财产分配请求权等股东权利予以限制，以防止其擅自提取股权收益。其三，通过冻结股权，对被执行人形成威慑，促使其以现金或其他方式自动偿还债务。其四，通过冻结股权向不特定第三人告知被执行人涉及民事纠纷，提示交易风险，维护交易安全。被冻结之股权，更多时候作被执行人名下的一般性财产，以备采取抵债、拍卖或变卖等措施偿付申请执行人金钱债权，当然，在股权转让纠纷以及本案股权确认纠纷等直接以股权为争议标的的案件中，冻结目的大多是以备向申请执行人交付股权。

本案中，海城水务公司增资扩股时，该公司唯一股东京南瑞琪公司100%股权正处于保全冻结期间，股权冻结是否对公司增资扩股权利构成限制，系本案审查的关键。

关于股权冻结是否对公司增资扩股构成限制，有一种意见持反对态度。理由如下：其一，公司法、民事执行相关法律法规对此均无禁止性规定。对部分股东的股权被冻结的公司，公司登记机关不予办理公司注册资本等变更登记，没有法律依据。其二，一般来讲，通过合法程序增加公司注册资本，有利于增强公司实力，实现股东财产权益的最大化，从而使申请执行人更有可能获得清偿。其三，如果公司在增资扩股过程中损害申请执行人的合法权益，申请执行人可以提起侵权之诉。冻结某股东在公司的股权，指向的是股权代表的财产权益，在法无禁止规定的前提下，从促进企业发展的角度考虑，股权冻结并不构成对公司和其他股东增资扩股等权利的限制。在上述意见的基础上，国家工商总局曾下发过工商法字［2011］188号《关于未被冻结股权的股东能否增加出资额、公司增加注册资本的答复意见》，该规范性文件表明“在法无禁止规定的前提下，公司登记机关应当依法受理并核准未被冻结股权的股东增加出资额、公司增加注册资本的变更登记”。

---

① 强制执行程序与诉讼保全中的冻结，最大的差异是，执行中的冻结，将立刻、快速对执行标的予以处分，保全中的冻结，属先维持状态而等待判决结果，对于当事人所产生效力，则无过多区别，故以下仅针对强制执行程序中的冻结进行论述。

包括笔者观点在内的另一种意见则认为，强制执行阶段或诉讼保全阶段，如对公司某股东股权予以冻结，公司不得增资扩股。经过慎重研究论证，该意见作为最高人民法院结论性意见而向山东高院答复，即“在人民法院对股权予以冻结的情况下，公司登记机关不得为公司或其他股东办理增资扩股变更登记”。理由如下：

人民法院股权冻结后，将对被执行人产生法定效力。对于被执行人，通常情况下，股权一经冻结，被执行人即禁止转移被冻结股权的权属或者对被冻结股权设定权利负担，即禁止转让与质押。被执行人因股权而具有的收取红利、股息等财产收益权也将受到限制，具有的管理参与权，如影响股权估值，也不能继续行使。除对被执行人产生效力外，也将对协助执行主体即公司、公司登记机关产生效力，主要是暂停变更登记、扣留股权财产孳息等等，如果不履行协助执行义务，擅自向被执行人支付股息、红利，或擅自为被执行人办理已冻结股权的转移手续，应当向申请执行人承担责任，并承担公法上的处罚责任。此处不再一一详述。股权冻结期间，公司不得增资扩股，公司登记机关不得办理增资扩股登记，也是股权冻结对协助执行主体所产生效力性要求之一。

首先，股权被冻结后，公司所作增资扩股属于对被冻结股权的变动、移转，依法构成妨害执行行为。有限责任公司的增资扩股，一般是指公司为扩大生产经营规模，优化股权比例和结构，提高公司资信度和竞争力，依法增加注册资本的行为。根据公司法①第一百六十九条、第三十五条、第一百七十九条的规定，增资扩股有三种方式，一是以公司未分配利润、公积金转增注册资本，二是公司原股东增加出资，三是新股东投资入股。本案中，海城水务公司增资扩股就属于第三种方式。公司转增资本，原则上按照股东实缴出资比例分摊，股权比例一般不加变动。公司原股东增加出资、新股东投资入股，除非特别约定，因出资的增加，公司原股权比例必然会产生变动。如某股东特定份额的股权被冻结，无论公司引进新股东还是原股东增加出资，该被冻结股权比例必然会发生变动，也即股权内容发生变动。按照《最高人

① 此处指2005年公司法。

民法院关于人民法院民事执行中查封、扣押、冻结财产的规定》第二十六条“被执行人就已经查封、扣押、冻结的财产所作的移转、设定权利负担或者其他有碍执行的行为，不得对抗申请执行人。第三人未经人民法院准许占有查封、扣押、冻结的财产或者实施其他有碍执行的行为的，人民法院可以依据申请执行人的申请或者依职权解除其占有或者排除其妨害”的规定，股权被人民法院冻结后，权利内容不能发生任何变动，而公司增资扩股势必使被冻结股权产生变动，致使冻结目的落空，属对抗公权力行为，应当加以限制。

其次，股权冻结期间的增资扩股，一般会导致股权价值的贬损，将对意图取得股权的诉讼一方或者申请执行人产生不利后果。强制执行程序中对股权的评估，应当综合考虑公司资产、经营状况以及股份的流动性、控制权大小等多种因素。实践中，为便于快速实现债权，评估机构一般采取公司净资产估值为主，兼顾控制权的方法。股权净资产估值，以公司资产减去公司负债计算公司净资产，静态看，也可以按照公司注册资本加公司设立后经营增值部分计算，再按照股东出资比例（或公司章程约定的盈余分配比例）对股权进行估值。股权的控制权估值，相对比较复杂，因股东基于出资而具有的表决、重大决策、任命管理者等控制权或者说管理参与权，属潜在和可期待价值，不易通过定量化方式进行评估，但股东控制权对股权的估值影响很大，部分当事人对于股东控制权的得失，较之股权净资产估值甚至更为重视，在一些并购案例中，51%的股权相比49%的股权的估值会高出很多。股权冻结后，公司增资扩股一般会导致股权价值的贬损，意图取得股权的诉讼一方或者申请执行人因公司增资扩股行为，其诉求主旨将难以实现或不能实现。股权净资产估值方面，公司注册资本增加，按照公司注册资本加经营增值部分计算的净资产随之增加，但被冻结股权因稀释而出资比例减少，因公司经营增值部分不变，虽然公司净资产增加，但基于公司净资产与出资比例来评估的股权财产价值一般则随之减损。如某公司注册资本10万元，A股东出资5万元，出资比例为50%，公司设立后经营增值10万元，那A股东在公司股权财产价值可评估为（注册资本10万元+经营增值10万元）×50%=10万元；此时公司引进C股东，增资10万元，此时A股东出资比例变更为 25%，其股权财产价值也相应变更为（注册资本 20 万元 + 经营增值 10 万元）×25% =7.5 万元。股权控制权估值方面，如公司增资扩股，所冻结股权被稀释，依其管理参与权而产生的潜在或可期待价值被减少，股权评估价值也会相应减损。本案中，股权被冻结后，公司增资扩股产生的不利后果体现的极为明显。天汉投资公司起诉京南瑞琪公司、海城水务公司的目的是取得海城水务公司股权财产价值与控制权，山东省高级人民法院判决确认其持有 80% 的股权，济南讯华公司的诉求在判决中得到实现。但是，海城水务公司在诉讼保全期间的增资扩股行为，使济南讯华公司 80% 股权被稀释至 36.36%，不仅使其所持股权财产价值被减损，其希冀成为公司控股股东的诉求主旨也已经完全落空。

再次，对股权冻结后公司增资扩股持支持意见的理由为“法无禁止即可变更”“有利于提高被执行人偿债能力”及“申请执行人通过另行诉讼救济”。关于“法无禁止即可变更”，股权被冻结后，权利内容不能发生变动，系人民法院强制执行权行使的应有之义，无需任何法律作出单独规定。关于“有利于提高被执行人偿债能力”，公司增资扩股后，一般会提升企业经营能力，确有可能提高被冻结股权的价值，按照这种观点延伸，对于股权作为被执行财产时，而公司又是良性发展时，人民法院是否一律等待公司继续经营而提升股权价值？这里涉及到利益衡量和价值判断，即立即实现债权，还是“放水养鱼”的问题。这个问题理论上几乎没有争议：我们必须首先保护已决债权即已由判决、仲裁文书及公证文书等赋予强制执行力的债权。关于“申请执行人通过另行诉讼救济”，权利人已依据已决判决申请强制执行，目前是实现判决确定的债权，判决受国家强制力保护，当判决执行遇非法妨害时，自应由国家强制力排除与制裁，而不是由权利人另诉解决，要求申请执行人另诉的观点在逻辑上属私法思维，不适用于强制执行程序。

最后，需要补充的是，最高人民法院（2013）执他字第 12 号函的结论性意见“股权冻结后，公司不得增资扩股”表述方式过于绝对。实际上，股权被冻结后的公司增资扩股，在公司净资产为正的情况下，股权将被稀释而贬值，但在公司净资产为负的情况下，股权虽被稀释，因公司净资产增加，股权价值反而有可能提升，这时候限制公司增资扩股就明显不妥。本案办理中，一些法官、学者还对公司增资扩股后股权的价值提升，另外提出了股东重新约定股权比例、其他股东代为偿债后等各种假设情形，他们认为应当列举这些除外情形，允许这些情形下的增资扩股。

笔者认为，强制执行程序中，应当以快速实现债权为目标而结合个案做灵活处理，我们无需全面搜集归纳这些假设，可以将“股权冻结后，公司不得增资扩股”作为该问题的原则，在公司增资扩股后股东偿债能力反而提升以及其他各类增资扩股不会影响申请执行人债权实现的情形下，取得申请执行人同意即可允许增资扩股，如申请执行人滥用权利而不允许增资扩股，人民法院可以在被执行人提供担保的情况下，依职权允许增资扩股。我们可以对最高人民法院的该项意见修正为“在人民法院对股权予以冻结的情况下，公司登记机关不得为公司或其他股东办理增资扩股变更登记，除非权利人同意或义务人提供相应的担保”。

三、对案涉判决予以执行，案外人的救济程序问题

按照最高人民法院对于本案的结论性意见，执行法院将会向威海市工商局发出协助执行通知书，要求该局基于海城水务公司股权冻结时的状态即京南瑞琪公司100%股权，变更登记为济南讯华公司80%、京南瑞琪公司20%，第三人京澄公司向海城水务公司的增资行为应当认定无效，将强制撤回出资。这里就涉及一个重要问题，有没有必要给予京澄公司相应的善意第三人救济程序。

笔者认为，案涉股权已被冻结，工商机关必定有明确的公示信息，此时京澄公司向目标公司出资的行为，按上文的论证，已经构成《最高人民法院关于人民法院民事执行中查封、扣押、冻结财产的规定》第二十六条所规定的“第三人未经人民法院准许实施有碍执行的行为”，属于对法院冻结财产的违法变动，无需给予其救济途径。

在案件处理过程中，有意见提出应当给予京澄公司救济程序。方案则有两种：一种方案是，京澄公司提起侵权之诉，诉海城水务公司、京南瑞琪公司因另案纠纷导致其增资无效，要求赔偿。另一种方案是，因本案系在强制执行程序中发生争议，京澄公司如对案涉股权主张权利，属于《最高人民法

院关于适用〈中华人民共和国民事诉讼法〉执行程序若干问题的解释》第十五条所规定的“对执行标的主张所有权或者有其他足以阻止执行标的转让、交付的实体权利”，应当按照案外人异议程序处理。

最终，最高人民法院结论性意见采纳了给予救济程序的意见，并采取了后一种方案，即“本案在按判决执行股权时，应向利害关系人释明，作为案外人的其他股东可以提出执行异议，对异议裁定不服，可以提起异议之诉，要注意从程序上对案外人给予必要的救济”。

“笔误”与违约责任的承担

马　强*

案情概要

原告（反诉被告）天达有限公司诉称：天达有限公司与飞马旅游公司签订买卖合同，约定飞马旅游公司购买宇通 ZK6708DH 客车一台，总价为22万元，飞马旅游公司承担车辆购置税。飞马旅游公司接收车辆后，要求天达有限公司代其办理交纳购置税及验车上牌等事项，费用先由天达有限公司垫付。后天达有限公司发生购置税等费用2.6万元，但飞马旅游公司拒绝向天达有限公司付款。故诉至法院，要求飞马旅游公司支付购置税等费用2.6万元。

被告（反诉原告）飞马旅游公司不同意天达有限公司的诉讼请求并反诉称：天达有限公司交付车辆的变速箱不符合合同约定，合同约定配备的是依维柯牌变速箱，实际交付车辆配备的是东风牌变速箱。为此，飞马旅游公司提出反诉：（1）要求天达有限公司向飞马旅游公司支付购车违约金4.5万元；（2）要求天达有限公司向飞马旅游公司返还全部购车款；（3）解除双方之间签订的买卖合同。

原告（反诉被告）天达有限公司对反诉答辩称：双方在合同中约定的变速箱为依维柯五档变速箱是笔误，实际配置应该为东风变速箱。根据《道路运输车辆燃料消耗量达标车型公告》，宇通 ZK6708 系列客车，发动机型号为 YC4FA130－30 时，与之匹配的变速箱型号为东风 DF5S550，发动机型号为

* 北京市第三中级人民法院副院长。

SOFIM8140.43S3 时，与之匹配的变速箱型号为依维柯 2826.5。现双方在合同中约定的发动机是 YC4FA130－30，故变速箱应为东风牌，而非依维柯牌变速箱。

受诉法院经审理查明：2012 年 11 月 30 日，供方天达有限公司与需方飞马旅游公司签订买卖合同，约定：飞马旅游公司向天达有限公司购买型号为 KZ6708DH 的宇通客车 1 台，总价 22 万元，客车的配置详见附件；买方应于合同签订当日向卖方支付定金 4.5 万元，余款在卖方正式向买方交付车辆时一次性付清；汽车质量按照卖方已向买方交付的《宇通客车质量保修手册》有关规定执行。关于违约责任，合同约定：（1）卖方逾期交车或买方逾期提车，违约方应按合同总金额的日万分之五支付违约金；逾期 7 天以上的，守约方有权解除合同。因卖方违约导致合同解除的，卖方应当双倍返还定金；因买方违约导致合同解除的，买方已交的定金不予退还。（2）任何一方有其他违约行为的，按法律规定承担违约责任。（3）卖方负责在 2012 年 12 月 31 日前办理完车辆所有手续（购置税，保险，验车上牌）将车辆交付给买方。该合同后附《宇通客车 ZK6708DH 系列配置表》1 份，其中注明车辆型号为 ZK6708DH，发动机型号为 YC4FA130－30，变速器为依维柯五档变速箱。

2012 年 12 月 27 日，天达有限公司向飞马旅游公司交付了宇通牌 ZK6708DH 客车，飞马旅游公司向天达有限公司支付车款 22 万元。同日，天达有限公司代飞马旅游公司垫付了车辆购置税、保险费等费用 2.6 万元。飞马旅游公司认可购置税、保险金应由其承担。

2013 年 4 月 26 日，郑州宇通客车股份有限公司出具情况说明，内容为：批量生产的 ZK6708DH 型客车，装配玉柴生产的发动机型号为：YC4FA130－30，装备此发动机时需要匹配东风牌系列变速箱，而且公司只有这一种匹配状态。原用于该车的索菲姆品牌发动机以及相匹配的依维柯牌变速箱，由于市场原因，公司已经淘汰此发动机和变速箱。由于基数参数匹配原因，依维柯变速箱不能匹配 YC4FA130－30 发动机，公司也未设计验证、安装过此匹配状态。

裁判要旨

一审法院认为：飞马旅游公司与天达有限公司签订的买卖合同及附件，系双方当事人的真实意思表示，不违反法律、行政法规的强制性规定，双方当事人均应按合同约定全面履行义务。合同中约定购置税、保险费由天达有限公司办理，诉讼中飞马旅游公司确认上述费用应由其负担，且对购置税、保险费金额予以认可，故本院对天达有限公司主张的购置税、保险费金额予以认可。关于飞马旅游公司主张的车辆的变速箱不符合合同要求、合同约定的是依维柯变速箱、而实际交付的变速箱是东风变速箱、故天达有限公司履行存在瑕疵、合同无法继续履行的理由。根据合同的配置表，发动机型号为YC4FA130－30，变速器为依维柯五档变速箱。但是根据郑州宇通客车股份有限公司出具的情况说明，可以看出附件书写有误。故对于飞马旅游公司的上述主张不予采信，对于飞马旅游公司基于此主张的要求解除合同、返还购车款、支付违约金4.5万元的反诉讼请求，无事实及法律依据，本院不予支持。综上，依照《中华人民共和国合同法》第六十条的规定，判决被告（反诉原告）飞马旅游公司于本判决生效后10日内给付原告（反诉被告）天达有限公司购置税和保险费2.6万元；驳回被告（反诉原告）飞马旅游公司的反诉请求。

飞马旅游公司不服一审法院判决，提出上诉，其上诉主要理由是：（1）天达有限公司提供的车辆关键部件与约定不符，属于违约行为，在购买车辆过程中，依维柯变速箱是飞马旅游公司签订买卖合同的重要原因。一审法院将合同中约定的依维柯变速箱定性为笔误，缺乏事实与法律依据。（2）一审中，天达有限公司提交生产厂家出具的证明，证明其提供的车辆不符合合同约定系客观原因导致，并非其过错，飞马旅游公司认为，该证明缺乏关联性，且其并非权威机构出具，不具有证明效力。双方订立合同的时间为2012年11月30日，宇通公司出具证明的时间为2013年4月，如果存在依维柯变速箱停产的事实，天达有限公司在签订合同时，即应将该情况如实告知飞马旅游公司，但天达有限公司在签订合同过程中一直坚称可以提供依维柯变速箱的汽车。故飞马旅游公司要求：（1）撤销一审判决驳回飞马旅游公司反诉请求一项；（2）改判天达有限公司违约，承担违约金4.5万元。

二审查明的事实与一审相同。二审期间补充查明：飞马旅游公司向天达有限公司电话咨询购车事宜，天达有限公司销售人员携带该公司涉案车型的宣传彩页、车辆配置表格及合同前往飞马旅游公司推销。该宣传彩页中没有关于车辆的发动机、变速箱配置信息，车辆配置表格中载明车辆发动机及变速箱配置信息，其中飞马旅游公司曾先后两次向天达有限公司交付该配置信息，载明的变速箱均为依维柯。之后，双方签订的合同中，变速箱亦为依维柯。

在二审的过程中，经法院主持调解，双方当事人自愿达成协议：由飞马公司向天达公司支付购置税17521元、保险费7327.35元、验车费8000元等费用26000元；天达公司向飞马公司支付补偿款8000元。

评析

飞马旅游公司在一审中的反诉请求共计三项：解除购车合同、返还全部购车款、承担违约金4.5万元。其二审上诉请求有二：一是撤销一审判决驳回飞马旅游公司反诉请求项；二是改判天达有限公司承担违约金4.5万元。一审法院判决除了驳回飞马旅游公司的反诉请求外，还判令飞马旅游公司承担购买诉争车辆的购置税和保险费。对此项判决，飞马旅游公司在二审中并未要求改判，应当视为其服从一审法院判决，加之其二审上诉请求要求改判天达有限公司承担违约金4.5万元，综合上述情况不难发现，飞马旅游公司改变了一审诉讼请求，即：不再要求解除购车合同和返还全部购车款，只要求二审法院判令天达有限公司承担违约金4.5万元。综上分析，本案所要讨论的问题主要有三：

（1）天达有限公司的行为是否构成违约？申言之，天达有限公司于合同附件中载明发动机型号为YC4FA130－30，变速箱为依维柯，实际交付车辆变速箱为东风，系违约行为抑或是“笔误”？

（2）如果认定天达有限公司构成违约，汽车生产厂家依维柯变速箱停产的事实对天达有限公司违约责任的承担是否产生影响？申言之，在有违约方以外的客观因素介入的情况下，违约责任的承担与没有客观因素介入的情况是否有所区别？

（3）在合同没有约定具体违约金数额的情况下，如何确定违约金？申言之，违约责任的承担，是否只有承担违约金一种？在违约金数额约定不明的情况下，法院能否确定违约金数额？

一、“笔误”与违约责任的判定

与其他的汽车买卖合同案件不同，本案当事人并不是对整车的质量产生争议，只是对汽车中的一个部件的品牌产生了争议：合同约定整车变速箱的品牌是依维柯，而实际交付的整车变速箱品牌是东风。由此引发的问题是：当作为合同标的的汽车，其中某一部件的品牌与合同约定的品牌不符时，是否构成违约？此类问题，在审判实践中颇为常见。举例来说，当事人双方约定购买的是进口汽车，但汽车上使用的玻璃却是国产的；合同约定的是实木家具，交付的却是实木与板材相结合的家具。此类案件，如果买受人依照消费者权益保护法的规定，要求出卖人承担欺诈的责任则另当别论，但是，如果像本文原告所言，只要求出卖人承担违约责任，应当如何处理？就合同法第一百零七条的规定考察，违约有两种表现形态：一是不履行合同义务，二是履行合同义务不符合约定。按照民法理论的通说，履行合同义务不符合约定即谓不适当履行。不适当履行有广义和狭义之说。狭义的不适当履行，专指债务人交付的货物不符合当事人约定的数量；广义的不适当履行，则不仅包括数量不符合合同约定，还包括质量不符合约定、未按规定的期限及时履行等情形。① 而质量不符合约定即谓合同法理论上的瑕疵履行。

所谓瑕疵，一般称之缺点，于买卖法上，则指出卖人所为之给付，亦即其交付之标的物、移转之权利，未尽符合债之本旨者而言。② 易言之，就是指标的物违反法律规定的或者当事人约定的质量标准。关于瑕疵的判断，一般应当根据合同约定的标准，如果法律规定要适用国家标准，应当适用国家标准。就本案而言，飞达有限公司交付了合同约定的汽车，只是所交付汽车的变速箱品牌不符合合同的约定，而变速箱品牌又是当事人双方在购车合同附件中明确约定，考虑到变速箱又是汽车的关键部件，因此，飞达有限公司交付不符合合同约定品牌的变速箱的汽车，属于瑕疵履行的情形。

在大陆法系国家，对瑕疵履行问题，是通过确立独立的瑕疵担保责任来解决的。例如，在罗马法上，买卖标的有物的瑕疵时，买受人可以提起解除之诉使契约解消或提起减价之诉请求减少价金，③ 这种制度为一些大陆法系国家所采纳。我国的立法与大陆法系国家不同，我国合同法只是承认了瑕疵担保义务，但以统一的违约责任对违反瑕疵担保义务的情形予以救济，并没有规定与违约责任相分离的、独立的瑕疵担保责任制度。这意味着：在我国，当事人违反瑕疵担保义务，构成违约责任中的一种具体类型。基于此，

---

① 王利明：《合同法研究》（第三卷），中国人民大学出版社2012年版，第104页。

② 邱聪智：《新订债法各论》，中国人民大学出版社2000年版，第70～71页。

③ 参见［德］迪·吕贵尔特：《德国买卖法中的物之瑕疵担保》，载《中德经济法研究年刊》1992年卷，第80页。

本案中，飞达有限公司的瑕疵履行行为构成违约，应当按照合同法有关违约责任的规定来处理。

按照通说，瑕疵履行包括标的物的价值瑕疵、效用瑕疵和品质瑕疵。与一般情形下的瑕疵履行不同，本案中的瑕疵履行，并没有造成汽车的价值、效用、品质的减损。诚然，按照一般人的理解，单就变速箱的质量比较，依维柯变速箱作为合资品牌，在质量上或许优于东风变速箱。但是，具体到本案，由于汽车生产厂家宇通公司在发动机型号为YC4FA130－30汽车（即该案诉争的汽车）上从来没有搭载过依维柯变速箱，也就无法证明搭载依维柯变速箱的YC4FA130－30汽车在性能上优于搭载东风变速箱的YC4FA130－30汽车，汽车生产厂家宇通公司和作为汽车销售商的被告都无法专门为原告生产一辆搭载依维柯变速箱的汽车。综合宇通汽车有限公司的证明，我们可以推断：事实上，当事人双方在合同附表中约定了一款不能交付的变速箱。在没有造成汽车的价值、效用、品质减损的情况下，被告的履行行为能否构成瑕疵履行？众所周知，一般情况下，如果标的物的价值、效用、品质没有减损或者减损程度显著轻微，不视为构成瑕疵。但是，我们认为，在认定品质瑕疵时，不仅要考虑品质是否减损以及减损的程度，还要考虑品质是否与合同约定相符。所谓品质，就是物的属性，与价值和效用担保不同，品质瑕疵之担保，仅于出卖人有保证者，始有适用。① 这表明：品质保证，必须经出卖人特约担保其所交付的标的物具有一定的品质，并且获得买受人同意，此为品质保证的构成要件。它与契约预定效用担保不同者，在于此须经特约方式为之，② 且有明确清楚的意思表示。由于品质保证要以特别约款的方式进行，显示了品质对当事人双方的重要，因此，对于合同特别约定的事项，当事人必须负担特别的义务。如果出卖人对其出售的物宣誓担保一定的品质，并且交易习惯也要求出卖人必须保证品质的，则应当解释为出卖人负有了品质保证的瑕疵担保义务。因此，在合同中具有关于品质的特别约定的情况下，出卖人就负有了品质保证的义务，交付的产品品质一旦与合同约定不符，将构成违约。具体到本案，当事人双方明确约定了变速箱的品牌，尽管事后查明该品牌变速箱生产厂家从来没有在当事人约定型号的汽车上使用

① 邱聪智：《新订债法各论》，中国人民大学出版社2000年版，第85页。

② 郑玉波：《民法债编各论》（上），自刊1970年版，第57页。

过，但不影响品质保证条款的成立，至于能否交付约定品牌的变速箱，则属于合同履行中的问题。天达有限公司没有交付合同约定的变速箱，构成违约。至于天达有限公司所主张的“笔误”一说，我们认为不能成立，因为原告作为汽车销售商，系专业人士，对自己所销售产品的质量有全面的了解是其最基本的义务，尤其需要指出的是，变速箱对汽车而言是一个关键的部件，作为销售商不可能也不应当对其品牌及其他情况不掌握、不了解，在制定购车合同后所附《宇通客车ZK6708DH系列配置表》时，必须对所涉及的配件的信息与生产厂家予以核对，确保准确无误。退一步说，即使认定是笔误，那也是因为天达有限公司审核不严，基于自己的过错造成的，此种笔误，不应当作为免除违约责任的理由。

应当说明的是，我们主张品质保证不符构成违约，但不意味着就自然赋予守约方以合同解除权。这是因为，瑕疵履行义务的认定只是解决违约责任的构成问题，瑕疵之所在，违约责任之所在，但并不等于合同解除之所在。按照合同法的规定，违约责任的承担有多种形式，而合同解除必须符合合同法规定的具体情形，只有在合同目的落空时才能解除合同，一般意义上的瑕疵，并不会导致合同的解除。具体到本案，天达有限公司交付的汽车变速箱品牌与合同约定不符，构成违约，但是，飞马旅游公司订立买卖合同的目的是购买宇通汽车，并不是购买依维柯变速箱，变速箱品牌不符，不影响缔约目的的实现，因此，即使飞马旅游公司要求解除合同，由于天达有限公司的违约没有导致合同目的的不能实现，该合同也会因不符合合同法关于合同解除的条件而不能解除。

二、客观因素介入对责任的影响

本案中，宇通公司出具证据证明该公司生产的发动机型号为YC4FA130－30的汽车，装备此发动机时需要匹配东风系列变速箱，并且公司只有这一种匹配状态。依维柯变速箱不能匹配YC4FA130－30发动机，公司也未设计、验证、安装过此匹配状态。宇通公司的这一证据也同时证明：无论本诉原、被告在购车合同中如何约定，被告都交付不了搭载依维柯变速箱的汽车，换言之，当事人合同中的品质保证条款约定了一款根本不能交付的变速箱。这表明，是宇通公司没有生产过搭载依维柯变速箱的汽车，才导致购车合同客观上的自始履行不能。此种自始履行不能的情况，是原、被告意志以外的客观因素（宇通公司自始就没有生产过搭载依维柯变速箱的汽车）导致的，其能否成为本诉被告天达有限公司免除违约责任的理由？

首先，以自始履行不能与合同效力的关系分析。虽然，早期的理论认为，“法律行为，如欲发生效果，须其标的可能实现，即以不能实现之可能，则纵令以国家法，对当事人之私法自治与以助力，亦无从促其达成目的之故”。① 对订立时即不具履行可能的合同，大多倾向于否定其合同效力的态度。而且，在立法上，先有1896年《德国民法典》在第306条规定，以自始客观不能的给付为标的的合同为无效，其后《瑞士债务法》第20条以及我国台湾地区“民法”第246条亦基本采取相同的态度。但是，随着经济交往形式以及利益需求的日益发展，自始履行不能合同无效的观点在理论和实践上都受到了不小的冲击。按照德国法学界一致的观点，1896年《德国民法典》第306条规定是失败的。② 我国台湾地区学者王泽鉴先生也认为，“此项规定，并非基于逻辑之必然性，盖于此情形，法律仍可承认契约有效，而令债务人负不能履行责任。”③ 而2002年修改后的《德国民法典》第3lla条也改变了以前的做法，规定：在订立合同时给付障碍已经存在的，不影响合同的有效性。不再区分缔约前的不能与缔约后的不能，而是将标的不能作为影响合同履行的原因但不是合同是否有效的原因。④ 而1994年通过、2004年全面修订的国际统一私法协会《国际商事合同通则》也规定“合同订立时不可能履行所承担之义务的事实本身不影响合同的效力”。可见，从当今趋势来看，在一个以不能的给付为标的的合同中，虽然原本的给付请求权不能够为债务人所履行，但请求损害赔偿或者请求交付替代利益等次级权利还是能够存在的，并且也是完全应当存在的，也就是说，合同的效力原则上并不应当因给付不能而受到妨碍。⑤

其次，在本案中，原、被告之所以订立了一个客观上自始履行不能的合同，究其原因，是由于被告对汽车配置信息的掌握失之准确，造成误判。尽

---

① 洪逊欣：《中国民法总则》，台湾地区三民书局1957年版，第165页。

② 参见梁慧星：《民法学说判例与立法研究》，中国法律出版社2003年版，第308页。

③ 参见王泽鉴：《民法学说与判例研究》（第三册），中国政法大学出版社2005年修订版，第52页。

④ 李永军：《合同法》，法律出版社2004年版，第244页。

⑤ 卢湛、杜景林：《自始不能责任的学理建构》，载《法学研究》2006年第3期。

管原、被告意志以外的客观因素（宇通公司自始就没有生产过搭载依维柯变速箱的汽车）导致合同客观上自始履行不能，但此种客观上自始履行不能是由于被告的过错即对汽车配置信息的误判引起的，因此，被告应当对基于自己的过错导致的合同不能履行向原告承担违约责任。综上分析，本案中当事人意志以外的客观因素，不构成合同法规定的免责事由，被告应当承担违约责任。

三、未有约定时，违约金的判定

综上分析可见，天达有限公司的行为构成违约。按照常理，既然构成违约，当然应当承担违约责任。在确定天达公司违约责任时，产生了这样的问题，天达有限公司和飞马旅游公司在购车合同中约定了诸多违约责任的承担，但双方唯独没有约定当交付的车辆与合同的约定不符时，如何计算违约金数额的问题。正是由于双方的购车合同中没有约定质量不符时的违约金条款，所以，飞马旅游公司在诉讼中要求天达公司比照定金条款的约定支付违约金 4.5 万元。由此首先需要探讨的是，合同中未约定违约金数额，违约方如何承担违约责任？其次需要探讨的是，守约方能否比照定金确定违约金数额？最后需要探讨的是，守约方能否直接要求违约方承担定金责任？

关于合同中未约定违约金数额，违约方如何承担违约责任的问题。根据合同法第一百一十四条和民法通则第一百一十二条第二款的规定，我国的违约金在性质上是当事人事先约定的，即约定违约金。它是当事人通过约定而预先确定的、在违约后生效的独立于履行行为之外的给付。违约金的法律特征之一，就是违约金的数额必须是经当事人双方约定而确定的，当事人没有约定违约金的数额，就等于没有约定违约金责任，因为违约金作为由当事人约定的条款，在性质上是从合同，必须经过当事人双方自愿的合意才能成立。由于我国不承认法定违约金，因此，在当事人没有约定违约金数额的情况下，审判机关无法确定违约金的数额，据此，违约金责任的承担，也就成了无源之水。本案中，当事人双方对有关违约行为约定了违约金数额，但对质量不符等不完全履行合同的行为，没有约定违约金数额，据此，天达有限公司尽管交付了不符合合同约定品牌变速箱的汽车，但由于双方没有对违约金的承担达成事先约定或者事后的合意，天达有限公司无法承担违约金责任。

由于双方当事人没有约定瑕疵履行的违约金，那么能否比照定金条款确定违约金的数额？答案是否定的。因为不论是违约金责任还是定金责任，都是当事人通过合同约定的，并且定金责任和违约金责任在目的和性质上并不相同，除非当事人双方同意，否则，法院不能违背当事人的意思比照定金数额确定违约金数额。

在当事人双方没有约定违约金数额、又不能比照定金数额确定违约金数额的情况下，本案飞马旅游公司能否以天达有限公司交付的汽车不符合合同约定为由，要求天达有限公司承担定金责任？众所周知，定金是债的一种担保形式，是指合同当事人一方为了担保合同的履行而预先向对方支付一定数额的金钱。[①] 从合同法第一百一十五条“给付定金的一方不履行约定的债务的，无权要求返还定金；收受定金的一方不履行约定的债务的，应当双倍返还定金”的规定看，合同法规定的定金责任不仅适用于不履行行为，而且适用于不完全履行或者说瑕疵履行行为，具有违约定金的性质，而且在我国，违约定金是一种法定的定金。一般来说，如果当事人在合同中没有特别约定定金的类型，则应当认为当事人约定的定金为违约定金。[②]

如果定金具有违约定金的性质，那么，违约定金条款如何适用则不无疑问。一种观点认为，从设立定金的本意出发，定金罚则应当以全部定金数额作用于任何不履行合同义务的情况，这样，定金才能真正起到间接强制债务人履行债务的作用。[③] 另一种观点则认为，定金不适用于不完全履行的场合，在此情况下如果可以履行则应继续履行，而不应适用定金制裁。因为一旦迟延交货，就要加倍退还定金，或者一旦有瑕疵，即使消除了瑕疵，也要加倍退还定金，那就违背了商品货币关系的客观要求，也违背了定金担保的特殊性。[④] 我们认为，此种观点不无道理，但是，当定金责任适用于不完全履行行为即瑕疵履行行为时，应当受到一定的限制，即：只有当不完全履行行为构成根本违约，使当事人订立合同的目的无法实现时，才能适用定金责任。这是因为，定金罚则体现了对违约一方当事人的制裁。由于适用这种制裁会给违约方经济上

---

① 胡康生主编：《中华人民共和国合同法释义》，法律出版社 1999 年版，第 186～187 页。

② 王利明：《合同法研究》（第二卷），中国人民大学出版社 2003 年版，第 721 页。

③ 陈瓯平：《定金性质纵横谈》，载《法学与实践》1999 年第 4 期。

④ 史文清：《有关定金的几个问题》，载《政治与法律》1996 年第 2 期。

带来极为不利的后果，特别是这种制裁也可与违约金、实际履行等补救措施并用，因此必须将定金罚则的适用限定在特定的范围。如果认为任何违约，哪怕是轻微的违约都要承担定金责任，不仅会给违约一方造成较重的经济负担，而且也不利于其继续履行合同。尤其应当看到，合同法的立法本意，并不主张任何不完全履行行为都适用定金罚则。这从合同法的有关规定中即可得出这一结论。合同法第一百零七条规定："当事人一方不履行合同义务或者履行合同义务不符合约定的，应当承担继续履行、采取补救措施或者赔偿损失等违约责任。"合同法第一百一十一条规定："质量不符合约定的，应当按照当事人的约定承担违约责任。对违约责任没有约定或者约定不明确，依照本法第六十一条的规定仍不能确定的，受损害方根据标的的性质以及损失的大小，可以合理选择要求对方承担修理、更换、重作、退货、减少价款或者报酬等违约责任。"考察这两条规定，我们能够得出这样的结论：对于质量不符合约定的瑕疵履行行为，在违约责任的承担上，首先考虑合同的约定；合同没有约定的，依照合同法第六十一条的规定确定；合同中既没有约定，依照合同法第六十一条又不能确定的，受损害方根据标的的性质以及损失的大小，可以合理选择要求对方承担修理、更换、重作、退货、减少价款或者报酬等违约责任。由此可见，定金罚则不是也不应当适用于瑕疵履行的任何情形，定金罚则具有强烈的惩罚性，它只针对不履行或其他根本违约行为而发生效力。具体到瑕疵履行行为，从诚实信用的原则出发，定金罚则只适用于瑕疵履行导致根本违约、使非违约方基于合同所产生的期待利益丧失，订立合同的目的不能实现的情形。总之，我们主张，定金责任与继续履行可以并用，但如果继续履行可以弥补损失时，定金责任不适用，只有当根本违约，导致合同目的不能实现时才适用。本案飞马旅游公司在一审期间要求解除合同，但二审期间放弃了这一诉讼请求，改为只要求对方比照定金数额承担违约责任，这表明飞马旅游公司与天达有限公司订立购车合同的目的已经实现，只是交付的汽车不完全符合约定，飞马旅游公司的瑕疵履行不构成根本违约。据此，飞马旅游公司不能要求天达有限公司承担定金责任。退一步说，当事人双方关于定金责任的承担有明确的约定，因卖方违约导致合同解除的，卖方应当双倍返还定金；因买方违约导致合同解除的，买方已交的定金不予退还。由于飞马旅游公司不行使合同解除权，因此，该条约定失去了适用的基础。判

（本文仅代表作者个人观点）

论相似文学作品侵权的司法判定方法

——评析《胭脂扣》改编权纠纷案

袁　博*

案情简介①

《胭脂扣》是香港作家李碧华创作于1984年的经典小说，小说讲述了在20世纪30年代的香港，富家子弟陈振邦迷恋红牌阿姑如花，因身份悬殊遭家庭阻挠，遂离家出走，但终因生活落魄导致心灰意冷，决定向现实屈服，与如花分手，重回家庭。如花因爱生恨，吞服鸦片自杀，并要求陈振邦也一起吞鸦片殉情，暗地里以加入安眠药的酒毒害陈振邦。然而陈振邦被家人所救并重返家庭。如花死后50年仍未见陈振邦鬼魂到来，于是返回人间，费劲周折寻找陈振邦，在得知当年陈振邦并未吞鸦片殉情后，绝望地放弃了陈振邦送给她的定情信物胭脂扣，决然地返回阴间。2008年，李碧华与原告上海华严文化艺术有限公司签订合同将《胭脂扣》的著作权转让给原告。2009年1月，被告上海沪剧院与被告罗怀臻签订合同约定由罗怀臻将李碧华的《胭脂扣》小说改编成沪剧舞台剧。其后，罗怀臻、陈力宇创作了《胭脂盒》并在《剧本》杂志全文刊登，该剧本讲述了20世纪20年代的上海，苏州评弹艺人如花女扮男装唱评弹，与富家子弟陈振邦情定终身，同唱评弹，遭家庭阻挠，后因发现如花与陈振邦的父亲曾有一段往事，两人的爱情不为时风所容，无奈之下，两人喝鸦片酒殉情自杀。不料陈振邦被家人所救，获救后

* 上海市第二中级人民法院法官。

① 案件来源：上海市第一中级人民法院［2012］沪一中民五（知）终字第112号判决书。

与家庭决裂，化名陈笑侬隐身玉茗楼书场做杂役，默默忏悔。20年后，酷似如花的外甥女美眷遇到陈振邦并向他学艺，终于化解了其忏悔情节，最后一起同台演唱评弹。剧本创作后，上海沪剧院进行了公开演出。原告得知后，以侵犯《胭脂扣》改编权为由诉至上海市徐汇区人民法院。

裁判要旨

改编作品是对原作品进行二度创作而形成的新作品，既具有有别于原作的独创性，同时又受制于原作的基本表达。在探究一部文字作品是二度创作还是重新创作时，需要将该作品与原作进行比较，如果两者确有相似之处，就要确定这些相似是属于作品的思想还是表达；如果属于表达，还要确定这些表达是否具有独创性；如果属于原作的独创性表达，还要进一步考虑二者的相似是否构成实质性相似。只有构成表达的实质性相似，改编完成的作品才是原作的改编作品而非独立创作的新作品。

法院经审理认为，本案争议焦点在于沪剧剧本《胭脂盒》是否是小说《胭脂扣》的改编作品。本案中的两部作品的相同部分主要体现为思想，而在具体情节展开、关键情节设置、各情节间的逻辑关系、人物性格塑造等表达方面差异明显，没有构成实质性相似，因此难以认定《胭脂盒》侵犯了《胭脂扣》的改编权，遂判决驳回原告诉讼请求。

原告不服一审判决，向上海市第一中级人民法院提起上诉。二审法院经审理后判决驳回上诉，维持原判。

评析

本案主要反映了一个法律问题：对于涉及文学作品侵权的司法认定，应该遵循怎样的判定标准和操作方法？

一、改编权与改编作品

改编权是指改编作品、创作出具有独创性的新作品的权利。改编权属于作者专有的演绎权的一种表现形式，控制的是在保留原有作品基本表达的前提下创作出新作品并加以后续利用的行为。改编权存在的理由，在于优秀作品往往有二次开发或者多次开发的需要，① 通过这种开发，增加了著作权人

① 卢海君：《从美国演绎作品版权保护看我国的〈著作权法〉相关内容的修订》，载《政治与法律》2009年第12期。

控制作品利用和扩展作品市场的机会。[1] 例如，一部畅销小说问世后，可以被改编成漫画、拍摄成电影、制作成网络游戏等。构成改编作品，需要具备的条件是必须利用了已有作品的独创性表达。如果没有利用已有作品的独创性表达，或者只是利用了已有作品的思想，就不属于著作权法意义上的改编。[2] 例如，根据李白的《登鹳雀楼》而绘出“白日依山尽，黄河入海流”的画卷属于对原作思想的改编而非表达的保留，因此在性质上不属于改编作品。由于改编作品与已有作品具有相似的表达形式和共同的作品元素，使得改编作品的著作权与已有作品的著作权存在重合的部分，因而在行使时也必然受到已有作品著作权的制约和影响。我国著作权法第十二条规定：“改编、翻译、注释、整理已有作品而产生的作品，其著作权由改编、翻译、注释、整理人享有，但行使著作权时不得侵犯原作品的著作权。”这条规定暗含了这样一条规则：改编作品著作权的行使，实际上是由演绎作品和已有作品著作权人共同控制的，而且，在这个共同控制的关系中，已有作品的著作权人起着决定性的作用。本质上，改编权来源于原作作者，原作作者之外的人如果希望改编原作，需要得到原作者的授权，而未经原作者许可对原作的改编，就构成对原作者改编权的侵犯，除非改编所借鉴的仅仅是原作的思想而非独创性的表达。因此，本案中，对被告行为是否构成侵犯《胭脂扣》改编权的判断，就转化为一个问题，即被告剧本《胭脂盒》到底是借鉴了《胭脂扣》的思想，还是保留了《胭脂扣》的独创性表达？

二、思想与表达二分法原理

前文提到，改编的作品如果仅仅使用了原作的思想，就没有构成对原作作者改编权的侵犯，因为单纯的思想不受著作权法保护，只有表达才是著作权法关心的对象，这就是著作权法上已经通行的思想与表达二分法原理。一般认为，这一原则源自美国的 BAKER V. SELDENP 案，具体而言，就是著作权的保护范围仅及于表达，不及于观念、程序、操作方法或数理概念等。作品可以分为作者的上层思想和承载这些思想的底层表达，思想及表达都是

---

① 冯晓青：《演艺权之沿革及其理论思考》，载《山西师大学报（社科版）》2007 年 5 月第 3 期。

② 陈锦川：《演绎作品著作权的司法保护》，载《人民司法·应用》2009 年第 19 期。

作者创造的智力成果，为什么著作权法只保护表达而不保护思想呢？面对思想表达二分法，很多人会发出这样的质疑。从表面上看，如果将思想和表达都纳入著作权，似乎更能增强对作者的保护力度。然而稍加分析，事实却不完全如此。人类的思想史是一个不断发展、吸收、借鉴、扬弃、交融的过程，所谓“一沙一宝塔，一花一世界”，人类社会发展至今，每个人的每种思想，无论简单还是复杂，都不是完全来自于自身，而是包含了前人的思想成果或者带有他人的思想印记。换言之，一部刚刚诞生的作品，其包含的思想一般都是由作者本人的思想和他人的思想共同构成的，即使发明了相对论这样宏伟思想的爱因斯坦也承认，他的思想成果是“站在巨人的肩膀上”。一般情况下，在排除了他人思想后，作者在作品中的原创性思想往往所占比例不大。因此，如果将思想纳入著作权法的保护范围，固然可以增强对于作者某一部作品的保护，但是却会带来一个始料不及的后果：作者很快会发现，他再进行创作会变得困难重重，因为每一种思想都是有权利归属的，作者只能在权利丛林里小心翼翼地绕步前行并不得不面临两个选择：要么尽量避免使用他人思想，而这将极大地限制创作自由；要么必须向某一思想的持有者付费并申请许可，但这不但增加了作者的创作成本，而且未必能成功获得他人授权。相比之下，将作品的思想置于公有领域虽然表面上弱化了对作者的保护，但是却消除了作者自由创作的障碍，实质上有利于作者创作出更多更好的作品，从长远来看符合著作权法鼓励创作和文化共享、文化传播的根本宗旨。所以，应当反对对作品思想进行任何形式的垄断，因为，“思想应如空气那样自由，没有人能对他主张所有权。”① 思想表达二分法的原则意味着不同的人可以就相同的主题、思想重新进行表达，只要这种表达具有原创性或独创性，是作者独立创作的。那么，在司法实践中，如何区分作者的思想（公有领域的部分）和表达（作者专有的部分）呢？事实上，作品是由众多要素构成的，从创作过程来看，有一些作品元素是很多作者在创作中常常用到的，这种要素由于具有通用性和存在于公有领域而属于著作权法上的“思想”，在不同的作品类型中，体现思想的作品要素各不相同，在美术作品、音乐作品、书法作品和舞蹈作品创作中表现为惯用技法和常见素材；在

① 李雨峰：《为什么著作权不保护思想》，载《电子知识产权》2007年第5期，第57~58页。

软件作品的创作中变现为设计思想、算法和通用处理方式等；在摄影作品的创作中表现为拍摄技法、摄影角度、布局构思等；而在文学作品的创作中则表现为宏观主题、桥段情节和典型性人物性格，以下具体展开分析。

三、文学作品中的思想要素与表达要素

文学作品的作品要素包括作品主题、主线情节、人物角色、展开情节、具体场景、文字描述、人物对话等。这些要素由抽象向具体渐变，形成一个以思想为核心、以表达为外层包裹、逐层向外辐射的作品体系。

所谓作品主题，是指一部作品表达的中心思想或者宏观命题，例如，西方名著《基督山伯爵》的主题是复仇，而类似的文学母题在世界文学作品中屡见不鲜，例如我国的《赵氏孤儿》、英国的《王子复仇记》、日本的《四十七武士》等，显然，作为抽象的主题思想，作品主题不可能被某个作者所垄断，因此被公认属于公有领域的思想范畴。

主线情节，是在作品主题之下的第一层展开。例如，《基督山伯爵》为了使复仇这一主题具体化，创作了主人公蒙冤入狱，后来设法越狱并报仇雪恨的主线情节。显然，主线情节虽然是作品主题的具象，但是仍然属于较为抽象的范畴，因为仅凭“主人公蒙冤入狱，后来设法越狱并报仇雪恨”这一情节，人们会联想到很多文学作品或影视作品均有类似的情节，例如风行一时的美剧《越狱》以及经典电影《肖申克的救赎》等。显然，主线情节也无法纳入作品表达的范畴，因为这种诸如“蒙冤入狱后出狱雪恨”“有情人经历磨难终成眷属”“坏蛋作恶多端终有恶报”“普通人勤奋刻苦终获成功”的主线情节，都属于作品宏大主题（复仇、爱情、善恶、奋斗）下的第一层子命题，不但为人们所熟知，也是中外作者自由创作的通用要素，因而将其归入作品的思想范畴也显得顺理成章。

人物角色，是指作品所塑造的人物性格、心理特征、人物语言等复杂的综合形象体。对于人物角色的判断，需要进行一分为二的分析。人物角色可以分为真实存在的人物和虚拟的文学形象。对于真实存在的人物，由于其事迹属于事实范畴，因此对基本事迹的描述属于著作权法上的“唯一性表达”，因而不受著作权法保护，不属于作品的表达范畴，只有作者基于对人物性格的把握演绎的独创性细节才可以构成表达；对于虚拟的文学形象，则由于作者对该形象的创造常常是基于现实生活中的人物典型或者是若干典型人物性

格的糅合所完成，因而其形象包含了典型的人物角色塑造和作者独创的部分。例如，一提到吝啬鬼形象，人们马上会想到《威尼斯商人》中的夏洛克、《守财奴》中的葛朗台，《儒林外史》中伸着两个手指头不肯瞑目的严监生。而文学作者在创造这一形象时，常常会参考这些形象，因而具体到某一吝啬鬼塑造时会吸纳公有领域的典型形象的某种特征成分，因此，对于此种情形，应将这种人物形象中的典型特征成分排除出作品的表达范畴。正是基于这个原因，美国法院在 Nichols v. Universal Pictures Corp. 一案中首次提出，人物角色被开发的程度越低，其受到版权的保护越小。

展开情节，是指在主线情节下的第二层展开，即作者为了进一步贯彻作品主题，使主线情节更加具体、生动而塑造的具体情节。例如，《西游记》的主题是取经，主线情节是师徒四人经历千辛万苦降服各种妖怪后取得真经，而具体情节展开就是诸如“偷吃人参果”“三打白骨精”“大闹盘丝洞”等等。一般认为，展开情节由于是对主线情节的展开，具有很大的创作自由度，因此除非是公认的桥段（例如武侠作品中经常出现的主人公失足掉下悬崖非但会大难不死，反而会有奇遇），一般在司法实践中将其视作作品的表达范畴。

具体场景、人物对话、文字描述，就是构成展开情节的基本要素，属于作品的底层表达要素。由于具体场景已经具体到明确的时间、地点、时间、因果关系、人物、背景设置，而人物对话、文字描述更是体现作者独创性的重要方面，因此，当作品比对进行到这一层面时，作品是否构成侵权就变成了相对简单的技术问题，法官只需要进行字面比对和重复度评估就可以得出答案。这一层次的作品侵权，在美国版权法上被称为“字面相似”（literal similarity），即抄袭作者实际使用的语言，这种情形表现直观，易于判断，法院需要考虑的因素包括抄袭的数量及其在作品中所占的分量。

综合以上对作品各个构成元素的分析，可以得出这样的结论，就一部作品而言，作品主题、主线情节、人物角色中的典型特征属于作品的思想，不受著作权法的保护，换言之，作品是否被侵犯改编权，需要从展开情节、具体场景、人物对话、文字描述等方面去寻找答案。

四、本案中作品侵权判定的司法适用

（一）整体比较法和部分比较法

以上的论述主要说明侵权比对需要考虑的内容，但是并没有说明具体比对的方法。例如，在已经明确《胭脂扣》和《胭脂盒》的作品主题、主线情节、人物角色、展开情节、具体场景、文字描述、人物对话等对应的内容后，如何进行比对呢？对此，在美国的司法实践中，形成了两种比对方法，即整体比较法和部分比较法。

所谓部分比较法，是指在对原被告的作品进行比较之前，首先将原告作品中不受著作权保护的部分，包括思想、事实以及通用元素过滤出去，然后才将经过“过滤”的原告作品与被告作品相比较，以判断两者是否构成实质性相似，代表性案例是美国的“尼科尔诉环球电影公司”案，我国司法实践中予以运用的典型案例是王放放诉胡建新案；所谓整体比较法，即通过普通观察者对作品整体（不作筛选的整部作品，包括不受著作权保护的部分和独创性部分）的内在感受来确定在后作品是否构成实质性相似，[①] 代表性案例是美国的“谢尔登诉米特罗·高德温电影公司”案，我国司法实践中予以运用的典型案例是殷小英诉深圳电影制片厂案。由于任何受著作权保护的作品都或多或少地包含了一些不受著作权保护的成分，因此，采用不同的判断方法有可能直接影响案件的判决。

不难看出，相对于部分比较法，整体比较法存在严重缺陷：在没有区分思想和表达的前提下，仅凭作品受众的整体印象来判断是否相似会造成混淆——受众无法判断对作品的相似的感觉到底主要是来自于作品的思想还是来自于作品的表达。例如，在观看《满城尽带黄金甲》的时候，人们会觉得剧中的人物关系以及“乱伦”“喝药”等情节似乎与《雷雨》有很大的相似之处，但是这种相似到底是不是著作权法上的实质性相似，在没有排除思想部分的前提下，人们很难得出结论。因此在现实中，同样是因为没有区分思想和表达，人们往往凭借整体印象就误以为两部看着很像的作品就意味着其中一部构成侵权，例如，在《潜伏》和《地下·地上》著作权纠纷案中，如果仅凭整体印象，人们无法否认两部作品的确存在着某种程度的相似。可见，对于一般的作品比对，部分比较法更为科学。但是，在一些特殊的作品类型中，使用整体比较法又具有部分比较法所没有的优势，例如在历史传记文学作品中，由于主要情节甚至展开情节中的一些内容都是众所周知的公有

---

① 许波：《著作权保护范围的确定及实质性相似的判断——以历史剧本类文字作品为视角》，载《知识产权》2012 年第 2 期，第 33 ~ 34 页。

领域的部分，而作者的独创性部分主要表现为编排、组织，如果将这部分首先在比对前排除，就会使得作者的独创部分事实上也同时被排除在比对范围之外，导致对此类文学作品作者权益的保护沦为虚文。因而，对此类文学作品，使用整体比较法更为合理。

（二）部分比较法在“胭脂扣”案中的具体适用

由上文所述，本案属于虚构类的文学作品，因此应当适用部分比较法。

首先，分析作品各构成要素并排除思想部分。《胭脂扣》的作品主题是爱情的忠贞和背叛。其主线情节是男女主角相遇、相爱，父母反对，殉情自杀，男主角获救女主角死亡，重逢。根据部分比较法，此部分内容即使与《胭脂盒》构成相似也不能纳入比对范围。因此，排除这些因素后，需要考虑的只有人物角色塑造、展开情节、文字描述、具体场景等。

其次，比对作品的表达部分。

人物塑造。原作中的男主角是一个优柔寡断、缺乏独立精神和谋生手段的人，与女主角相恋后与家庭决裂，因缺乏谋生手段和经济来源，最终向家庭屈服，决定与女主角分手；女主角则是坚贞、决绝，为爱不惜一切不择手段，当知道男主角准备放弃她重回家庭时，宁愿选择谋杀男主角后一起死亡，也不愿放手。《胭脂盒》中的男主角则是一个酷爱评弹、勇敢果断的人，不屈服于家庭包办婚姻，依然与女主角相爱，并辞去家庭安排的工作，一心向女主角学唱评弹，勇于破除旧风，鼓励女主角以女子身份登台演出；女主角也酷爱评弹，既有阴柔的一面，又有决绝的一面，出身评弹世家，女扮男装登台唱评弹，亦梦想着以女子身份唱评弹，在男主人公的鼓励下以夫妻档登台表演，在爱情无望时，愿意为了评弹为了爱情殉情。

展开情节。根据庭审比对，两部作品虽然在主线情节上存在相似，但在情节展开、关键情节的设置以及各个情节之间的逻辑关系等方面存在显著区别。例如在关键的殉情情节，原作中因男主角无法承受落魄的生活决定重回家庭，接受家庭安排的婚约，女主角因爱生恨，单方殉情，并以安眠药毒害男主角，不存在两人的相约殉情，而《胭脂盒》中系因发现女主角与男主角的父亲曾有一段往事，两人的爱情不为时风所容，故相约殉情；男主角获救后，原作中重回家庭，而《胭脂盒》中的男主角则与家庭决裂，化名隐身书场做杂役，默默忏悔20年。

底层表达要素。根据比对，两部作品相同的底层部分要素包括：

1. 主角姓名和人物关系。

男女主角姓名均为陈振邦和如花，两人均为恋爱关系，身份地位存在一定差别。应该看到，人物姓名仅仅是人物形象特征塑造的一个符号性要素，在其所依附的人物形象存在根本区别时，单纯的人物姓名很难表现出独立的独创性而得到人们认同，而恋人关系是涉及感情问题的文学作品中的常见模式，因此不足以体现出能够受到保护的必要性。例如周星驰的《大话西游》同样借用了《西游记》中的人物姓名和人物关系，但是没有人认为这两部作品存在多大的相似性和承继性。

2. 作品名称。

法院经审理认为，胭脂扣和胭脂盒对于两部作品而言意义不同。原作中的胭脂扣仅仅是一个信物，而《胭脂盒》中，整个故事情节围绕其展开。并且，作品名称仅仅是原作的组成，小说整体享有的著作权并不意味着作品名称同时享有单独著作权。事实上，仅就作品名称而言，属于公有领域的词组，并不具有独创性，即使纳入作品考量，作品名称也不属于承载原作主要内容的基本表达，因此难以据此认定侵权。

3. 部分细节。

经比对，发现两部作品在个别细节上存在相似，主要涉及：《胭脂扣》中陈振邦送了如花一个对联花牌“如花如幻月，若即若离花”，而《胭脂盒》中陈振邦和如花首次以男女档登台演唱评弹时，为讨个彩头，写了副对联贴于台柱上“如花如幻月，若即若离花”；《胭脂扣》中陈振邦有一个指腹为婚的未婚妻，《胭脂盒》中陈振邦也有一个父母安排的未婚妻；原作中女主角吞鸦片自杀，《胭脂盒》中男女主角喝鸦片酒自杀。可以看到，虽然在个别细节上存在相似，但是考虑到这些细节在整个作品情节丛中的数量和影响，应当属于法律可以容许的范围。

分析至此，可以得出结论：《胭脂盒》与《胭脂扣》在人物塑造、展开情节上显著不同，在底层表达要素中虽有相似成分但整体上仍然不足以构成实质性相似，因此，《胭脂盒》并未侵犯原作的改编权。

（本文仅代表作者个人观点）

农村房屋买卖合同无效征收补偿分配的司法审视

黄书建*

案情概要①

原告牟雪文诉称：其与被告郑善国系宁波市慈城镇辖区不同村的村民，因无房居住，1996年3月1日，以6000元的价格向当时急需用钱的被告购买了面积141.25平方米农村房屋。购买时，该房屋破烂不堪、杂草丛生且无水无电。因所购房屋目前已列入征收范围，受利益驱使，被告向江北区人民法院起诉先前的房屋买卖合同无效。法院同意了其诉请，并判决房屋买卖合同无效，要求其腾退房屋。原告同意腾退房屋，但要求被告赔偿其因此产生的经济损失，故诉至法院，请求法院判决：（1）被告返还原告购房款6000元、附属设施200元及利息6200元，共计12400元；（2）被告赔偿原告损失693600元，包括房屋拆迁补偿款640992.5元（4538元×141.25平方米），水电安装开户整网、水泥地坪、围墙、灶台、水斗以及室内装潢共20000元，安置费25425元，搬家费2000元，规定期限拆迁奖励5000元，电话空调移机费250元。

被告郑善国辩称：第一，原告提出附属设施的主张没有依据；第二，涉案房屋买卖合同无效的主要原因是原告的身份不符合要求，并且原告也明知这一事实，因此应承担合同无效的主要责任；第三，原告主张的赔偿请求不

---

* 浙江省宁波市江北区人民法院法官。

① 案情来源：（2013）甬北慈商初字第217号。

符合规定，首先，其主张的利息金额为6200元计算有误，其次，该房屋并没有拆迁，原告主张所谓拆迁补偿款不成立，也不存在赔偿款问题，并且原告主张的693600元的金额也是根据其他村的房屋拆迁补偿方案得出的，该标准并不适用于本案，因此对涉案房屋价格的认定没有事实依据。

裁判要旨

浙江省宁波市江北区人民法院经审理认为，因无效合同取得的财产应当予以返还；不能返还则应当折价补偿；有过错的一方应当赔偿对方因此所受到的损失，双方都有过错的，应当各自承担相应损失，该损失应包括因该合同产生的信赖利益损失。本案中，原告在购买房屋当时依循农村购买房屋的习俗，与被告签订了绝卖契约，邀请民丰村村干部作为中人，并取得该村的同意，按当时的市场价支付了相应的对价，居住使用该房屋已有16年之久，已经融入该村的生活，本可在该房屋居住终老。现原、被告间于1996年3月1日签订的农村房屋买卖合同因违反法律、行政法规的强制性禁止规定而被生效判决认定无效，原告承担返还该房屋的义务，失去了该房屋的使用权，但其所取回的6000元购房款，因物价上涨等因素，已不足以购买同类房屋的2平方米的住房，更无法购买同类地段的商品房。而按目前同类地段的征收价格计算，该房屋价值为64万余元，原告因合同无效而产生了巨大的信赖利益损失，被告也因此而获得巨额利益。同时，根据诚信原则，被告也不能从其先过错行为中获得巨额的利益，因此其对原告所产生的巨额信赖利益损失应承担主要责任，结合原告目前的居住情况、当地房价的实际水平等综合因素，故酌情考虑被告应赔偿原告的损失为55万元。

此外，原告要求被告支付附属设施费用200元及利息6200元的诉讼请求，没有事实与法律依据，不予支持；原告要求被告支付安置费、搬家费、规定期限征收奖励的诉讼请求，因上述费用系征收过程中征收方支付给房屋所有人的款项，现征收行为尚未发生，且原告并非房屋所有人，因此无权要求被告支付上述费用，对该诉讼请求不予支持；原告要求被告赔偿水电安装开户整网、水泥地坪、围墙、灶台、水斗及室内装潢共20000元及电话空调移机费250元的诉讼请求，上述设施如系原告购买被告房屋后添附的，其所有权应属于原告，但原告对上述赔偿数额未提供相应依据与相关证据，不予支持，原告可待评估后另行起诉。

评析

当前，农村房屋因被征收可以获得巨额的补偿，导致大部分房屋出售方受利益驱动，在售房多年后对原有买卖协议予以反悔，要求回收房屋或者得到原有征收补偿的差额部分。对这类案件的处理，主要是买卖双方的利益分配，目前为止各地法院虽达成一些初步的共识，但并未形成一个统一的标准，而且地方差异化表现明显。随着这类纠纷的增加，如何妥善处理买卖双方的矛盾，已经成为当前基层社会的司法实践中亟待解决的问题。

一、由案例引出的问题与困惑

本案是一则典型的在征收背景下发生的农村房屋买卖纠纷案，由于缺乏法律及司法解释的明确规定，各地对这类案件的审理分歧较大。就本案而言，同样存在以下几个问题需要解决：

1. 赔偿模式的选择。

买方在明知法律禁止农村房屋买卖的前提下，仍然实施房屋的购买行为，对此，法院是否应予支持买方信赖利益损失的诉求？在这一问题上，司法实践分别给予了三种不同的回应：一是完全不支持赔偿买方的信赖利益损失；二是完全支持买方的信赖利益损失；三是部分支持买方的信赖利益损失。上述三种方案的选择，均有一定的合理性，因此在这类案件的裁判结果中，这三种方案均有所体现。

2. 征收补偿范围的确定。

《国有土地上房屋征收与补偿条例》第十七条第一款以穷尽列举的方式将房屋征收补偿的范围限定为三种：房屋价值的补偿；搬迁、临时安置的补偿；停产停业损失的补偿。该规定看似清楚明了，但在我国现行房、地分离的不动产法律制度下，以及各地为鼓励搬迁而采取不同征收政策的背景下，其实质上蕴含着诸多需要进一步解释的地方。而且各地在征收过程中，面临的问题多种多样，试图通过穷尽列举的方式明确征收补偿的范围极难实现。

3. 信赖利益损失标准的明确。

在农村房屋买卖合同中，买方因合同无效造成的损失范围如何认定，一直是一个争议性的问题。为解决买方的损失有理可依，有学者提出，买方的损失大多为信赖利益的损失，包括直接损失和间接损失。直接损失包括缔约费用、准备履行所支出的费用以及两项费用的利息；间接损失是受害人丧失与第三人另订同类合同的机会所产生的损失。在农村房屋买卖合同中，间接损失，是指购买农村房屋的合同无效必然导致买受人丧失与其他人另订合同的机会，结果是买受人无法享有因房屋价格上涨而带来的增值利益。① 但是，信赖利益损失是否包括间接损失？合同无效需不需要赔偿间接损失？上述两个问题在法理上暂时还未形成统一意见。另外，各地的征收补偿范围不一，哪些征收补偿可以列入信赖利益损失范围内，同样没有一个明确的标准。

4. 买卖双方过错责任的界分。

从司法实践看，农村房屋买卖双方基本上均明知交易的违法性，在这种情况下，买卖双方责任是以五五分配，还是考虑实际情况作进一步区分，各地法院的做法不一。此外，如果考虑实际情况具体细分责任，那么这里的“实际情况”又如何理解。有必要强调的是，农村房屋买卖过程中，由于所涉标的较大，责任分配的细分特别重要，否则会导致同类案件差别明显的判决，造成案后新一轮纠纷的发生。

二、农村房屋买卖合同无效征收补偿分配的司法路径

（一）关于损失赔偿模式的选择

持完全不支持赔偿买方损失观点的理由是，合同法第五十八条规定：“有过错的一方应当赔偿对方因此所受到的损失。双方都有过错的，应当各自承担相应的责任。”在双方均有过错的情况下，一般来说根据过错原则，过错大的应承担的赔偿责任就大，但是在双方当事人都明知其所从事的行为违反法律或公共利益的前提下，尽管给对方造成的损失大小不一，都应由各自承担自己的损失。② 也就是说，由于农村房屋买卖双方均违反了国家法律关于禁止农村房屋买卖的规定，因此给双方所造成的损失由各自承担。当然，卖方也就不需赔偿买受方的损失。

持完全支持买方损失观点的理由是，造成农村房屋买卖合同无效的主要原因是由于房价迅速上涨，出售房屋的农民一方为获利而反悔，以致借助法

---

① 戴孟勇：《城镇居民购买农村房屋纠纷的司法规制》，载《清华法学》2009 年第 5 期。

② 我国民法学者王家福就强调“在双方故意违法的情况下，即使双方遭受了损失，任何一方也不得请求对方赔偿”，参见王家福主编：《民法债权》，法律出版社 1991 年版，第 337 页。

律对其有利规定，违背诚实信用原则对簿公堂的结果。而且买卖双方都不是故意要违反法律强制性规定，而是对该规定无知。因此，合同无效的过错应归责于卖方。所以，法院应全部支持卖方赔偿买方的损失，包括房屋增值损失。江苏省高级人民法院在房屋买卖合同纠纷案件疑难问题法律适用研讨会综述中就明确，对农村房屋买卖合同，应当采取“无效认定、有效处理”的办法，即一方面认定买卖合同无效，另一方面不支持卖方返还房屋的诉讼请求。

持部分支持买方损失观点的理由是，农村房屋买卖合同无效不能仅仅归咎于卖方，买方也存在一定的过错，主要是指法律上的过错。既然如此，就应具体区分过错责任的大小，确定各自承担损失的比例。特别是抛开违法这一要素来说，买卖双方在订立买卖合同时，均系当事人真实意思表示，按照契约自由原则，也应当参照合同订立时条款进行处断。司法实践表明，卖方反悔是引起这类诉讼的主要原因，因此卖方对此应承担更多的责任。①

笔者认为，三种处理模式都能够找到一定的法律依据或者法理基础。第一种处理模式有扎实的法理基础，大陆法系与英美法系国家对此也基本达成共识，我国早期司法实践中，在处理这类纠纷时基本上是采用这种处理模式。直到北京画家村案件发生，这种处理模式才开始发生改变。不过，这种处理模式在我国房屋买卖的适用中，产生了一个不容易克服的弊端。在合同无效的情况下，由于房价上涨，买方必须承受的损失极其巨大，导致引起的社会矛盾难以解决。故有学者批判：“这种做法在适用法律上过于机械和呆板，在处理上过于简单，……对购买方不公平。”②

第二种处理模式主要是基于违约者不得利和民法诚实信用原则的维护发

---

① 《北京市法院民事审判实务疑难问题研讨会会议纪要》（2006年9月14日）指出：“此类案件成讼多缘于土地增值以及因土地征用、房屋拆迁将获得补偿安置等原因，出卖人受利益驱动而起诉。在合同无效的原因方面，出卖人负有主要责任，买受人负有次要责任。”《上海市高级人民法院关于审理农村宅基地房屋买卖纠纷案件的原则意见》（沪高法民［2004］4号）规定：“对于将房屋出售给本乡（镇）以外的人员，未经有关组织和部门批准，如果合同已实际履行完毕，且购房人已实际居住使用该房屋的，对合同效力暂不表态，实际处理中应本着尊重现状、维持稳定的原则，承认购房人对房屋的现状以及继续占有、居住和使用该房屋的权利。”

② 郑金海：《当前农村房屋买卖纠纷案件的认定与处理》，载《山东审判》第25卷总第190期。

展起来的。近年来，随着农村房屋买卖进入市场的呼声渐起，以及北京画家村判例所带来的一定程度上鼓励农村房屋买卖的示范效应，一部分法学专家开始提出，基于故意违约以获利的目的不应该得到提倡，否则难以保障正常交易安全，因此，在遵照禁止农村房屋买卖的前提下判决出售方收回房屋的同时，必须让出售方全部赔偿买受方的损失，至少应最大限度地保障守约方的利益。事实上，上海、北京和全国各主要城市的法院均在尽可能地照顾买方的利益。①

第三种处理模式则是在兼顾维护禁止农村房屋买卖法律和维护违约方不得利基本原则情形下，采取的一种折中处理办法，也是当前司法实践中最常见的一种处理办法。从法律上来说，第三种处理模式表面上看有一定的道理，不过深层次分析其内部矛盾比较明显，缺乏足够法理基础。② 按照这种模式进行处理，只能衍生法律功利主义，在法律整体上进行局部突破作扩大解释，例如缔约过失包含信赖利益损失等。然而，这种处理模式既符合我国传统中庸之道，又容易接轨“调解为主、调审结合”的审判方式，而且迎合了我国经济发展主流，因此成为目前一种主要处理模式。

存在的就是合理的。站在法律维护法律效果与社会效果统一的功用、法律定分止争的目的的宏观角度，笔者是比较赞成采用第三种处理模式。这也说明，我国有关农村房屋买卖的法律规定有必要进行一次梳理，并进行适当的修改、补充和完善。③

（二）关于征收补偿范围的确定

根据现有的征收补偿相关法律规定，农村房屋被征收后，一般有两种补

---

① 《上海市高级人民法院关于审理农村宅基地房屋买卖纠纷案件的原则意见》（沪高法民［2004］4号）规定：“对于将房屋出售给本乡（镇）以外的人员，未经有关组织和部门批准，如果合同已实际履行完毕，且购房人已实际居住使用该房屋的，对合同效力暂不表态，实际处理中应本着尊重现状、维持稳定的原则，承认购房人对房屋的现状以及继续占有、居住和使用该房屋的权利。”

② 有学者认为，这种处理模式的法理基础是民法中的过错原则，买卖双方均有过错，因此互相应赔偿对方的损失。参见郑金海：《当前农村房屋买卖纠纷案件的认定与处理》，载《山东审判》第25卷总第190期。但是笔者认为，上述观点忽视了买卖双方的违法性基础。

③ 特别是禁止农村房屋买卖的规定应当作适当的变通。

偿方式，一是调产安置，一是货币补偿。不同补偿方式农村房屋所有者最后获利可能有很大差别，而且各地具体补偿标准各不相同，这种差别可能还会无限制拉大。在农村房屋征收补偿中，补偿的范围大概包括：（1）房屋的补偿；（2）土地的补偿；（3）住宅安置过程中的其他费用，具体如临时过渡补贴费、搬家补贴费、附属设施补偿费、房屋装饰补贴费。房屋的补偿，是指房屋重置价格，主要是根据房屋结构和成新率进行计算。土地的补偿，是指土地的区位价值，一般是根据房地产开发企业向社会销售的各级地段钢混二等普通住宅平均价格进行确定。另外，有些地方在征收农村房屋时实施扩户政策，以照顾困难家庭，减少征收过程中纠纷的出现，保障征收顺利实施。

审理已经被征收或者列入征收范围内的农村房屋买卖纠纷案件，上述各项征收补偿数额的确定，首先是参照房屋征收部门规定的各项补偿标准。无论卖方选择调产安置或者货币补偿，征收部门对涉及的房屋重置价、住宅基本造价和商品住宅平均价格等均有详细规定，法院只需按照征收标准进行判定即可。需要提及的是房屋增值利益的计算。在货币补偿形态，卖方在取得安置补偿款后，应将其中的一部分直接赔偿给买方。在调产安置形态，可以按安置房市场价与优惠价之间的差价而不是商品房平均价扣减房屋重置价确定房屋增值利益，然后由双方合理分配。

以本案为例，由于被告出卖的农村房屋当时仅处于一种征收计划中，并没有详细的征收实施方案，没有调产安置选择的余地，因此房屋、土地等补偿可以直接依据法律和地方政策，通过货币形式精确表现。本案涉案房屋的面积是141.25平方米，区位价值每平方米4538元，土地补偿总额具体为64万余元。

（三）关于信赖利益损失标准的明确

所谓信赖利益，是指民事主体固有利益在具有信赖关系的特定当事人间存在的特定形式。[①] 在农村房屋买卖合同纠纷案件中，并非是所有的征收补偿等损失都可以列入信赖利益损失范围，与买卖一方当事人人身关系密切的征收补偿或者其他利益，应单独进行处理。

1. 卖方的损失

在农村房屋买卖合同中，由于合同无效给卖方造成的损失比较少，也容

---

① 余立力：《论信赖利益损害的民法救济》，载《现代法学》2006年第28卷第1期。

易确定。一般来说，卖方的损失就是买方购买居住使用期间使用费用，这已经达成了共识。至于该损失的计算标准，主要是参照同样房屋出租的租赁费用进行确认。当然，卖方的房屋使用损失在目前司法实践中很少得到支持，不少判例采取与买方的银行利息损失相抵进行处理。本案也是采用如此方法进行处理，因此原告请求被告支付利息 6200 元的诉讼请求未得到法院的支持。

2. 买方的损失

（1）土地的补偿。在农村房屋买卖合同中，买方因合同无效造成的损失范围如何认定，一直是一个争议较大的问题。这类纠纷初发时期，因为不涉及到征收或者说房屋的增值较小，司法实践中审理此类案件并不需要特别关注买方的损失，同时，法律上也没有对此作出相应规范。但是，最近十几年的时间地价上涨太快，不考虑买方的损失显然有失公平的原则，因此有学者提出信赖利益的损失可包括间接损失的主张，具体到农村房屋买卖合同中，则指购买农村房屋的合同无效必然导致买受人丧失与其他人另订合同的机会，结果是买受人无法享有因房屋价格上涨而带来的增值利益。[1] 现在，这一主张基本被司法实务所肯定，本案同样也不例外，法院认为被告的违约给原告造成了巨大的信赖利益损失，该损失即该涉案房屋高额的地价征收补偿。

（2）房屋的补偿。农村房屋的征收补偿是征收方补偿给被征收方的因房屋建造导致的损失，通常有一个固定的标准。早期建造的农村房屋的造价不高，因此在征收时的补偿不多。买方虽然因交易无效丧失了房屋重建的征收补偿利益，但其并无主张权，因为这部分补偿针对的是房屋所有人。

（3）住宅安置过程中的其他费用。一是有关房屋装修、改建、翻建或者扩建的费用的处理。这类费用的处理可以参照一般商品房交易中类似问题的处理单独进行，基本原则是谁出资，补偿谁。因此，本案中法院判决房屋设施如系原告购买被告房屋后添附的，其所有权应属于原告。

二是农村房屋征收过程中的政策性补偿收益。各地为保障征收顺利进行，会规定不同种类的补贴或者奖励。例如在宁波市范围内征收，对困难户

---

① 戴孟勇：《城镇居民购买农村房屋纠纷的司法规制》，载《清华法学》2009 年第 5 期。

专门规定了一项扩户政策。另外，在住宅安置过程中，规定了诸如搬迁费、临时过渡费和搬迁奖励费等费用。这些费用的处理也应单独进行，不应列入信赖利益损失范围。处理的基本原则是：对于基于身份产生的收益只能归身份所有者所有，如针对困难户主的扩户收益，对于基于征收政策产生的收益，又可以具体情况具体分析，如搬迁费、临时过渡费是补助给需要搬迁的人；而搬迁奖励费等费用，由于买卖双方的积极配合才能获得，因此可以均分，以平衡双方利益。本案中，因为征收的具体行为尚未发生，原告对该部分费用的诉讼请求，法院不能支持。

（四）关于农村房屋买卖双方过错责任的界分

1. 各地法院有关过错责任分配的理解

从最近十几年各地法院的判决来看，农村房屋买卖合同无效后，买卖双方各自应该承担多大责任，各地理解大相径庭，下面以我国几个主要城市规定为例进行说明。

（1）上海。2004 年，上海市高级人民法院在《关于审理农村宅基地房屋买卖纠纷案件的原则意见》中规定，对于将房屋出售给本乡（镇）以外的人员，未经有关组织和部门批准，但合同已实际履行完毕，且购房人已实际居住使用该房屋的，若系争房屋已经拆迁或者已纳入拆迁范围的，应在扣除购房人的购房款后，充分考虑购房人重新购房的合理支出，由购房人与出卖人按比例取得补偿款，其分割比例一般可以考虑在 7∶3 左右。

（2）北京。2006 年，北京市高级人民法院在《北京市法院民事审判实务疑难问题研讨会会议纪要》中指出："此类案件成讼多缘于土地增值以及因土地征用、房屋拆迁将获得补偿安置等原因，出卖人受利益驱动而起诉。在合同无效的原因方面，出卖人负有主要责任，买受人负有次要责任。"在具体的判例中，北京市第一中级人民法院审理的一起案件中，法院判决买受人向出卖人返还 20% 的拆迁补偿款。① 这就表明，北京法院认为以 8∶2 比例分配买卖双方的责任是合适的。

（3）青岛。2006 年，山东省青岛市中级人民法院在《关于审理农村宅基地房屋买卖纠纷案件相关问题的意见》规定："宅基地房屋买卖合同被确

---

① 王秋实：《农民卖房后告买主讨拆迁款——法院认定原告违背诚信原则判决买主除去房款后返还 20%》，载《京华时报》2009 年 6 月 12 日第 11 版。

认无效后，依据合同取得的财产应予以返还。不能返还或没有必要返还的，应按照起诉之日宅基地房屋的评估价格折价补偿。合同无效双方均有过错，各自承担责任份额约为50%。"

从我国几个主要城市的规定可以看出，其一，买卖双方担责比例悬殊。从北京的8∶2到青岛的5∶5，买卖双方责任比例相差巨大。据了解，笔者所在的宁波各基层法院，责任承担比例也有很大的差别。其二，不少地方在买卖双方的责任上进行统一规定，不再考虑买卖双方具体情况。例如上海就明确规定买卖双方的责任比为7∶3。

2. 固定责任与浮动责任的论争

固定责任，是指农村房屋买卖双方的责任固定，无论何种买卖情形，均统一适用这一责任比例分担责任；浮动责任，是指规定农村房屋买卖双方的责任幅度，法官在这一幅度内，可以视买卖具体情况适用不同责任比例。在适用固定责任与浮动责任上，司法实务中争论比较激烈。固定责任说认为，农村房屋买卖合同是违法合同，结合实际作出统一责任比例有利于减少案件处理中产生不必要的纠纷，有利于法官顺利结案。浮动责任说认为，虽然买卖双方均违法而为，但完全无视农村房屋买卖合同订立时的具体情况，对买卖双方有失公允，同时，采用浮动责任可以方便法官充分发挥调解职能。

笔者认为，固定责任与浮动责任在司法实践中都有其一定优势，也都存在不少的弊端。虽然农村房屋买卖合同是违法无效的，但是这种违法无效的起因还是多样的，应该作一定的区别。如果采用一刀切的方式，法律的公正公平难以体现。古罗马法学家乌尔比安说"法是善良和公正的艺术"，[①] 为更好体现法的公正的精神，在一定程度上牺牲固定责任结案的效率，并不违反公正与效率这对矛盾之间的关系。

3. 浮动责任相对统一的几点建议

在法律规定上，对买卖双方的责任作主次划分是合适的，因为作为市场主体，农民和城镇居民在交易秩序中的地位是平等的，不能因为农民抵御风险的能力差就认为城镇居民的购房行为是欺诈，而从纠纷现状看，也多是农村房屋出卖人因房屋价格上涨或征收等原因诉诸法院要求确认合同无效，但

---

① 万鄂湘：《从中美诉讼制度比较看司法公正与效率问题》，载中国法院网，www. tyfw. net/dispnews. asp? id = 2483，于2013年12月24日访问。

是在适用过程中，如果没有相对统一的标准，主次划分的弊端可能会无限制的放大。为此，各地法院需要树立共同的理念，采用类似的标准。

（1）大致统一责任分担的比例。从司法实践看，主次责任的划分主要是出售方承担主要责任，买受方承担次要责任，具体比例上以8∶2和7∶3两种责任分担方式比较常见。笔者也认为，采用9∶1或者6∶4的责任分担方式不利于这类案件的处理，难以让买方或出卖方接受，只能作为极个别情况适用，如城镇居民恶意购买或者农村房屋出售时间特别长等原因。

（2）统一责任分担比例的标准。对具体的责任的判断标准，也就是何时采用8∶2比例，何时采用7∶3分担比例，笔者提出以下几点建议：

第一，时间因素。为禁止城镇居民购买农村房屋，遏制炒房现象，国务院办公厅于1999年5月6日专门发布了《关于加强土地转让管理严禁炒卖土地的通知》，该通知明文规定："农民的住宅不得向城市居民出售，也不得批准城市居民占用农民集体土地建住宅，有关部门不得为违法建造和购买的住宅发放土地使用证和房产证。"也就是说，1999年5月以后，城镇居民仍然购买农村房屋，其违法主观恶性相对较大。因此，之前购买的农村房屋在责任分担上更适合采用8∶2比例。同时，双方订立合同的时间越长，越能体现双方订立合同的目的，更深层次反映双方订立合同的善意，当出售方为获利而违约时，其所承担的责任应更多。

第二，身份因素。这里所说的身份因素，是指购买农村房屋一方所具有的农民或居民身份。1999年后，我国法律明确规定城镇居民不能购买农村房屋，但是对于农民之间房屋买卖并未有相应法律规定。我们知道，目前我国法律只肯定了同村农民之间房屋买卖的合同效力，对于不同村农民之间的房屋买卖也作无效认定。但是比较法律对待居民买房与外村农民买房二者之间的态度以及法律在这一问题上宣传的广度，笔者认为，农民之间买房较居民与农民之间买房，作为买方，农民所应担负的责任应更小，适合采用8∶2比例。

第三，购房目的。购买农村房屋，买受方原因可能多样，但是目的一般只有两个，一个是自住，一个是投资。我国人口数量庞大，需要确保18亿亩耕地红线。如果任由投资农村房屋，对我国社会稳定将产生激烈冲击。因此，必须加大打击农村房屋投机力度，对购买农村房屋非为自住原因，其所承担的责任必须不同于买房自住者，最多只能适用7∶3分担比例。为了避免自住的假象，可以限定自住的时间，自住时间越长，其所承担的责任就越小。

第四，政策因素。除法律外，政策对农村房屋买卖具有较强的导向作用，各地为了发展经济的需要，在不影响农村土地利用前提下，有时会适当放开部分农村房屋买卖。例如，在浙江不少地方，为解决劳动力或者发展农村经济需要，允许外来人口购买农村房屋。虽然地方政策与上位法律相背离，但是这种买卖中的购买方并没有主观恶意，因此我们不能在处理这类案件时，让其背负过多的责任。

在划分责任时，上述几个界定因素均可以单独考虑，但是在相互冲突时，如城镇居民购房自住，则需要综合衡量，着力考察购房时的具体原因。

本案在责任的分配上，因为对购房的背景进行了详尽的考虑，因此显得特别合理：一是考虑了购房的时间，判决时刻意提到房屋交易已达 16 年之久；二是考虑到了交易的主体，是在不同村民之间进行。所以，法院判决被告承担了近九成的主要责任，由被告赔偿原告信赖利益损失 55 万元。判决后，被告亦未提起上诉。

三、结语

司法实践中，法院对农村房屋买卖合同纠纷案件合理处置的方法是，具体区分无征收和有征收两种情形。在无征收的情况下，各自返还钱款和房屋，同时评估现有房屋的价值，在过错责任认定的基础上，对增值利益合理分配。在涉征收的情况下，由于面临的情况比较复杂，处断相对困难，需要注意把握以下几个原则进行：（1）结合地方政策确定征收补偿的范围；（2）在确定征收补偿范围的基础上明确买方的信赖利益损失；（3）根据农村房屋买卖的特殊性界分买卖双方过错责任的大小，并以此为基础承担对方的损失。

（本文仅代表作者个人观点）

保险人明确说明义务探究

夏庆锋*

案情概要①

2008年4月29日，中国人民财产保险股份有限公司北京市分公司金融街营业部（以下简称人保金融街营业部）对京Y10892的本田思迪轿车承保，并出具保险单，被保险人为严某某，保险期间自2008年4月30日起至2009年4月29日止，保险险种为车辆损失险、自燃损失险等。保险公司家庭自用汽车损失保险条款责任免除部分第7条第5款约定：自燃以及不明原因火灾造成的损失，保险人不负责赔偿。

2009年2月6日，本案保险车辆停放在含山县环峰镇双圩行政村严山自然村101号住宅前，突然起火燃烧。含山县公安消防大队出具证明：2009年2月6日晚上23点左右，含山县环峰镇双圩行政村严山自然村101号住宅前一辆京Y10892本田思迪车发生火灾，车辆主驾驶室侧后轮至尾部烧损严重。

事故发生后，中国人民财产保险公司含山支公司客服部派员到现场查勘定损，并出具机动车辆保险快捷案件处理单，在查勘人员意见一栏，写明：2009年2月6日，含山县环峰镇双圩行政村严山自然村101号住宅前一辆京Y10892本田发生火灾，驾驶室侧后轮至尾部烧损严重，案发后，立即向"95518"报案，经派人查勘，情况属实；在出险原因中，勾画"火灾"。随后，严某某经人保金融街营业部同意，将保险车辆送至安徽省合肥市某修理

---

* 中国人民大学法学院民商法学博士研究生。

① 案件来源：北京市第一中级人民法院（2009）一中民终字第16923号民事判决书。

厂修理，支付修理费用27500元。严某某据此向人保金融街营业部理赔，人保金融街营业部一直未予赔付，也未向严某某出具拒赔通知书。

严某某遂向北京市西城区人民法院提起诉讼。人保金融街营业部在一审中答辩称：不同意严某某的诉讼请求。根据保险条款第7条第5款的约定及附则中关于火灾的定义，这种情况属于免责情况；根据保险条款第19条第2款、第21款的规定，当事人在理赔时应提供证明火灾原因的资料。

裁判要旨

西城区人民法院认为：保险法中的“明确说明”是指保险人在与投保人签订保险合同之前或者签订保险合同之时，对于保险合同中约定的免责条款，除了在保险单上提示投保人注意外，还应当对有关免责条款的概念、内容及其法律后果等，以书面或者口头形式向投保人或其代理人作出解释，以使投保人明了该条款的真实含义和法律后果。如果保险人违背明确说明义务的，保险合同中免除保险人责任的条款不产生法律效力，即使依据该条款出现了本可使保险人责任免除的情形，保险人仍然要承担相应的责任。

本案所涉保险条款责任免除部分第7条第5款约定，“自燃以及不明原因火灾造成的损失”属于保险人不负责赔偿的免责情形之一。人保金融街营业部对免责条款虽以黑体字标识，但其在同一份保险条款中，对投保人、被保险人义务部分，对赔偿处理部分都以黑体字标识，因标识内容庞杂，不足以引起对方注意，也不能等同于对免责条款的概念、内容及其法律后果所作的解释。综上所述，本案中，人保金融街营业部就自己已尽合理提示及说明义务未提供相应证据证明，因此，没有尽到保险法规定的保险人的“明确说明”义务，上述免责条款无效。严某某在保险事故发生后，对保险车辆及时进行维修并尽快投入使用可以避免损失的扩大，并无不当之处。严某某要求人保金融街营业部赔偿车辆修理费27500元的诉讼请求，理由正当，法院予以支持。判决：被告中国人民财产保险股份有限公司北京市分公司金融街营业部于本判决生效之日起10日内给付原告严某某保险金27500元整。

人保金融街营业部不服北京市西城区人民法院（2009）西民初字第6906号民事判决，向北京市第一中级人民法院提出上诉。其上诉理由和请求是：(1）关于《保险条款》免责条款的效力问题。《保险条款》不是保险公司制定的。本案中保险公司的当事人双方对《保险条款》中免责条款没有特别约定。保险公司对免责条款以黑体字标识，投保人在通常情况下完全可以明了。投保人具备正常的理解能力，完全可以理解免责条款的法律后果。(2) 保险事故发生于2009年2月6日，保险人接到报案后即到现场勘察，也告知了当事人理赔需提供的证明，本案投保人没有履行提供火灾原因证明的义务；保险公司有权要求投保人履行该义务，否则，人保金融街营业部有权拒赔。请求二审法院依法改判，驳回严某某的诉讼请求，并由其承担诉讼费用。

北京市第一中级人民法院认为：严某某向人保金融街营业部投保，建立了保险合同关系，系双方当事人的真实意思表示，且未违背国家相关法律法规的强制性规定，当事人双方均应恪守履行。严某某在投保的车辆发生燃烧并进行维修之后，要求保险公司理赔，保险公司可以“火灾原因不明属于保险公司免责范围”为由，拒绝理赔。现双方争议的焦点问题是，保险合同中规定有免责条款的，保险人是否向投保人进行了明确说明。根据人保金融街营业部提供的现有证据，不能证明其向严某某进行了明确说明。人保金融街营业部在二审答辩中认为“黑体字”即属于明确说明，但其“黑体字”的提示，并不足以引起严某某的注意。人保金融街营业部亦未提供以其他形式将免责条款对严某某进行了明确说明的证据。故严某某的诉讼请求应当予以支持，人保金融街营业部的上诉理由不能成立。综上，原审法院判决认定事实清楚，适用法律正确，处理并无不当，应予维持。判决驳回上诉，维持原判。

评析

《保险条款》中关于火灾不明的免责条款对投保人是否具有拘束力，保险人是否对之已尽说明义务，系本案争议的焦点所在。诉讼中，保险人人保金融街营业部认为相关免责条款已通过“黑体字”的方式进行了提示，足以引起投保人的注意。而投保人则认为，人保金融街营业部没有履行法定的明确告知义务，免责条款不生效。究竟应以何者为支持，需要结合明确说明义务的内涵以及相关规定，具体予以判断。

一、基本内涵：保险人明确说明义务的界定

现行保险法第十七条规定：“订立保险合同，采用保险人提供的格式条款的，保险人向投保人提供的投保单应当附格式条款，保险人应当向投保人说明合同的内容”（第一款）；“对保险合同中免除保险人责任的条款，保险

人在订立合同时应当在投保单、保险单或者其他保险凭证上作出足以引起投保人注意的提示，并对该条款的内容以书面或者口头形式向投保人作出明确说明；未作提示或者明确说明的，该条款不产生效力”（第二款）。习惯上，依据该条两款所规定的说明义务在对象、方式、程度上的不同，而将保险合同订立过程中保险人的说明义务划分为一般说明义务和明确说明义务两种。①

以说明对象为依据，我们可以十分清晰地对两种说明义务作出划分：所谓保险人的一般说明义务，其实即是指保险人在订立保险合同的过程中，对其所提供的格式条款所负担的说明义务；而所谓保险人的明确说明义务，则是指保险人在订立保险合同的过程中，对其所提供的免责条款所负担的说明义务。然而，仅从保险法第十七条的表述来看，二者的差别却并不仅限于此，其至少还体现在：(1) 说明的方式不同，保险法第十七条第一款并未对格式条款的说明方式作出明确的规定，从这个意义上讲，无论保险人采用何种方式，只要能够对其所提供的格式条款起到说明的作用，即可以认为满足了说明义务的要求；② 而对于免责条款，保险法所持的态度则明显不同，第十七条第二款在规定保险人对之负有说明义务的同时，还对说明的方式作出“书面或者口头”的规定。虽然，从实际情况来看，保险人的说明，无论针对于何种条款，大多是书面或者口头的方式作出，但亦不排除其他方式的可能（如在接受询问时的默示肯定等），因此，保险法针对格式条款所作出的明确规定，可以说在一定程度上反映出了其在格式条款说明义务上的谨慎甚至是严厉的态度。(2) 说明的程度不同，相较于其第十七条第一款对“格式条款”说明义务的规定，保险法在对免责条款的说明义务上附着了“明确”的程度要求。虽然，对于何为“明确”以及其具体判断标准，保险理论以及相关裁判实践并未给出一个完整和明确的界定，但是，从立法者的立场和态度来看，以“明确”为界分，其对一般说明义务和明确说明义务的重视程度却是存在明显差别的。(3) 违反义务的效果不同，第十七条第二款明确规定

① 参见傅廷中：《保险法论》，清华大学出版社2011年版，第67页。

② 甚至，还有学者认为，保险人对一般条款的说明程度仅在投保人就一般条款提出问询时，需对此作出明确、完整、客观的解释，即应将该项说明义务限定于单纯的被动性解释义务。换而言之，对于一般条款而言，保险人只是尽了提示的义务。参见马宁：《论保险人说明义务的履行方式与标准——以对我国司法实务的考察为中心》，载《时代法学》2010第4期。

对于“免责条款”，未作提示或者明确说明的，该条款不产生效力；而对于一般说明义务，保险法仅是作出了一种积极的、宣示性的规定，但对于违反义务的效果，却采取缄默的态度。目前学术界对于违反一般说明义务将导致何种后果亦存在分歧：有学者认为，保险人应当对一般条款进行的说明义务仅仅是一种倡导性条款，并没有真正指向法律责任；① 而亦有学者认为，保险法要求保险人具有说明义务是一种实质意义上的说明，必须具有相应的法律后果。② 不得不说，保险法在这一问题上的缄默，一定程度上为一般说明义务的法律适用造成困扰。③

通过以上比较不难看出，所谓保险人的明确说明义务，即是指保险人在订立保险合同的过程中，对于合同的免责条款需通过书面或口头的形式向被保险人明确说明，否则将导致的该免责条款无效的义务。该项义务的产生，首先是为了适应保险活动特殊性的要求，即“保险商品不同于有体商品的核心点在于保险商品内容的抽象性，以及是否能获得保险保障的不确定性，投保人或被保险人存在可能不为保险契约保障的风险”。④ 尤其是随着保险行业的发展，保险人相对于被保险人在资源和知识方面的优势愈发明显，保险合同的定型化、大众化和自由化的程度也越来越高，保险人利用格式条款规避

① 董彪：《保险法判例与制度研究》，法律出版社2012年版，第17页。

② 邢海宝：《中国保险合同法立法建议及说明》，中国法制出版社2009年版，第153页。

③ 笔者认为，对于保险人未对一般条款进行说明时是否造成合同无效或保险人承担额外的赔偿责任等法律后果，应区分具体情况进行分析。当该一般条款不具有太强的专业性，且在保险合同中并不处于核心、重要的位置时，保险人虽未及时进行说明，但对于投保人对该条款的理解、对保险合同的签订等都不会造成负面影响，保险人不应未履行说明义务而承担不利后果。但当该一般条款大量使用专业词汇，如果保险人不进行说明将很有可能误解合同的意思而错误地签订合同，作出不真实的意思表示，或该一般条款对整个合同的签订和履行具有重要意义，应使投保人在完全理解时才能作出是否签订合同的意思表示，而如果保险人不对条款作出说明，普通投保人难以理解。在这些情况下，保险人未进行说明应承担不利后果。而对于明确说明义务而言，在签订合同时保险人违反该义务而没有就免责条款对投保人进行详细的说明，导致保险事故发生时保险人不承担保险责任，或因投保人或被保险人不明确保险人在何种情况下不承担责任而错误签订保险合同时，保险人将承担赔偿责任或其与投保人签订的保险合同不发生效力。

④ 于海纯：《保险人说明义务程度标准研究》，载《保险研究》2008年第1期。

责任、推卸赔偿的现象也在不断增多。因而，出于对投保人、被保险人和受益人利益的保护，防止保险人利用其单方面制定格式条款的机会将一些不合理的免责条款加入到保险合同中，并减少保险人和投保人、被保险人、受益人之间的期待差距和对条款的理解分歧，保险法不免要就免责条款苛加给保险人更为严格的说明义务。① 另外，就其效力的来源上看，保险人的明确说明义务应是源自于保险法中最大诚信原则的要求。由于保险市场较之于一般民事活动具有的特殊性，需要更高、更为严格的诚信程度，因此很多国家在保险立法时都将民法的原则加以强化，提升为绝对诚信原则，又称为最大诚信原则。② 最大诚信原则起初主要是约束投保人的工具，要求其对投保事项尽到充分的如实告知与履行保证的义务。而发展至现代，保险法的诚信原则由单方面约束投保人或被保险人延伸到同时约束保险人，保险人明确说明义务的产生正是这种追求权利义务均衡的结果。③

二、适用要点：说明义务的范围与标准

在具体适用的过程中，特别是当已经引发纠纷诉至法院（如本案的情形）时，对于保险合同中的争议条款是否需要明确说明，以及保险人是否已经明确说明，常常成为争议的焦点。而且，作为保险关系中优势的一方，保险人总是借助其资源和知识的优势，尽可能地回避明确说明义务所可能带来的负担。因此，无论是从方便裁判，促进纠纷解决的角度来看，还是就提高规则的可操作性，敦促保险人认真履行说明义务来讲，明确保险人明确说明义务的范围和说明的标准，都具有十分现实的意义。

（一）明确说明义务的范围

对于明确说明义务范围的理解，实际上是对免责条款范围的理解。免责条款有广义和狭义之分：广义上的免责条款是指一切免除保险人责任、限制保险人责任、对投保人或被保险人施加特别义务的条款；④ 而狭义的免责条款则是指保险合同中单对责任免除进行规定的部分条款。合同条款是否属于

---

① 参见任自力、周学峰：《保险法总论》，清华大学出版社 2009 年版，第 156 页。

② 贾林青：《保险法》，中国人民大学出版社 2009 年版，第 65 页。

③ 江朝国：《保险法基础理论》，中国政法大学出版社 2002 年版，第 354 ~ 355 页。

④ 曹兴权：《保险缔约信息义务制度研究》，中国检察出版社 2004 年版，第 225 页。

免责条款与该条款在保险合同中所处的具体位置并没有必然的联系。换言之，免责条款并不仅仅限于保险合同中的责任免除部分，其他涉及要被保险人负担责任、加重投保人责任、减轻保险人责任的条款也属于免责条款。对于这些条款，保险人应当负有明确说明义务。通常认为，在保险条款中，可能涉及保险人责任承担的条款包括：被保险人范围条款、保险责任条款、责任免除条款、保证条款、专业术语的释义条款、程序条款、合同生效性条款、解除条款、被保险人义务条款等。[①] 对于保险合同中的上述条款，若出现有减免保险人责任的情形或可能，则保险人便应对之负有明确说明的义务。而由此可见，在本案情形中，保险合同内关于"自燃以及不明原因火灾造成的损失"属于保险人不负责赔偿的免责情形之一的约定，自应属于格式条款并落于保险人明确说明义务的范围无疑。

此外，当投保人与保险人经过认真磋商达成一致意见后，特别约定的免责条款是否也应由保险人进行明确说明？学者的观点多有不同，有学者认为，如果特约条款以免责、限责、对投保人或被保险人施加其他义务为内容，则保险人仍须就此履行明确说明义务。[②] 这是对一般情况下处于弱势地位的投保人进行的倾向性保护，但是否确有必要值得商讨。诚然，保险法要求保险人负有明确说明义务，目的在于平衡投保人在对专业知识的掌握和缔约地位上的劣势处境，因为签订合同而制定的格式条款多由保险人一方之前已拟定完成并提供，投保人没有太多的话语权。而特约条款不同于一般格式条款的地方在于其是投保人与保险人在经过长期讨论和协商下完成的，投保人对整个特约条款都完全了解，在充分考虑到其自身利益后才和保险人签订合同。所以，如果保险人并没有利用其优势地位与投保人签订特约条款，其对该条款包含的免责条款并不负有明确说明义务。也就是说，对免责条款明确说明义务的范围不应包括特约条款，而只限定于格式合同条款。

因此，法院在裁判时，对于认定保险人是否在明确说明义务的范围内适当履行，应考虑两个因素：第一，保险人不能仅就狭义的免责条款，即保险合同中的责任免除部分进行说明，其他涉及被保险人负担责任、加重投保人责任、减轻保险人责任的条款也应进行说明。第二，对于已经经过投保人与

① 张雪楳：《保险人说明义务若干问题探析》，载《法律适用》2010年第8期。

② 韩长印、韩永强：《保险法新论》，中国政法大学出版社2010年版，第62~63页。

保险人认真磋商达成的特别约定的免责条款，投保人对该部分条款的内容已充分了解，即使保险人没有进行说明，法院也不能认为保险人没有履行明确说明义务而要求其承担不利后果的责任。也就是说，保险人应当对属于广义的免责条款的内容承担明确说明的义务，但不包括特别约定的免责内容。

（二）明确说明义务的标准

对于上述免责条款，保险人是否已经尽到明确说明的义务，其判断标准主要涉及两个方面，说明的方式以及明确说明的程度。而在既往的司法实践中，这两者因缺乏明确和具有操作性的标准，往往成为诉讼双方争议的焦点和法官裁判的难点。

1. 说明方式

依据保险法第十七条第二款的规定，保险人对于保险合同中免责条款的说明，可以采取“书面”或者“口头”两种方式。而从司法实践来看，书面形式因为附着于固定的载体，具有更显的证据效力，往往更获提倡。只是，在书面说明的情形下，其与提示相区分不能忽视。依据第十七条第二款的规定，对于免责条款的明确说明义务，应该分为两个层次来理解：一是指对于保险合同中免除保险人责任的条款，在订立合同时应当在投保单、保险单或者其他保险凭证上作出足以引起投保人注意的提示；二是指除了引起投保人注意外，保险人还要以口头或书面的形式向投保人作出明确的说明，否则将导致免责条款无效的法律后果。也即意味着，对于保险合同中的免责条款而言，仅是采用加黑（如本案情形）、变色、更换字体或者单独罗列等方式对其所作的标注，其实仅是完成了说明义务中的提示性要求，而不能将之等同于说明义务的完成。而且，从明确说明义务的目的来看，其主要在于通过说明的方式以降低因保险条款的高度的专业性而使相关知识储备缺乏的投保人降低投保选择时所可能面临的风险。但十分明显，仅对免责条款作如上的标注和提示，远无法满足这一要求。其实，早在2000年，最高人民法院即对审判实务中的说明义务作出了批复，认为明确说明是指保险人对于免责条款，除了在保险单上提示投保人注意外，还应当对有关免责条款的概念、内容及其法律后果等，以书面或者口头形式向投保人作出解释，以使投保人明了该条款的真实含义和法律后果。[①] 也就是说，作为对明确说明义务的履行，无论其是以书面抑或口头形式作出的，其都不应仅停留在标注、提示的层面，而必须包含如上的内容。

诚如上文所提到的，实践中保险人往往会使用书面的方式进行解释，但是以书面解释履行说明义务，并不能免除必要的口头说明义务。[②] 因为，对于合同条款内容单纯地利用书面方式进行解释并不能使投保人很好地了解，考虑到保险合同具有较强的专业性和投保人的平均认知能力，应由保险人进行口头说明。但由此产生了另一个问题，即如何证明保险人是否进行了口头说明。口头说明并不像书面说明那样有现实的载体，因此在产生纠纷时存在举证困难。保险人可采取现场录音或录像等方法将口头说明记录下来，在之后的诉讼中可将此作为证据证明自己已履行明确说明义务。而在实践中，保险人往往会以成本过高为由而不进行录音录像，笔者认为，此时法院可以保险人无法提供有效证据为由而裁判其承担不利后果。原因在于，保险人当初不采取录音等行为时就已考虑到可能造成举证不能的后果，应承担相关责任。

2. 说明程度

与说明方式相比，关于说明程度的判断则更是汇聚了众多争议的“战场”。2009年修订的保险法并没有就保险人的明确说明义务提出实质标准，而在保险实务和司法实践中都需要有一个统一的标准对明确说明义务的说明程度进行约束。[③] 研究明确说明义务的说明程度，学界的观点主要体现在以下三个方面，即以保险人的理解为标准、以投保人的理解为标准和以合理的第三人为标准。[④] 以保险人的理解为标准，是指不考虑投保人在主观上是否真正理解了保险合同条款的内容，只要保险人认为已就合同条款的相关内容向投保人作了合理的解释说明，就认为保险人履行了说明义务，即以保险人的理解为标准。这实际上将投保人了解保险知识的水平与保险人相当，其结果容易造成保险人权利的滥用，使投保人处于劣势地位，并违反了最大诚信

① 梁鹏：《新〈保险法〉下说明义务之履行》，载《保险研究》2009年第7期。

② 温世扬：《保险法》，法律出版社2007年版，第39页。

③ 樊启荣：《保险法学》，高等教育出版社2003年版，第176页。

④ 徐卫东：《商法基本问题研究》，法律出版社2002年版，第399页。

原则。以投保人的理解为标准，即以投保人对合同条款的理解作为标准，要求保险人对每一个投保人就保险合同内容进行说明，并以投保人的主观理解来判断保险人是否履行了明确说明义务。但在实践中，与保险人签订保险合同的投保人各不相同，对保险合同条款的理解水平也参差不齐，无形中增加了保险人的说明义务。此外，以投保人的理解为标准，还会诱发道德风险，为投保人进行欺诈提供机会。而以合理的第三人为标准，指在一般情况下对保险合同条款具备通常理解能力为标准。此处的第三人是指除保险从业人员和监管人员外，具有普通知识水平的理性第三人。这种标准弥补了主观说和客观说只保护保险合同一方当事人利益的弊端，正如徐卫东教授所言，“理性外行人”标准既侧重于弱势地位的投保人保护，又维护保险人正常的营业基础，能够在衡平的基础上给予双方当事人以适当的保护，应是立法发展的趋势。① 即便是在司法实务中，法院对保险人是否已尽明确说明义务也存在分歧。有法院认为，保险人只需对免责条款作出明确、完整、客观的解释即可认为其已善尽解释义务，而投保人能否理解则在所不问；但也有法院认为，保险人的解释还必须使投保人正确理解免责条款，即保险人必须承担使投保人正确理解保险条款的义务。②

以实际为论，笔者认为，在一般情况下，可采用合理第三人的标准，但当投保人为聋哑人或文盲，且保险人允诺为其承保时，不应再采用合理第三人的标准，而应采用“投保人理解”为标准。其原因在于，文盲等人为特殊人群，其必然享有购买保险的权利，此时保险人享有选择权，即答应或拒绝承保。当保险人认为其按照“合理第三人”标准履行说明义务会侵犯到投保人利益时其可拒绝承保，但当保险人愿意为其承保时，应按照“投保人理解”的标准履行明确说明义务，否则投保人将处于极其不利地位，其合法权益势必遭受侵害。

三、修法建议：强化保险人的明确说明义务

上述案例说明，保险人在履行保险法规定的明确说明义务时，往往会采

① 徐卫东：《商法基本问题研究》，法律出版社 2002 年版，第 393 页。

② 马宁：《论保险人说明义务的履行方式与标准——以对我国司法实务的考察为中心》，载《时代法学》2010 第 4 期。

取不说明或只是流于形式的手段敷衍投保人，违背了对投保人的权利进行保护的法律精神。因此，保险法律应对保险人的说明方式进行实质性的改变，同时降低保险条款的专业化程度，使一般投保人的理解能力能够掌握其意思和目的。

（一）明确免责条款的说明方式

保险人并不需要对被保险人面对的所有意外风险都承担责任，而是仅对其与投保人订约时选择的风险承担责任，保险事故的范围决定着保险人的责任范围。保险人仅以保险合同约定的保险事故，对被保险人或者受益人承担保险责任。对保险标的因保险事故以外的原因所发生的任何损失或者不利益，保险人均不承担保险责任。① 保险合同的免责条款具体包括：基本险和附加险中的免赔率、免赔额和除外责任条款，投保人、被保险义务及违反义务的法律后果条款。② 为了避免保险人不履行明确说明义务，或者对免责条款不适当履行明确说明义务，保险法应提出具有操作性的、实质性的、清晰的法律要求：

1. 利用特殊标识

在一份格式化的保险合同中，会有大量的保险条款，保险人在对投保人进行细致的说明时，还可以利用特殊标志将重要条款和免责条款进行强调，例如黑体加粗、加框、增大字号或采用红色、蓝色等不同颜色进行标注，使之区别于其他保险条款，强化投保人的意识，引起其注意，便于投保人对保险合同中重要信息的把握。

2. 增加书面解释

保险法规定保险人要对免责条款的规定进行书面说明，但具体标准并未规定。这极易造成一个问题，即保险人用专业性的词汇解释专业性的条款，最后投保人还是不知所云。因此，笔者认为，法律应增加对保险人进行书面解释的要求，在签订保险合同时，保险人应当对免责条款和其他投保人难以理解且对保险合同具有重要意义的条款提供书面解释。而且，这些书面解释应为投保人平均具有的理解能力所接受，在准确解释合同条款的同时，尽量

---

① 常敏：《保险法学》，法律出版社2011年版，第51页。

② 李理：《对〈保险法〉第17条的实证分析》，载《天津市政法管理干部学院学报》2000年第2期。

少使用生涩词语。

3. 完善口头说明

保险人往往在推销保险产品时会不厌其烦地向投保人进行口头宣传，而在签订合同时，对保险合同的免责条款却含糊其辞，即使投保人对其含义提问时，保险人也不进行准确的说明。因此，法律应明确规定，在投保人对免责条款提出疑问时，保险人负有强制性的针对问题进行口头解释和说明的义务，否则将承受不利后果。

4. 对免责条款进行单独签收

免责条款与其他条款不同，规定了保险人责任的免除，直接关系到投保人的利益。因此，保险人应将免责条款内容单独印出向投保人解释说明，待投保人同意并签字后，免责条款才能加入到保险合同中，保险合同才能生效。

5. 投保人声明

现实生活中很多业务的办理都需要申请人声明，例如办理信用卡、办理护照等。在保险合同也可以借鉴使用，在投保单上印制如下内容："本人已阅读并准确理解保险合同全部条款，其中的免责条款已由保险人采取书面及口头方式向本人明确说明，对所有保险合同条款所有内容本人已充分了解，并同意将所有保险条款加入保险合同中。"投保人在写下这段话之后还需签章方可生效。

（二）降低保险条款的专业化程度

在保险实务中，很多种类型的保险合同都会大量地使用保险学、法学、经济学等专业词汇，远远超过了投保人理解的平均水平，甚至投保人将其比作无人能懂的"天书"。[①] 保险是能够分散风险的重要手段，而由于保险条款的生涩使大量的投保人不愿购买保险，既不利于分散投保人的人身、财产风险，限制了保险公司自身的发展，也容易产生保险合同双方当事人信息不对称的问题。保监会早在 2006 年颁布的《推进人身保险条款通俗化工作指导意见》就提出，要"积极推进条款通俗化工作，使人身保险条款语言通畅、语句通顺、文字浅显易懂、内容完整，便于消费者理解"，同时要求

① 张艳丽：《保监会限令废除"天书条款"》，载《北京青年报》2004 年 4 月 23 日。

"寿险公司在制定人身保险条款时，应尽量减少生僻术语的使用，应在条款释义中以浅显的非专业语言进行解释"。当然，对于财产保险合同，一样需要对保险条款进行通俗化修改。

具体措施如下：第一，在制定保险条款时，尽量使用简单明了的短句，避免长难句的出现；第二，确实无法避免使用长句时，尽量不要使用专业性词汇，利用意思相近、使用率较高的普通词代替生涩词；第三，对于保险条款中难以理解的部分，可增加文字解释的篇幅，尽量做到使投保人可以全面地理解其含义；第四，必要时保险人应适用口头解释的方式，对投保人的问题进行解答，尽量使投保人作出真实的意思表示。①

当然，对于续保合同、非消费性保险合同免责条款和法定免责条款，保险人无需另行增加书面解释，但仍须履行利用特殊标识强调免责条款、完善口头说明义务、单独签收免责保单和提供投保人声明的义务。此外，除了现行保险法第十七条对保险人明确说明义务进行规定外，还需要保监会对保险人具体的说明进行规定，切实监督保险人对法定义务的履行情况，保证其实施效果。

四、结语

由上述案例可知，保险人的逐利性使其最大限度地回避法律制度的规定，虽可能侥幸获得额外的收益，但一旦发生保险事故，产生纠纷，最终要承担不履行义务而产生的法律责任。其结果既侵害了投保人的权利，增加了其维权成本，也使保险人承担更多的经济支出，限制保险业的发展。如果法律对保险人的明确说明义务进行更加细致的规定，使其无法进行规避，而投保人在充分了解保险条款后，选择投保或不投保。在事故发生后，投保的按照规定进行赔偿，没有投保或不符合赔偿规定的则不予赔偿，这样不仅维护了投保人对财产或人身享有投保的权利，也明确了保险人的权利义务，促进保险业向着健康积极的方向发展。判

（本文仅代表作者个人观点）

① 孙蔓丽、陈晋平：《论保险合同的可读性设计》，载《保险研究》2004年第10期。

保险代位中的再保险金扣除问题研究

陈岳瑜*

案情概要

案例一①

泰安产物保险公司（原告）承保飞凡公司向台北瓦斯公司（被告）承租建筑物之营业装修、营业生财及机械设备之商业火灾保险附加水渍险，保险期间自2001年9月28日起至2002年9月28日止。台北瓦斯公司于2001年11月12日雇请施工人员，施工人员进行大楼楼顶之空调排水系统工程时，应注意先执行断水断电工作，而后始能执行切除冷却循环水管工作，但施工人员及台北瓦斯公司在场人员竟疏未注意，造成切除冷却循环水管时，大量水自水管溢出，并沿管线设置路径流入楼下飞凡公司的屋内，致飞凡公司机械设备受损，损失金额达新台币700万元。原告泰安产物保险公司依保险契约赔偿飞凡公司后，依据“保险法”规定取得代位求偿权，主张可以行使飞凡公司对台北瓦斯公司之权利，而向其求偿。

案例二②

优派国际公司与长荣公司（被告）签订运送契约，委托长荣公司自马来西亚运送计算机屏幕至印度，装于货柜。承载船舶于新加坡至印度途中搁

---

* 中国人民大学法学院民商法学博士研究生，台湾地区执业律师。

① 改编自台湾地区台北地方法院91年度重诉字第1820号民事判决。

② 改编自台湾地区台北地方法院90年保险字116号民事判决；台湾地区“高等法院”92年度保险上字第60号。

浅，使该货柜内之货物全部灭失，货主因此受有400万美元之损失，中央产物保险公司（原告）为毁损货物之保险人，已赔偿并已受让对长荣公司因货物损失之所有权利，依“保险法”、运送契约及载货证券等，请求被告给付美金400万元。

在上述两案例中，被告对原告所陈述的事实及其主张代位求偿的权利并无异议，但都主张：原告保险公司已向再保险公司投保，代位求偿的损害赔偿金额，应扣除再保险公司已给付的再保险给付。

裁判要旨

案例一

台湾地区台北地方法院审理认为，泰安产物保险公司（原告）就其所承保的飞凡公司上述建筑物的营业装修、营业生财及机械设备的火灾附加水渍的危险，再向中央再保险公司投保，与原告和飞凡公司之间所订立的保险契约乃不同的保险目标及保险契约。原告与中央再保险公司之保险契约是一种补偿损失的契约，故以应原告实际所受的损失为保险赔偿的内容。后台北瓦斯公司（被告）上诉，上级审维持原判。

案例二

台湾地区“高等法院”审理认为：按照保险惯例，均将求偿所得金额，依各再保险人之认受成份，摊回给各再保险人。故原保险人中央产物保险公司（即被再保险人）可先全额行使代位权，后再依照再保险之比例摊还，故原保险人应可向长荣公司请求理赔金额全部，无庸扣除再保险人后为之给付。后长荣公司（被告）不服上诉，后上级审驳回上诉，维持原判。

评析

于保险惯例，保险公司多将过度集中的危险，再度移转予再保险公司，以期将危险二次分散于再保险公司。而在上述案例中，原告与被告之间所争论的议题，也是再保险活动中常见的问题，即在保险人已将所承保的危险按一定比例转给再保险人的情况下，若保险公司给付保险金于被保险人后，依法向应负责任的第三加害人求偿时，是应扣除自己从再保险人处所领受的再保险金（下称扣除说），还是可连同再保险公司之部分一并求偿代位（下称摊回说）？以学说为检视，无论是扣除抑或摊回，皆有其理论的依据。而从两岸的裁判实践来看，两种立场也已获有支持。然而，面对两种对立的态度，裁判应作何选择，笔者希望在充分梳理和分析现有学说和实践的基础上，为之寻得较为妥当的解答。

一、学说中的争议

（一）摊回说的理由

以两岸现有的学说为检视，保险法学者中在再保险金扣除问题中持摊回说者为多数。观其理由主要有二：

首先，再保险人代位不符合效率原则。学者认为，① 再保险的主要功能在分散风险，保险人为分散危险的需求，得视其个别计划而运用各式再保险型态以为安排，加上各分保公司业务的承做及核保水平不一，再保险契约又多为国际性合约，使再保险契约具有高度专业性和技术性。以合约再保险中的超过赔款率的再保险（Excessof loss Ratio Reinsurance）为例，再保险人是就原保险人已发生之赔款率超过约定百分比并仅就超过部分负责之契约，倘肯认再保险人行使保险代位，将使再保险关系错综复杂，并无必要。另外，实务上常见保险人向数家保险公司投保再保险以分散风险，抑或再保险人复以其所承保之危险分保其他再保险人的现象，如肯认再保险人得行使代位权，一则对分散在世界各地之再保险人而言，要分别行使代位权，事实上不可能，亦不经济，对应负民事责任之第三人而言，则因再保险人行使代位权而疲于奔命，造成负担。二则就再保险人与再保险人间代位求偿之范围与额度如何行使及分配，亦成问题。再保险乃原保险人将其所承保危险责任中的部分或全部，分由他保险人承担，而为原保险人与承受风险移转的再保险人间，基于其个别计划及需求所为分散风险的保险契约关系，与原保险契约两相独立，即便再保险契约为属于损害保险性质之责任保险契约，亦不应有保险代位制度之适用，当无以保险代位法理，而影响保险人代位求偿范围之理。反之，倘肯认再保险有保险代位之适用，原保险人向第三人行使代位求偿时，其代位求偿之范围应扣除再保险给付之金额，将使应负终局责任之第三人，因原保险人有再保险之安排而免除部分责任，而再保险向第三人代位

---

① 参见江朝国：《保险法基础理论》，台湾地区瑞兴图书公司 2009 年版，第 506 ~ 509 页；江朝国：《保险法逐条释义》（第一卷），台湾地区元照出版有限公司 2012 年版，第 977 ~ 978 页。

求偿之行使与代位范围之厘定，更因再保险涉外性、技术及专业性之本质，徒增困难，越形复杂，其结果，反使第三人因再保险受有利益，有悖于保险代位维持第三人损害赔偿义务之旨，岂不荒谬！更何况再保险契约之订立，乃原保险人与再保险人为转嫁承保责任所为内部商业风险关系，不应影响原保险人与第三人间原保险契约所生代位求偿等外部关系，自不待言。

其次，扣除再保险金有悖于再保险的制度目的。台湾地区学者林群弼认为，保险人代位权之四大作用为：（1）被保险人不当利得之禁止；（2）防止加害第三人之逃避责任；（3）确定保险人之给付义务；（4）降低保费，减轻投保大众之负担。故防止加害第三人之逃避责任，本为保险人代位权目的之一，若将保险人所得求偿之范围扣除其从再保险人处取得之金额。而以保险人实际负担之赔偿额为限，势将造成加害第三人逃避责任之现象，有违保险代位立法之目的。① 施文森、桂裕、陈继尧等学者也认为，赔偿金指保险人对被保险人事实上所给付之赔偿额，非指保险人实际自行负担之赔偿额。若不为如是之解释，岂非使侵权行为之第三人成为再保险人之受益人，而导致极荒诞之结果。② 樊启荣则建议，在原保险人与再保险人对第三人均具备请求权代位时，由原保险人合并行使后，再摊回给再保险人，不仅符合再保险之国际惯例，切合再保险实务运作所需，而且，除了给予原保险人与再保险人保障外，更可兼顾第三人之利益。在立法政策上，宜采由原保险人合并行使为优先；若原保险人无代位求偿意愿时，再由再保险人直接代位。③

（二）扣除说的见解

虽然，现有学说大多承认原保险人不扣除再保险金，就其向被保险人给付范围内，全额向第三人代位，但是，亦有少数不同见解认为应扣除保险人从再保险人处取得之再保险金，其理由大体包括如下两个方面：首先，再保险属于责任保险，就以再保险人与原保险人的关系而言，再保险人可以说是

---

① 林群弼：《保险法论》，台湾地区三民书局2009年修订3版，第306页。

② 施文森：《保险法总论》，台湾地区三民书局1990年第9版，第206～207页。桂裕：《保险法》，台湾地区三民书局1990年第4版，第105页。陈继尧：《再保险论：当前趋势与各型态研究》，台湾地区三民书局1993年第7版，第27页。

③ 樊启荣：《论再保险合同之法理构造》，载《中南财经政法大学研究生学报》2010年第3期。

责任保险的保险人，而保险人是归其所保险的人。保险法关于代位权的规定中所谓的保险人应广义地包括再保险人。原保险人于赔偿被保险人损失后，获得代位权，此亦同样适用于再保险中。① 其次，原保险人除可依保险代位向加害人请求损害赔偿外，也可依再保险契约向再保险人请求理赔，若此时加害人的损害赔偿责任不因原保险人是否有再保险而受影响，则难免产生双重给付的不当得利。②

二、实践中的分歧

如案例所示，保险代位中再保险金的扣除与否，并非纯粹的理论争议，在裁判以及保险行业的实践中，对这一问题的分歧也不小。以台湾地区的司法和实务经验来看，保险业界对“摊回”一说抱有极大的坚持，而在司法裁判的层面，各级法院却态度不一，其中“最高法院”似乎表现出对“扣除”较明显的偏好。

（一）保险实务中的“摊回”惯例

据台湾地区“高等法院”96 年度保险上更（一）字第 14 号民事判决所载，法院在相关案件的裁判中曾向德商慕尼黑再保险股份有限公司台北联络处、伟信保险经纪人股份有限公司、瑞士商瑞士再保险股份有限公司台湾分公司、中央再保险股份有限公司等再保险公司，调查“保险法”第 53 条之保险惯例时，再保险公司分别函覆如下：

德商慕尼黑再保险股份有限公司台北联络处函覆：“再保险契约仅存在于再保险人与原保险人之间，不仅再保险人对原保险契约之被保险人无再保险费的请求权，原保险契约之被保险人对再保险人亦无赔偿请求权。原保险契约与再保险契约既为两个独立而不相同之契约，原保险人对原保险契约之被保险人所主张之权利，再保险人并无法自动取得或径行主张。因此，本公司于再保险金给付给保险公司后，并不会自行代位向第三人请求损害赔偿；此亦为再保实务惯例。另基于国际再保实务，原保险人于理赔原保险契约之

① 刘宗荣：《新保险法：保险契约法的理论与实务》，台湾地区翰芦图书公司 2007 年版，第305～306 页。

② 尹章华：《保险契约法专论》，台湾地区文笙书局股份有限公司 1991 年版，第 115～116 页。

被保险人后，自再保险人处依再保比例取得再保险赔款，而向第三人行使代位权并获取赔偿时，应按再保比例，将所得赔偿摊还与再保险人。此为基于最高诚信原则之商业习惯，及同一命运之具体表现，故保险公司就给付给被保险人之全部理赔金向第三人行使代位权而有所得时，亦应将所得依再保比例摊还给本公司。”

伟信保险经纪人股份有限公司函覆：“保险公司依保险契约给付理赔金后，得向所有参加再保契约的再保险人，就其给付之理赔金，按再保比例请求分摊；但上述再保险人均不得向肇事之第三人请求损害赔偿。盖再保险契约与原保险契约为分别之两个契约，再保险人与原被保险人之间，并没有任何契约上的相对当事人关系。保险公司于行使代位权而有所得时，必须将所得依再保险比例摊还给相关的再保险人。”

瑞士商瑞士再保险股份有限公司台湾分公司函覆：“一般再保险实务，再保险公司依约于给付保险公司再保险赔偿金后，并不自行代位向第三人请求损害赔偿。另，保险公司向第三人行使代位权而有所得时，依照再保险契约，应将所得依再保比例摊还给再保公司。”

中央再保险股份有限公司函覆：“本公司于再保险金给付给保险公司后，不会自行代位向第三人请求损害赔偿。保险公司就给付给被保险人之全部理赔金向第三人行使代位权而有所得时，须将所得依再保比例摊还给本公司。依据再保险合约之约定办理。须将所得依再保比例摊还给本公司之原则适用于本公司与任一家保险公司所订之再保险合约。上述之说明确为再保险业之国际惯例。再保险公司不自行代位向第三人请求赔偿之惯例形成之主要理由可归纳如下：(1) 再保险方式得量身定作：再保险方式可以为比例性再保险，亦可以为非比例性再保险，对于保险人代位求偿所得之摊回方式亦不相同，详下列所述。(2) 再保险具有国际性：再保险人通常散处世界各地，尤以巨额保险业务之再保险为然。如有代位求偿情形，倘要求世界各地各再保险人分别就其参与成份行使代位权，则徒增作业上之困难，且于事无补。(3) 可以疏减讼源：如有代位求偿情形，集中由原保险人一并行使，可以避免各再保险人分别就其参与成份行使代位权之各个诉讼，少则三、五个，多则数十个，甚至上百个，对于加害之第三人亦可节省诉讼费用。由保险代位之立法理由可推知，第三人既不因被保险人订有保险契约而免除其损害赔偿责任，则其赔偿责任亦不因原保险人与再保险人订有再保险契约而获得减免。否则有使加害之第三人因有再保险契约之存在而取得不当得利之嫌，亦不符合衡平原则。代位权，系‘保险法’所赋予，而且赋予之对象为原保险人，至于再保险人于分摊赔款给原保险人后，如原保险契约有应负责之第三人时，有无法定代位权，法律并无明文规定，因此，仅能于再保险实务上探讨之。从实务方面言之，倘于原保险契约被保险人因保险人应负保险责任之损失发生，而对于第三人有损失赔偿请求权者，则原保险人于给付赔偿金额后，即可依再保险合约之约定，向再保险人请求依其参与比率摊赔，并于其赔偿金额范围内（包含再保险人摊赔金额）代位行使被保险人对于第三人之请求权，然后再将代位求偿所得金额，依再保险人参与再保险合约之比率，摊回给再保险人。亦即第三人之损害赔偿责任，并不因原保险人另订有再保险合约而受影响，原保险人既应将代位求偿所得金额依比率摊回给再保险人，亦无不当得利之情形。一般于再保险契约中，通常亦未订立代位求偿条款，充其量仅在赔款条款中加入保险人处理任何赔案之残值或追偿所得，均应摊还再保险人之约定而已。”

由上可见，保险业界确有原保险人就其给付予被保险人之全部理赔金额向第三人代位请求，而后再依再保比例摊还予再保险人之商业惯例。依保险行业的一般理解，再保险契约之目的系在分散原保险人所承保之危险，原保险人仍须支付再保险契约之再保险费用，再保险人于原保险所投保之事故发生时即须对原保险人承担其摊赔责任。故再保险人分摊赔偿责任给付分摊之保险金额，系因保险人缴纳再保险费用所致，自难认系为侵权行为人之利益而投保。据保险业的惯例，在比例再保合约中，被再保人于行使代位求偿权后，即应将求偿所得金额，依各再保险人的认受成份，摊回给各再保险人，如有理赔费用，各再保险人亦应分担。故原保险人应可请求对被保险人理赔金额之全部，不须扣除再保险人所为之给付。

（二）摊回说的司法实例与理由

在台湾地区的司法实践中，关于摊回说的案例不乏其见。除作为案例二原型的台北地方法院 90 年保险字 116 号民事判决和台湾地区“高等法院”92 年度保险上字第 60 号民事判决外，在台湾地区“高等法院”96 年度保险上更（一）字第 14 号民事判决中，法院基于再保险公司的回复也认为，再保险人于原保险契约所承保之危险事故发生时，即须对原保险人承担其摊赔责任，原保险人须支付再保人再保费，又依保险业国际惯例，在比例再保合约中，被再保人（即原保险契约之保险人）于行使代位求偿权后，即均将求偿所得金额，依各再保险人之认受成份，摊回给各再保险人，如有理赔费用，亦均再向再保险人要求分摊。对摊回说抱以了积极肯定的态度。

此外，台湾地区“高等法院”94年保险上字第25号民事判决也认为，被保险人因保险人应负保险责任之损失发生，而对于第三人有损失赔偿请求权者，保险人得于给付赔偿金额后，代位行使被保险人对于第三人之请求权；但其所请求之数额，以不逾赔偿金额为限，“保险法”第53条第1项定有明文，而所请求之数额以不逾赔偿金额为限，其中赔偿金额系指保险人对被保险人事实上所给付之赔偿金额，非指保险人实际自行负担之赔偿金额，否则侵权行为人成为再保险契约之受益人。又按损害赔偿只应填补被害人实际损害，保险人代位被害人请求损害赔偿时，依“保险法”第53条第1项规定，如其损害额超过或等于保险人已给付之赔偿金额，故得就其赔偿之范围，代位请求赔偿，如其损害额小于保险人已给付之赔偿金额，则保险人所得代位请求者，应只以该损害额为限（“最高法院”65年台上字第2908号判例意旨参照），亦阐释“保险法”第53条系指保险人得就其已给付之赔偿金额代位请求赔偿，且再保险人系代位原保险人之权利，而非代位原被保险人之权利，故再保险契约与原保险契约系独立存在，有无再保险契约，均不应影响原保险人之代位权利（“最高法院”61年台上字第3120号判决参照），况且，保险公司得将代位追偿所得按比例摊回再保险公司，亦有再保险公司函可稽，是以在有再保险的情形，原保险人依法对第三人行使代位求偿，应无须扣除所受之再保险给付。①

而在中国大陆地区，则有《浙江省高级人民法院关于审理财产保险合同纠纷案件若干问题的指导意见》第二十六条主张，保险人代位金额不应扣除再保险给付部分，再保险人向保险人给付保险赔偿金后，不直接对第三者行使保险代位权，只能根据再保险合同请求保险人将其代位取得的赔偿金进行

① 台湾地区“高等法院”台中分院90年度保险上字第9号民事判决亦基本采此种见解。

分摊。①

（二）台湾地区“最高法院”对扣除说的偏好

虽不为再保险惯例所容，但在台湾地区，关于保险代位中再保险金扣除的司法判例却依旧可见。除上述案例一外，更还有“最高法院”两则判例作为代表。而且，与保险业的惯例以及上述地方法院以及“高等法院”的判例不同，在“最高法院”判例中，不难看出其对于扣除说的比较明显的偏好。

台湾地区“最高法院”69 年度台上 1549 号民事判决认为，上诉人保险公司依“保险法”第 53 条第 1 项规定，据以代位请求上诉人王某赔偿损害，自属正当。经核保险目标物，其净损分别由公证公司清点，陈某部分既为 882113 元，江某部分为 849530 元，惟依“保险法”第 53 条第 1 项但书之规定，保险人得代位请求者，以不逾赔偿金额为限。上诉人保险公司固已将上述赔偿金分别给付陈某及江某，但上诉人保险公司已由再保险人取得再保险金额之给付，计陈某部分为 759085.5 元，江某部分为 669367.49 元，保险公司实际支出之赔偿金额为陈某部分 123027.5 元，江某部分为 180162.51 元，合计 303190.01 元，上诉人保险公司此部分之请求为正当，应予准许，逾此部分之请求，难谓正当，则应驳回云云，为得心证之理由，爰就上诉人保险公司之请求，分别准驳，于法并无不合。

台湾地区“最高法院”93 年度台上字 2060 号民事判决认为，再保险公司为保险给付之后，符合代位权之要件时，可以行使代位权，故应扣除再保险公司已给付之理赔金。其判决要旨如下：被保险人因保险人应负保险责任之损失发生，而对于第三人有损失赔偿请求权者，于保险人履行赔偿之义务后，依“保险法”第 53 条第 1 项规定，其损失赔偿请求权于赔偿金额范围内，当然移转于保险人，被保险人于受领保险金给付后，即不得再向第三人行使已移转予保险人之损失赔偿请求权。而依同法第 39 条规定之再保险，乃保险人以其所承保之危险，转向他保险人为保险之契约行为，性质上原属于分担危险之责任保险契约，即再保险人（再保险契约之保险人）于再保险契约所约定之危险（原保险人依其与原被保险人间之保险契约而生之给付保险金义务）发生时，应负给付保险金予原保险人（再保险契约之被保险人）

---

① 转引自上海市高级人民法院课题组：《保险代位求偿权纠纷案的法律适用问题研究》，载《法律适用》2011 年第 5 期。

之义务。是除另有约定或习惯外，再保险契约仍有“保险法”第53条第1项规定之适用。申言之，原保险人于依原保险契约给付保险金与被保险人而依法受移转赔偿金额范围内之被保险人对于第三人之损失赔偿请求权，因再保险人依再保险契约给付保险金与原保险人后，亦于该赔偿金额范围内，当然移转于再保险人。原保险人就再保险人赔偿金额范围内，自不得再代位被保险人向第三人行使已移转予再保险人之损失赔偿请求权。

三、可供参考的路径

诚如上述学者所言，如考虑再保险人得行使代位权，对在世界各地之再保险人要行使代位权，难度极高。对应负责任之第三人而言，将遭遇各国之再保险人行使代位权，而造成疲于应诉之负担。再且，如认为保险人代位金额应扣除再保险给付，法院为此判决认定，各国之再保险人势必只能重新起诉行使代位权，此际，常已超过时效规定，将使第三人受有利益，有违保险代位之旨。上述见解，本文极为赞同，然而，本文以为民事上法律或合同间之争议，仍应回归法律或合同之规定。以下，本文拟以再保险之性质，及民法上契约自由原则之诠释，重新尝试以法律及合同角度解析本争议。

首先，关于再保险之性质，学说上素有争议，合伙契约说、保险契约说、原保险契约说、责任保险契约说等分持各辞。其中，通说认为是责任保险契约，因再保险是基于原保险契约中，原保险人对原被保险人之给付责任，而以填补此种给付为目的的一种责任保险。责任保险所保障者，非被保险人于保险事故发生时所致之财产损失，乃是避免其因法律或契约所付债务之增加或扩大，所保护者为消极的保险利益。不问原保险为财产保险或人身保险，再保险仍属于责任保险。① 再保险既然属于责任保险，依法论法而言，再保险乃保险人以其所承保之危险，转向其他保险人投保，性质上为损害保险。再保险人于再保险合同所约定之危险发生时，应负给付保险金予原保险人之义务。原保险人给付保险金予被保险人，而依法受移转赔偿金额范围之被保险人对第三人之损失赔偿请求权，因再保险人依再保险合同给付保险金予原保险人后，亦于该赔偿金额范围，损失赔偿请求权移转于再保险人。此时，因已移转于再保险人，故原保险人就再保险人赔偿金额范围内，原则上

---

① 江朝国：《保险法基础理论》，台湾地区瑞兴图书公司2009年版，第497~498页。

不得再代位被保险人向第三人行使已移转与再保险人之损失赔偿请求权。但是，基于下列理由，本文认为原保险人向第三人代位时，无须扣除再保险金：

依国际商业惯例，再保险合同中多有明文规定条款：再保险人对于赔款及理赔费用，依其再保险成分负担，但对于该项赔款之救护或追偿所得，按其成分具有权利。因此，依契约自由原则，于不违反强制规定及公序良俗之范围内，当事人既得自由订定不同内容之条款。故再保险合同中，若有如是之明文约定，该条款应解释为，再保险人与原保险人明示或默示的约定："再保险人依再保险合同给付保险金后，该赔偿金额范围内，并不移转与再保险人，而是再保险人委由原保险人一并行使民事保险代位求偿，如有追偿所得，则应依在保险合同约定之成分摊回。"申言之，再保险合同如有上述之特别约定，其效力即已取代保险人赔偿后之债权让与关系，而不发生债权之移转，再保险人不得向应负责任之第三人直接行使保险代位权，原保险人之代位金额亦无须扣除再保险金额。

在法院审理相关诉讼案件时，被告如抗辩：保险公司已向再保险公司投保，代位求偿之损害赔偿金额，应扣除再保险公司已给付之理赔金。因再保险属于责任保险，再保险人依再保险合同给付保险金予原保险人后，于该赔偿金额范围内，其损失赔偿请求权移转于再保险人，故此时被告之抗辩应属有理。但是，如果再保险合同中，再保险人与原保险人有上述特别约定，原告应提出再保险合同加以举证（或法官应阐明，命原告提出再保险合同），并说明依契约自由原则，再保险人与原保险人已约定该赔偿金额不移转与再保险人，而是委由原保险人一并行使，如有追偿所得，须依再保险合同约定摊回给各再保险人。经过双方之诉讼上攻防后，法官应就此点详为审理，如再保险合同确实有该条款约定，应作出认定原保险人代位金额无须扣除再保险金额之判决。

四、结语

再保险契约之目的系在分散原保险人所承保之危险，原保险人仍须支付再保险契约之再保险费用，再保险人于原保险所投保之事故发生时即须对原保险人承担其摊赔责任。故再保险人分摊赔偿责任给付分摊之保险金额，系因保险人缴纳再保险费用所致，自难认系为侵权行为人之利益而投保。特别是依保险业的惯例，在比例再保合约中，被再保人于行使代位求偿权后，即应将求偿所得金额，依各再保险人之认受成份，摊回给各再保险人，如有理赔费用，各再保险人亦应分担。故原保险人应可请求对被保险人理赔金额之全部，不须扣除再保险人所为之给付。而若再保险人与保险人于再保险契约之内部关系中，有约定如何处理第三人之代位事项（例如，委由保险人一并行使，代位追偿所得须依再保险合同约定，摊回给各再保险人），则当保险人向被告公司行使保险法之代位时，更不应该一律认为均应扣除再保险金。如此，不但不违反利得禁止原则，亦有助于契约自由的维护，诚属妥适的解决方法。

（本文仅代表作者个人观点）

不安抗辩权与时间利益的争夺

万　挺*

案情概要

某买房人与某房地产公司签订了预售商品房买卖合同，购买某大厦1～15层及相关车位用于开宾馆，建筑面积共1万多平方米，合同总金额4500万元。当日，买房人交纳100万元。合同约定，如买房人不按期交纳第二期2700万元房款，合同自行解除。在第二期房款交纳时间即将届满，买房人向房地产公司发出“律师函”，要求房地产公司在其交付房款前办理购房合同网上备案手续等。其后，买房人未按合同约定的付款日期支付任何款项。买房人向房地产管理部门对合同所涉房屋情况进行了解，得知涉案合同中的部分房产已于订立合同前因贷款抵押给银行。买房人向房地产公司发出《关于行使不安抗辩权紧急函告》。约半年后案涉工程验收合格，房地产公司又将涉案房产抵押给第三人，设置债权数额3500万元，并办理了抵押登记。同时房地产公司函告买房人，涉案《商品房买卖合同》早已解除。买房人随后提起本案诉讼，请求判令房地产公司继续履行合同。

裁判要旨

一审法院认为，房地产公司在与买房人订立合同时故意隐瞒了涉案商品房存在部分抵押的事实。买房人提出备案登记的要求后，作为商品房出卖人理应依法办理备案登记。本案中，作为应当先履行债务的买房人在履行付款义务前，为保证合同内容的实现，要求房地产公司对商品房预售合同备案登

* 最高人民法院立案第二庭法官，中国人民大学法学院民商法博士研究生。

记遭拒绝时，以函件形式要求房地产公司对不能备案的情况进行说明并无不当；在房地产公司拒绝备案登记且未对不能备案登记作出合理解释的情况下，要求中止履行合同先履行义务，应当认定为行使不安抗辩权。买房人了解到合同所涉标的在预售前已经进行贷款抵押登记后，进一步认定房地产公司丧失商业信誉并丧失或者有可能丧失履行债务能力，再次去函重申行使不安抗辩权，并暂时停止合同的履行，其行使不安抗辩权的事实应予确认。房地产公司未提供适当担保，而是采取消极态度不予回应。买房人依法不构成违约。一审判决：（1）涉案商品房买卖合同有效；（2）买房人向房地产公司支付购房款4175万元；（3）房地产公司向买房人交付案涉房屋和停车位；（4）下余房价总款225万元房地产公司通知向买房人交付两证时支付；（5）驳回买房人的其他诉讼请求。

双方均不服提起上诉。二审法院认为，买房人为保证购房目的实现，要求房地产公司对商品房预售合同备案登记并以函件形式要求房地产公司履行法定的备案登记义务，合理合法。房地产公司故意隐瞒所售房屋部分抵押的事实且涉案房屋建成之后又将房屋抵押给第三人，买房人依法行使不安抗辩权的理由成立，不构成违约。现在涉案房屋已经建成，具备交付条件，故买房人起诉要求房地产公司继续履行合同的诉讼请求，应当支持。二审判决：维持一审判决中有关合同继续履行的判项。

房地产公司向最高人民法院申请再审称，其未进行合同备案登记不是买房人行使不安抗辩权的法定事由。涉案房屋已经建成。买房人并未提供确切的证据证明房地产公司存在可能丧失履行交付房屋的证据。

最高人民法院认为：房地产公司未能依法进行商品房预售合同备案登记，且对买房人的合理请求没有给予积极的答复，应属不当。在上述情况下，买房人在履行付款义务前，为保障合同的顺利履行，要求中止履行合同先履行义务，具有法律依据。房地产公司不能提交充分的证据证明已告知买房人涉案房屋已抵押的情况，故一、二审法院认定房地产公司故意隐瞒所售房屋部分抵押的事实正确。买房人了解到合同所涉标的在预售前已经进行贷款抵押登记后，再次去函重申行使不安抗辩权，并无不当。双方对合同履行发生争议后，在合同未终止的情况下，房地产公司与第三人签订《抵押合同》将涉案之房重新设置抵押不当。二审判决支持买房人要求房地产公司继续履行合同的请求，适用法律并无不当。综上，裁定驳回房地产公司的再审申请。

评析

一、不安抗辩权“热点重燃”的原因

关于不安抗辩权的讨论在我国合同法颁行前后是一个热点问题，相关文章和论文众多，但在合同法颁行后却一直鲜见此类纠纷，有的法院或法官数年也未办理一件涉及不安抗辩权的案件。近年来，此类纠纷却呈多发之势，故对于不安抗辩权的讨论似又重燃。除本案的情况以外，如在建筑施工合同履行过程中，因建材价格上涨等合同未明确约定的突发风险因素，承包人要求结算时增加工程款，而双方未达成一致意见，承包人即宣称行使不安抗辩权予以停工，或拒绝交付工地；又如在房屋利益分配比例明确的合作开发房地产合同履行过程中，因出地一方未能充分参与经营，出地一方即以行使不安抗辩权为由拒绝全部搬迁导致项目无法全面开展等等。

出现上述现象，究其原因，其一，从经济环境上讲，中国社会科学院副院长李扬表示，从2007年开始的全球金融危机没有过去，只是进入了一个新阶段，改革是走出危机的唯一途径。发达经济体稳定了，新兴经济体开始危机。根源在于实体经济出了问题。[①]近年来人民币持续升值，[②] 降低了在华跨国产业集团进口零配件的成本，提高其产品的在华竞争力；而本土制造业企业在国内市场面临着跨国公司进口配件的成本优势压力，在国际市场又面临着人民币升值所形成的价格压力，本土实体制造企业进退两难。与此同时，为了抑制人民币供应量的增长，央行提高存款准备金率和发行央票，收紧银根，减少国内商业银行的贷款额度，减少各类实体企业的流动资金贷款，银行贷款利率和民间拆借利率不断提升，在2011年至2013年间甚至出现了“中国式钱荒”，一面是银行缺钱，股市缺钱，中小企业缺钱；但另一方面却

---

① 章轲：《中国社科院副院长李扬：全球金融危机进入第二阶段》，载《第一财经日报》2014年2月10日。

② 根据腾讯财经2014年3月1日新闻，“人民币汇率昨日大跌，创2005年中国对人民币汇率形成机制进行改革以来的最大单日跌幅。有分析称，人民币汇率的走软是因为中国央行试图控制升值速度，并迫使投机交易者退出人民币升值的投注”。可见顶层设计者已经注意到汇率升升不息问题，但其所带来的影响不会短期内消除。

是，货币的供应量充裕，不少大型企业依然出手阔绰，大量购买银行理财产品，游资仍在寻找炒作的概念，民间借贷依旧风风火火，但许多民资“打死也不进实体经济”，实体制造中小企业融资难度和成本加大。在上述因素的合力之下，部分国内投资人开始从实体经济领域撤离而进入房地产、投资品炒作等投机领域。在过去的十年里，没有什么其他因素能像房地产价格攀升那样影响着经济增长模式以及金融风险认知。① 在上述背景之下，以投机心态参与经济活动的交易主体会在一切可利用的合同制度上寻找商机，投机的重要手段之一就是利用时间差，争夺时间所能带来的利益。而不安抗辩权具有暂缓履行自己义务的功能，当然可资利用。一叶知秋，不安抗辩权纠纷出现增长可以说是经济发展的反映，从最近常见的不安抗辩权案例来看，大部分还是集中在试图摆脱困境的实体经济和投机经济领域。其二，从交易技巧的层面上讲，在交易虽然存在风险，但合同继续履行有利可图或者合同义务已部分履行并返回困难的情况下，先履行义务人往往仅仅行使不安抗辩权，而慎重行使合同法第六十九条赋予的合同解除权。中止自己的履行，但给实现合同目的一个机会，这种情况是正当的。随着市场经济的发展，双务合同的复杂程度大大增加，合同目的向多元化发展，已经不再是一方当事人在一个合同中享有一个合同权利、承担一个合同义务的单纯模式，单个合同多个合同目的的复杂合同已不罕见，为促使利益最大化及合同目的全面实现，有交易主体将目光投向不安抗辩权制度，在合同履行过程中通过行使不安抗辩权重新调整给付的时机，以期在多个合同目的之间形成制约。此外，交易主体的效率意识日益增强，对合同中止履行不能容忍，关于不安抗辩权是否成立的问题亦已值得通过诉讼解决。其三，从社会诚信现状的角度而言，近年来世界经济格局变幻，在极特殊的情况下交易主体的偿债能力旦夕间可能发生变化，而当今社会诚信建设并未取得显著进展，交易主体之间信任基础较差，草木皆兵，往往将情绪上的不安当作法律上的不安，滥用不安抗辩权，导致一个本应为极特殊情况下才能适用的合同制度，如果处置不当，将朝着普遍行使的方向发展。此外，有先给付方实际上有了更好的缔约机会或者因为自己的履行能力不足，抓住后给付方的与主要债务履行并不密切相关的瑕疵，提出不安抗辩，以此为由解除合同或采取缓兵之计，可见，先履行债务

---

① 黄育川：《不要害怕中国房地产泡沫》，载《金融时报》2014年2月12日。

人并不存在道德上的优势。

因此，在不安抗辩权能否成立的把握上，如果过严，将导致先给付方陷入风险之中；而如果把握过松，该项制度将成为不诚信者先发制人的利器。在当前的社会、经济背景之下，应当全面、正确地保障交易安全。

二、不安抗辩权制度的作用

法国思想家孟德斯鸠在《论法的精神》中有句名言："商业的自然结果是带来和平。"而英国经济学家凯恩斯则认为，自由贸易与资本流动反而可能燃起战争。没有硝烟的战争在所难免，然而商业的发展使国家之间，人群之间在经济上相互依存，促进交易具有重大的意义。合同法首先是一部规范和鼓励交易的法，也是创造财富的法。①以法治的观点来定义市场，则市场就是合同法。②合同法的重要功能就是保障当事人依法订立的合同能够得到切实的履行。③合同法第六十条第一款规定"当事人应当按照约定全面履行自己的义务"，确定了包括"合同必须严守"（pacta sunt survanda）等内容的合同全面履行原则。全面履行原则是合同履行中的首要原则，由于合同履行是合同法的核心，所以全面履行原则也是合同法所强调的首要原则。④而不安抗辩权制度的有关规定同样属于"合同的履行"一章中的内容，故对不安抗辩权的讨论亦应当在遵循上述原则的前提下展开。

从不安抗辩权制度产生的学理基础来说，早期的德国判例与学说多将情事不变条款理论当作不安抗辩权的依据。交易基础障碍理论兴起之后，有些学者转而以交易基础的丧失解释不安抗辩权制度。⑤ 而上述两个理论均存在明显缺陷。前者过于倚重拟制的当事人意思，后者对交易基础的理解则未免过宽。⑥ 当今的德国通说自双务合同功能上的牵连性着眼看待不安抗辩权，此牵连性意指请求权实现上的相互依赖性。就双务合同来说，即使一方当事人负有先给付义务，该合同也最终着眼于给付的交换，一旦其对待给付面临

---

① 王利明：《人民的福祉是最高的法律》，北京大学出版社 2013 年版，第 235 页。

② Farnsworth, Contracts, second edition, Little, Brown and Company, 1900, p21.

③ 王利明：《合同法研究》（第二卷），中国人民大学出版社 2011 年版，第 3 页。

④ 同上书，第 15 页。

⑤ Schlechtriem, Schuldrecht: Allgemeiner Teil, 3. Aufl. , J. C. B. Mohr, 1997, S. 193.

⑥ 张金海：《预期违约与不安抗辩制度的界分与衔接》，载《法学家》2010 年第 3 期。

着危险就不能再不加限制地承认一方当事人的先给付义务。持此说者通常亦将不安抗辩权理解为同时履行抗辩权的转化。相对于大陆法系的不安抗辩权，英美法系也有保护先履行义务方的规定，只是称之为预期（先期）违约制度。《联合国国际货物销售合同公约》吸收了英美法的理论，但将预期违约分为预先根本违约和预先非根本违约。不安抗辩权与英美法上默示预期违约制度相比较，虽然有很多区别，但两者也有共同之处，即两者都在订约后履约前，一方发现另一方有不能履行的风险；两者采取的救济措施都是中止自己的给付；两者都是要求对方作出履行保证，方可停止中止的效力继续履约。① 所以，不安抗辩权在一定范围内是可以发挥默示预期违约的功能的。我国合同法之所以没有另辟条文对默示预期违约作出专门规定，一个重要原因就是它已经规定了不安抗辩权制度。② 美国商法典第2－609条第1款规定，“买卖合同给各方当事人施加了对方获得适当履行的期待不被削弱的义务。”该条的官方评论进一步阐明：本条的基础是承认这一事实，商人之间的合同的根本目的是实际履行，他们不是仅仅为了一个允诺或者一个允诺加上赢得诉讼的权利而进行交易，所允诺的履行在到期时将会提供这种持续的信赖感与安全感是交易的一个重要特征。在缔约之后、履行之前，如果一方当事人的履行意愿或能力显著衰减，对方即面临着丧失他通过交易所取得者的实质部分的威胁。因此，在卖方有理由相信买方的履行已不确定时，迫使其继续自己的履行过于严苛，反之亦然。故美国法上的相关充分保障制度是建立在当事人的履行期待保护之上。从本质看，不安抗辩权实际上是一种延期履行自己义务的抗辩，行使不安抗辩权的一方延期履行的着眼点，根本不在于取得对方当事人发生对待给付困难时中止甚至是解除合同的机会，而是期望对方在延期履行期间提高实力或获得帮助，从而提高其履约能力，维护合同的安全。③ 换句话说，不安抗辩权制度的手段是用时间降风险，目的是为了保障合同的全面履行。

---

① 张谷：《预期违约与不安抗辩权之比较》，载《法学》1993年第4期。

② 刘凯湘、聂孝红：《论〈合同法〉预期违约制度适用范围上的缺陷》，载《法学杂志》2000年第1期。

③ 段明明：《论不安抗辩权》，吉林大学2004年硕士论文。

三、不安抗辩权是在违约的刀尖上跳舞的权利

从其他国家的立法例来看，各国对不安抗辩权莫不规定了较为严格的适用条件。法国的不安抗辩权制度仅适用于买卖合同，其他双务合同不能适用，《法国民法典》第1613条规定的适用条件限于“买受人限于破产或处于无清偿能力致使出卖人有丧失价金之虞”。《德国民法典》第321条规定：“因双方契约负担债务并应向他方先为给付者，如他方的财产于订约后明显减少，有难以对待给付之虞时，在他方未为对待给付或提出担保之前，得拒绝自己之给付。”此外，意大利、瑞士以及奥地利等大陆法系国家均有类似的严格规定，故不安抗辩权制度应当定位为特殊救济手段。

关于我国不安抗辩权制度的制定本意，顾昂然先生在介绍合同法草案时指出：“规定不安抗辩权是为了保护当事人的合法权益，防止借合同进行诈骗，也可以促使对方履行合同义务。”关于不安抗辩的条件，“从这个规定看，不是一般的违约，而是丧失或可能丧失履行债务的能力，也就是根本违约，而且要有确切证据，才能行使不安抗辩。”① 抗辩权的行使是正当行使法定权利的表现，不仅不构成违约，而且抗辩权一旦成立，将会导致对方的请求权消灭或其效力延期发生。当然，抗辩权的形式必须严格遵循法律规定的行使条件和程序，不能违反法律规定滥用抗辩权。否则，不仅不能发生抗辩的效果，而且将构成违约。② 合同法在第四章“合同的履行”中规定了同时履行抗辩权、后履行抗辩权和不安抗辩权，在这三项抗辩权中，同时履行抗辩权的行使适用于合同没有履行顺序的约定和对方不适当履行的情形，后履行抗辩权是行使合同赋予的权利，上述两种抗辩权的行使一般都不会和合同的约定相冲突，而不安抗辩权的行使必将与合同中关于履行顺序和履行时间的约定相违背，是一种在出现法定情形下对抗合同约定先给付义务的权利，直接冲击“合同必须严守”法则，故不安抗辩权本应是在违约的刀尖上跳舞的抗辩权。

我国合同法通过借鉴英美法的制度，规定后履行一方提供担保，否则构

---

① 全国人大法制工作委员会民法室编著：《〈中华人民共和国合同法〉立法资料选》，法律出版社1999年版，第52、53页。

② 王利明：《合同法研究》（第二卷），中国人民大学出版社2011年版，第57页。

成预期违约，先履行一方可以享有解除合同的权利，并有权要求其承担违约责任。[①] 从上述制度安排看，我国立法者对先履行给付人可谓优待。既然不安抗辩权制度给“合同必须严守”法则带来挑战，那么深入讨论不安抗辩权成立的条件问题就非常重要。

四、不安抗辩权成立的条件亦应体现相应性

我国不安抗辩权制度在继承大陆法系不安抗辩制度基本理论的同时，吸收和借鉴了英美法系的预期违约制度的若干灵活性，形成了有中国特色的不安抗辩权制度。[②] 对于不安抗辩权的实体成立条件采取了列举与概括相结合的方式。该制度体现了市场经济条件下保障交易安全、实现实质公平的立法精神，也体现了我国合同制度与发达国家合同制度及国际商务合同贸易规则的接轨。关于不安抗辩权成立与否的实体要件，我国合同法第六十八条列举了三种典型的影响债务履行的情况，并用概况的方式弥补了列举式规定的不足。从性质上看，分为给付能力欠缺[③]（经营恶化）、给付意愿欠缺（逃债、丧失商誉[④]）和瑕疵给付（其他丧失履行能力，如后给付标的物存在重大质量或权利瑕疵）三类。与大陆法系其他国家相比，我国的不安抗辩权无论是在适用范围和适用的实质条件上都更为宽泛，目的是为了涵盖所有足以导致后给付方丧失或可能丧失履行债务能力的情况，赋予先给付方更多的保障机会。然而，有了上述规范，不安抗辩权的成立标准仍存在重大争议，这也是本案纠纷产生的原因。

关于不安抗辩权的成立标准，根据学界的通说，不安抗辩权的行使条件之一还有先履行的一方有确切的证据证明另一方不能或不会作出对待履行，[⑤]“难以对待给付”是不安抗辩权能否成立的核心实体要件。然而，从文义解释的角度来说，合同法第六十六条和第六十七条关于同时履行抗辩权和后履行抗辩权的规定均明确，符合相应抗辩权成立条件后，抗辩权人有权拒绝其

---

① 王利明：《合同法研究》（第二卷），中国人民大学出版社2011年版，第59页。

② 段明明：《论不安抗辩权》，吉林大学2004年硕士论文。

③ 债法改革前，财产状况恶化为《德国民法典》第321条明定的唯一不安事由。

④ 丧失商誉是道德判断标准，似属于推定的给付意愿欠缺类型。

⑤ 同注①书，第89页。

"相应的"履行要求，即在同时履行抗辩权和后履行抗辩权的成立条件上是以"对待性"或"相应性"债务履行障碍为标准。而合同法第六十八条关于不安抗辩权成立条件的规定，在文字上并没有相应性的内容，结合顾昂然先生所谈，立法者在制定时可能考虑，本条所列情形均足以使合同的根本目的不能实现，所以无须再对相应性进行限定。这使不安抗辩权的成立要件缺失了衡量相应性的法律依据。

如后给付方有可能出现一部分债务履行能力恶化，而另一部分债务的履行能力没有影响，先给付方是否应对未恶化部分继续履行？如本案中买卖合同的标的物是15层1万多平方米的房屋，最初出卖方仅将不足总面积10%的部分房屋抵押，即使说在设定抵押的部分房屋可能出现履行障碍，买房者是否应对未抵押部分房屋支付房款。有学者认为，不安抗辩权的行使范围是没有履行的全部债务。其理由是，对未恶化部分继续履行的观点显然是受我国合同法第六十六条、第六十七条中"有权拒绝其相应的履行要求"的影响。但是合同法第六十八条中并没有此要求，对此不安抗辩权并没有作量化分析和适用，故量化适用的做法并没有相应的法律依据。① 合同法第六十八条关于不安抗辩权的法律规定相对于合同法第六十六条、第六十七条的规定，是特殊规定，故主张不安抗辩权的行使范围是没有履行的全部债务，即使恶化程度仅仅危及到对方部分债权的实现，仍不妨其拥有中止全部债务履行的权利。② 易言之，后履行债务人的部分债务履行能力出现恶化，先履行债务人仍得就其全部债务行使不安抗辩权，无需对后履行债务人债务履行恶化的范围作量化分析（以下简称定性不定量理论）。带来的后果是，依据第六十八条第一款第（三）项（丧失商业信誉）和第（四）项（其他丧失履约能力）的规定，如果后履行债务人在任何次要债务的履行上存在过不诚信或履行障碍，先履行债务人就可以中止己方根本义务的履行。值得忧虑的是，如果一项合同制度不需要衡平当事人利益的重轻，将带来严重的不良后果，在这样宽松的制度框架下，不安抗辩权很可能被滥用，不利于平等保护后给付方的时间利益，导致这一为实质公平设置的制度，产生了新的不公平。

---

① 崔建远、韩世远：《债权保障制度研究》，清华大学出版社2004年版，第228页。
② 郭玉坤：《不安抗辩权制度的不安事由探究》，载《法学杂志》2009年第9期。

为了防止上述情况出现，应当考虑在有权解释中规范不安抗辩权的相应性标准，如果后履行债务人并未丧失根本的履约能力，先履行债务人无权中止其主要债务履行。

关于相应性的问题，应该分如下几种情况，一是主要合同给付义务和次要合同给付义务，一般来说，后给付义务人的次要债务给付不能，先给付义务人不享有主要债务的不安抗辩权，应当根据合同约定或实际情况来判断是否与后给付义务人主债务的履行具有牵连对应关系。二是主给付义务和附随义务，如果附随义务的履行与合同目的的实现具有密切关系，应认为该附随义务与对方的主给付义务之间具有牵连性和对价性关系。①否则，两者不构成对应关系。三是主债与从债的问题，一般来说，主债和从债之间不具有对价关系，但在从债是主债的担保情况下，担保债务的设定不能也足以让先给付方不安。四是合同准备工作和主债履行，除非后给付义务人迟延合同准备工作必将导致其对待给付不能，可以视为"难以对待给付"，否则，不应成为对待给付。总的来说，后给付方对待给付的主要合同债务如果出现履行能力恶化的情况，先给付方当可提出不安抗辩，中止自己的全部履行，而在主要合同债务之外的次要债务、从债、附随义务和合同准备工作，除非与主要合同目的的实现存直接的因果关系，先给付方不应享有主要债务的不安抗辩权。

具体到本案而言，买房人的不安抗辩权能否成立，存在着重大的争议，经过一、二审法院审委会甚至最高人民法院审委会讨论才最终定案。根据《最高人民法院关于审理商品房买卖合同纠纷案件适用法律若干问题的解释》第一条"本解释所称的商品房买卖合同，是指房地产开发企业将尚未建成或已竣工的房屋向社会销售并转移房屋所有权于买受人，买受人支付价款的合同"的规定，买房人的主要合同义务是按期交纳房款，开发商的主要合同义务就是转移房屋所有权，先交款后交房是涉案合同中对待给付的内容。买房人提出不安抗辩的理由主要就是备案问题和抵押问题，并非主要债务内容，具体分析如下：首先，关于备案的问题，合同中并未对备案问题进行约定，只是相关行政法规和部门规章规定签订合同后30日内开发商应办理预售商品房登记备案，该义务仍是后给付义务。预售备案制度可以防止开发商一房

① 参见林诚二：《论附随债务之不履行与契约之解除》，载郑玉波主编：《民法债编论文选辑》（中册），台湾地区五南图书出版公司1984年版，第866页。

二卖，是最终交房的保障之一。本案的情况是房地产公司拒绝办理预售备案登记，显然属于给付意愿欠缺而非不能履行，买房人为充分保障自身的权利，行使不安抗辩暂缓交纳剩余房款，似也可以理解。其次，关于抵押的问题，现代民法已经从重视财产的归属向重视财产的利用转变，抵押不改变占有，有利于发挥财产的使用和收益权能，不应对其有过敏反应。本案中，抵押涉及的范围很小，买房人所应先给付的第二期房款也足以清偿相应的抵押债务。但房地产公司未告知买受人待交付的标的物权利上存在瑕疵，确实有损商誉，[1] 设定抵押的部分房屋也确实存在交付不能的风险，按照上述定性不定量理论，即使后履行债务人仅有小部分债务存在给付能力恶化的情形，先履行债务人仍可以就其全部先履行债务主张不安抗辩权。此后，房地产公司在双方合同履行期间，又将涉案全部房屋抵押给第三人，属于一种加重买房人不安的不当行为。综上，买房人的不安抗辩权可以成立，但本案也揭示出不安抗辩权成立条件的判定制度急需完善。

五、如何打破悬而未决状态

不安抗辩权成立，合同中止履行进入悬而未决的局面，该局面对双方当事人均无利益可言，加之不安情事的消失难如人愿，应当尽快打破该局面，目前主要有两种方式。

（一）解除合同

根据合同法第六十八条的规定，先给付义务人行使不安抗辩权依法成立之后，合同即进入中止履行状态，第六十九条规定，对方在合理期限内未恢复履行能力并且未提供适当担保的，中止履行的一方可以解除合同。合同法关于先履行方解除权的规定是传统不安抗辩权制度中所没有，这显然是吸收了英美法系预期违约制度中的做法，应该说是对不安抗辩权制度的重大发展。[2] 合同法第六十九条规定的解除权，已不是对不安抗辩权而是对预期违约所作出的规定。[3] 总体来说，我国不安抗辩权制度入口宽松，且赋予先履

---

① 当然，该行为是否已经达到了合同法第六十八条规定的“丧失商业信誉”的程度，值得研究。

② 王利明：《合同法新论》，中国政法大学出版社 1996 年版，第 364 页。

③ 王利明：《合同法研究》（第二卷），中国人民大学出版社 2011 年版，第 95 页。

行义务人合同解除权，体现了极度重视交易安全的思想。

关于对合同法第六十九条规定的合理期限应当如何认定的问题。本条规定的“合理期限”应当是根据合同性质和实际情况确定，但在实务中比较难以把握。关于这个问题，德国法和美国法的制度显有不同。德国法采纳设定期间模式，即为先给付义务人规定了设定期间的权利。《美国统一商法典》第2章第609条规定“买卖合同中，当对方合同履行不牢靠的合理根据产生时，另一方可用书面方式要求对方提供正确履行合同的充分保证。得知正当的要求以后，在不超过30天的一段合理时间内，未能提供诸如在特殊事件的情况下也是充分的这种正确履行合同的保证的，即为一种毁约”。不安事由发生后不安方可请求对方就适当履行提供充分保障，在30天内或合理时间内未提供充分保障的，债权人可以视其为拒绝履行，其意为不提供充分保障即成立预期违约。不安方进而主张以预期违约为诉因的各种救济措施。此种预期违约为期前拒绝履行、债务人自己引起的履行不能等之外的一种独特形式。① 对于德国法采用的设定期间模式，不确定性较强，容易产生新的争议，不利于把握。本文认为，合同法第六十九条规定的解除权既然来源于英美法系中的预期违约制度，考虑到体系的完整性，对于“合理期间”的解释能否同样借鉴英美法30天的模式，便于掌握，也促使当事人行使权利以尽快终结对双方均无利益可言的悬而未决状态。

关于后履行债务人应如何提供履行保障的问题。中止履行，是暂时停止履行或延期履行的意思，不同于合同的解除，其目的不在于使合同关系消灭，而是维持合同关系，等待对方恢复履行能力或提供担保。② 合同法第六十九条规定的履行保障比较单一，就是要求后履行债务人提供担保。从德国法看，若先给付义务人设定的适当期间经过而对方未凭着其给付提供对待给付或提供担保，先给付义务人即取得解除权。与我国的制度基本一致。但也

① 张金海：《预期违约与不安抗辩制度的界分与衔接》，载《法学家》2010年第3期，第140页。

② 曹更生、侯卫国：《不安抗辩权的适用条件及范围》，载《人民法院报》2001年7月13日第7版。

有学者认为，如果不安的基础是广泛的，对于充分保障也要作灵活解释。①就后给付方的履行意愿发生疑问的，后给付方以足以令对方信服的方式表明其履行意图即可。在可能发生瑕疵给付的场合，后给付方表明其有能力确保不出现瑕疵亦可消除不安因素。上述观点似更具合理性，完善不安抗辩权制度时应予考虑，以避免保障制度的一元化。

（二）恢复履行

如前所述，在当前的经济、社会背景之下，先履行债务人虽发现先给付有风险，但合同继续履行有利可图，往往诉至法院要求继续履行而非主张解除合同，经过查封、扣押、冻结等财产保全等措施，合同当然具备继续履行的条件，尤其在后给付方给付意愿欠缺的场合，但双方对恢复履行的次序和时间如果不能达成一致，合同法并未对继续履行的顺序作出规定。对此应如何处理？如本案的情形，本案终审判令双方当事人同时履行是否符合法律的原则？

一种意见认为，中止履行不应导致双方权利义务内容的变更，双方应当参照合同的约定按先后顺序顺延履行。不安抗辩权成立，法律规定合同中止履行，合同的基本权利义务内容不应发生变化，法律并未剥夺先给付权利人的先受偿权。此外，德国学者 Adler 在发表于 1913 年的一篇论文中首次区分了固定的先给付义务和非固定的先给付义务，这一区分后来得到了广泛的接受。固定的先给付义务是指后给付的到期总是取决于先给付的提供。只要先给付义务人未提供其给付，后给付因而即不到期，后给付义务人也不会陷于迟延。非固定的先给付义务是指两项给付的到期时间是相互独立地确定的，从而在其期限到来之际，不必考虑先行到期的先给付，后给付也同样到期。后给付方履行期限的到来可以导致悬而未决状态的结束，仅对于非固定的先给付义务是成立的。② 为便于说明，本文将固定的先给付义务解释为，先给付完成以后，后给付才能实际履行，即先给付是后给付的条件和基础，如贷款合同，没有发放贷款就不应还本付息，再如来料加工的承揽合同，不来料

---

① Campbell, "The Right to Assurance of Performance under Ucc §2 - 609 and Restatement (Second) of Contracts §251: Toward A Uniform Rule of Law", 50 Fordham Law Review (1982), p. 1307.

② 张金海：《预期违约与不安抗辩制度的界分与衔接》，载《法学家》2010 年第 3 期。

就无法加工，此类情形下，要求双方同时履行更是不可接受的；而非固定的先给付义务往往只是来源于合同中关于先后履行次序的约定，两项给付客观上可以独立进行，适用于大多数的合同关系。

第二种意见认为，此类情形应适用双务合同中的同时履行原则。合同的全面履行原则是针对各类合同的履行而设定的。在双务合同中，判定当事人全面履行的一个重要标准是，如果合同未规定履行的先后顺序，则双方当事人应同时履行。[①] 在德国法上，如果先给付权利人诉请对方履行，则先给付义务人应被判决针对先给付权利人提供对待给付同时履行，这是终结悬而未决状态的一个路径，但以先给付权利人提起诉讼为前提。[②] 合同因法律的规定而非当事人的约定中止履行，导致双方债务均到期，这样的情形双方并未能预见并约定，应视为合同未规定先后履行顺序，故此时应当适用同时履行原则。

上述两种意见各有道理，但第一种意见的问题是，如果始终承认先给付权利人的先受偿权利，在非固定的先给付义务的情况下，对待给付的到期时间相互独立，后给付不以先给付为客观履行的条件和基础，仍判令将履行时间顺延，并不利于交易效率的提高，此外，不安抗辩权成立，在后给付方给付意愿欠缺的情形，仍判令依次顺延履行，先履行债务人的权利无法得到保障。第二种意见的不足之处在于，将悬而未决的状态视为合同未规定先后履行顺序，依据不足，尤其在固定的先给付义务的情形，判令双方同时履行不符合客观规律。

本文认为，合同中止履行后，先履行债务人要求继续履行且可以实际履行的，双方应当同时履行，先履行债务人对后履行债务人的先受偿利益应予适当补偿；后履行债务以先履行债务为必要条件的，双方应当自恢复履行时起参照合同约定的先后履行次序顺延相应的履行。理由是，在通常情况下，先给付和后给付客观上可以相互独立，考虑到后给付义务人对待给付不能的危险，要求双方同时履行可以保障交易安全并提高交易效率，此外，对先给付权利人的先受偿利益应予以承认并保护，当然，建立先受偿利益的补偿制

---

① E·艾伦·范斯沃斯：《美国合同法》，葛云松、丁春艳译，中国政法大学出版社2004年版，第559页。

② 张金海：《预期违约与不安抗辩制度的界分与衔接》，载《法学家》2010年第3期。

度亦应当通过立法或相应的有权解释来解决。在固定的先给付义务场合，无论存在多么严重的对待给付不能的风险，既然先给付义务人坚持继续履行而不行使解除权，属于自愿承担风险的行为，只能遵循客观规律进行履行。在本案预售商品房买卖合同的情形，双方当事人签订合同时均明知房屋尚在建设之中，买房人所支付的购房款将用于建设，开发商也正是因为缺乏建设资金才进行商品房预售，买房人的给付（交钱）与开发商的给付（交房）存在一定的关联；但从另一个角度，上述约定的交房日期往往和报建时即确定的竣工验收日期有关，而与开发商和哪个买房人何时签订合同无关，交款日期和交房日期具有独立性，故本案最终判令同时履行还是合理的。

不安抗辩权是双方当事人对时间利益的争夺，其宽、严把握就是在保障交易安全还是促进交易效率这两个价值取向上的取舍。如果交易安全不能保障，交易效率也就无从谈起；但是如果过分重视安全，夸大交易风险，不考虑效率，社会也将难以进步，且对因效率低下造成损失的当事人亦不公平，不能实现设置不安抗辩制度所要实现的实质公平的目标。对于此类纠纷，司法机关应当考虑社会经济环境背景，审慎查明事实，具体问题具体分析，在法律的框架下进行公平公正的处理。

（本文仅代表作者个人观点）

更正

本刊总第64辑（2013年第2辑）刊发的《同性婚姻的合法化：美国“温莎案”评析》一文作者邓静秋为“中国人民大学法学院2011级宪法学与行政法学专业硕士研究生”。特此更正并向作者致歉。

关于法院调解的实证分析

——以浙江省瑞安市法院小额诉讼为样本

邹挺骞*

近年来，在人民法院的民事诉讼中，将调解作为纠纷解决方式的比例呈现出明显的上升趋势。但由于我国的法院调解缺乏文化上的传承性，现行法律对调解的设置上存在制度缺陷，部分法官对调解的重视程度不够，使调解工作陷入发展中的困境，呈现出“成长中的烦恼”。

为了深入了解和考察法院调解在民事诉讼中的运行状况和在纠纷解决中的地位作用，我们借在浙江省瑞安市人民法院小额速裁试点的机会，在该项工作中推行以调解作为主要结案方式的尝试。同时，通过采集瑞安市人民法院、浙江省温州市中级人民法院和浙江省高级人民法院这三个不同层级的法院的调解数据，征求了部分法官、检察官、律师和其他法律工作者的意见，和部分直接从事调解工作的法官和律师进行了交流，取得了第一手的资料。在此基础上，分析了我国法院调解困境的成因，提出了改进的意见和建议。

一、小额诉讼中的调解实验

2011年3月，根据中央司法体制改革领导小组《关于原则同意在全国部分基层人民法院开展小额速裁试点工作的复函》，最高人民法院下发了《关于部分基层法院开展小额速裁试点工作的指导意见》，① 同年5月，瑞安市人

---

* 浙江省温州市中级人民法院民一庭庭长，高级法官，香港城市大学法学博士生。

① 当事人起诉的案件法律关系单一，事实清楚，争议标的金额不足5万元的普通民事案件，经双方当事人同意，可以适用小额速裁，实行一审终审。

民法院被浙江省高级人民法院指定为小额速裁工作试点单位（浙江省共有四家基层法院进行试点）。① 据统计，从2011年5月起至2012年8月止，瑞安市人民法院共收民商事案件13338件，其中符合小额速裁条件的案件共1730件，占13.07%。当事人选择适用小额速裁程序的为447件，诉讼标的总额5382840元。其中，案件诉讼标的在2000元以下的有26件，2000~5000元的有52件，5000~10000元的有148件，10000~50000元的有221件。适用小额速裁程序的447件案件审理结果（见表一）是：调解431件，撤诉13件，判决3件。调撤率高达96.4%，平均审理天数6天，比该院同期简易程序平均审理期限32天减少26天。这些案件呈现了"三高一短"现象，即"调解撤诉率高、息诉服判率高、自动履行率高、诉讼周期短"的特点②。在判决的案件中，没有当事人申请异议审查，约71%的案件在调解之后能够自觉履行。

试点实践表明，在小额速裁程序同步施行法院调解具有标杆性意义。如瑞安市人民法院在2011年5月适用小额速裁程序审结第一起案件，经双方当事人同意后，审理过程省去答辩与举证等环节，并当庭达成调解协议。从立案窗口立案到拿到调解书前后仅20分钟，又不需要缴纳诉讼费，当事人均感到十分满意。

① 瑞安为中国浙江省下辖的县级市，隶属于温州市，陆域面积1271平方公里，海域面积3060平方公里，辖5个镇、10个街道，总人口119.05万，是浙江省重要的现代工贸城市和历史文化名城。2011年瑞安市GDP生产总值达523亿元。2011年全国百强县排名第20位。

② 瑞安市人民法院课题组：《数据背后的小额速裁》，载《温州审判》2012年第4期。

表一：瑞安市人民法院小额速裁案件结案方式统计表

(2011年5月~2012年8月)

案由	结案件	结案方式		
		判决	调解	撤诉
民间借贷	35	1	34	
买卖合同	61		61	
提供劳务者受害责任纠纷	9		9	
承揽合同	8	1	6	1
物业服务合同	30		18	12
合伙协议	1		1	
建筑工程	5	1	4	
居间合同	1		1	
追索劳动报酬	44		44	
加工合同	3		3	
商品房销售合同	210		210	
追偿权	1		1	
机动车交通事故责任纠纷	25		25	
劳务合同	8		8	
其他合同	6		6	
合计	447	3	431	13

在审理小额诉讼案件的这十五个月，瑞安市人民法院共审结447件，其中调解结案为431件，调解率高达96.4%。这一调解率是非常高的。为此，我们进行了分析，主要有以下原因：

一是由案件本身的性质所决定的。由于小额诉讼案件多属于民事诉讼法第一百四十二条规定的“事实清楚，权利义务关系明确，争议不大的简单民事案件”。且浙江省高级人民法院将适用小额诉讼的争议标的额定为5万元以下。因瑞安（县级）市位于我国东南沿海地区，经济发达。对于5万元以下的小额诉讼，纠纷性质和法律关系往往比较简单，双方当事人容易较为迅速地了结纠纷。

二是双方当事人均能到庭，易于当面沟通，信息对称，可迅速互谅互让，达成调解协议。由于瑞安市人民法院小额诉讼属于试点，需当事人均签署程序确认书方能适用，故当事人下落不明的案件均排除适用。而在普通的民事诉讼中，由于本地外出经商、务工人数比例较大，人口流动较频繁，当事人下落不明而致无法直接送达法律文书的情况也较多，许多当事人连开庭审理都无法参加，更别说去参与法院主持的调解了。

三是调解程序前置使调解成功率大大提升。在小额诉讼的试点工作中，瑞安市人民法院拟定的《诉讼指南》中“倡导当事人以调解方式结案”，在《审判规程》中要求法官“先行调解，调解为主，调解不成再行判决”。由于在作为程序规范的《诉讼指南》和《审判规程》上确立了实质意义上的调解程序前置，加上承办法官的着力推动，使调解作为解决小额诉讼纠纷的主要方式。[①] 如该院陶山人民法庭在审理41名砖厂劳动者状告企业主阮某追索劳动报酬纠纷案件时，发现被告阮某下落不明。同时，在执行阮某的民间借贷纠纷案件中，发现阮某避债国外。法官遂通过各种途径联系阮某，告知其相关法律后果，敦促其回国解决问题。经做多次工作，阮某及其妻先后返回瑞安，和41名劳动者进行调解，并配合变卖部分资产，这41件拖欠劳动报酬

① 在修正后的民事诉讼法生效前夕，浙江省高级人民法院于2012年12月26日出台《关于适用小额诉讼程序审理民事案件相关问题的意见》，其中第十五条规定：“立案后可以委托人民调解组织调解，也可以在庭前、庭审、庭后等环节组织当事人调解。但调解不成或者当事人明确拒绝调解的，应当及时作出裁判。调解达成协议并经审判人员审核后，双方当事人同意该调解协议经双方签名或者捺印生效的，该调解协议自双方签名或者捺印之日起发生法律效力。调解结案的小额诉讼案件可不制作调解书，但应当将调解笔录复印件加盖原件核对章后交由当事人保存。”这项规定，强化了调解在小额诉讼中的作用。

纠纷遂通过小额速裁程序全部得以解决。①

四是适用司法解释的规定，引导当事人自愿适用调解协议签字生效的规定。民事诉讼法第九十一条规定："调解书送达一方前反悔的，人民法院应当及时判决。"在司法实践中，部分当事人利用这一规定，在协议上签字后又予以反悔，引起了不必要的麻烦。如当事人在不同的时间在调解协议上签字，先签收的一方不知他方拒收调解书，调解协议则归于无效，当事人和法官的努力付之东流，又增加了诉讼成本。因此，该院在实践中适用《最高人民法院关于人民法院民事调解工作若干问题的规定》第十三条的规定，即当事人在协议上签名或盖章后生效，拒收调解书的，不影响调解协议的效力。②由于在制作调解书时适用这一规定，当事人在签署协议后再不能反悔，有力地维护了诉讼中的诚实信用原则，有效地提高了调解率。

五是法官出于规避审判风险的考量，而主动地适用调解方式结案。由于小额诉讼一审终审的试点并没有现行法律上的依据。虽有当事人的书面确认选择，但承办法官仍然心存顾虑，因而"只调不判"。首先，小额速裁程序的启动基于当事人的"确认书"，并无相应的诉讼法上的依据。如果作出一审终审的判决有可能引发当事人的投诉，甚至信访。而调解结案则是完全合法的。其次，按照《最高人民法院关于部分基层法院开展小额速裁试点工作的指导意见》，当事人对一审终审的判决不服而提出异议申请，并经审查异议成立的，应裁定撤销原判。这种情况下，本案是否会被评定为错案，尚不得而知。如前所述，试点一年多以来，在小额速裁程序中适用一审终审的判决案件仅为3件，而调解率撤诉率则特别的高。

六是诉讼费杠杆作用凸现。由于瑞安市人民法院对小额诉讼调解成功的案件免收诉讼费，在一定程度上调动了当事人选择调解的积极性。因为小额诉讼案件的当事人多为弱势群体，对于诉讼费用的收取也较为敏感，而通过

---

① 瑞安市人民法院课题组:《数据背后的小额速裁》，载《温州审判》2012年第4期。

② 《最高人民法院关于人民法院民事调解工作若干问题的规定》第十三条规定："根据民事诉讼法第九十条第一款第（四）项规定，当事人各方同意在调解协议上签名或者盖章后生效，经人民法院审查确认后，应当记入笔录或者将协议附卷，并由当事人、审判人员、书记员签名或者盖章后即具有法律效力。当事人请求制作调解书的，人民法院应当制作调解书送交当事人。当事人拒收调解书的，不影响调解协议的效力。一方不履行调解协议的，另一方可以持调解书向人民法院申请执行。"

调解结案能免收诉讼费，有利于节约诉讼成本，从而在客观上促进了调解率的提高。

试点实践表明，小额速裁程序的使用大大节省了审判资源，让法官腾出更多的精力办理疑难案件，实现了审判资源的优化配置，而大量纠纷通过第一审程序直接化解，当事人放弃二审程序，直接缓解了二审法院的工作压力。由于在小额诉讼试点中的调解率高的示范效应，带动了该院调解率的提高。尽管从数字上看，小额诉讼调解率对全院调解率的贡献仅为3.23%，但因此带来了较大的正面辐射效应。由于尝到了调解的甜头，该院在各项审判中全面推行调解工作法，使调解率逐步上升。如2011年当年比2010年上升了8个百分点，2012年1~9月份又上升了近2个百分点。法院调解的积极作用和正面功能得以充分发挥（见表二）。

尽管在有些地方法院推行“零判决”，推行“无讼”，将调解的作用无限夸大。但总的看来，在浙江法院的民商事审判中，调解率还处在一个比较正常的状态。如我们调取了瑞安市人民法院的上级法院即温州市中级人民法院和浙江省高级人民法院的数据，发现调解率虽然在逐年缓慢上升，但仍然处于一种比较正常的水平（见表三）。

表二

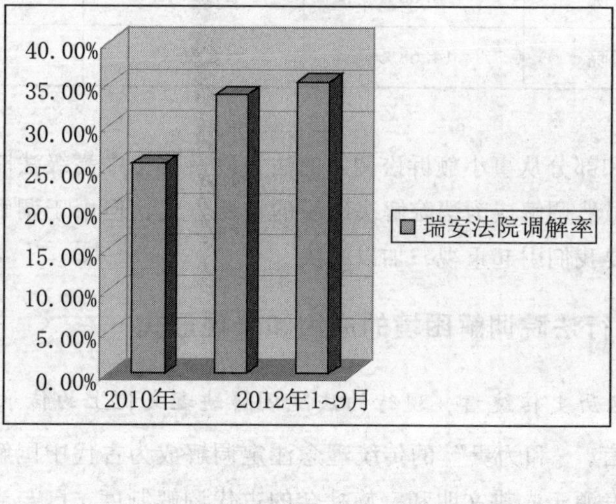

表三：部分法院民商事案件调解率

年份 / 法院	2010 年调解率	2011 年调解率	2012 年 1 ~9 月份调解率
瑞安市法院	25.44%	33.75%	35.27%
温州市中院	7.34%	6.65%	7.78%
浙江省高院	18.45%	18.16%	23.70%

另一个能够部分体现调解成果的是民商事案件撤诉率，因为许多民商事案件，经法院调解后，当事人选择撤回起诉的方式结案。因此，考察调解率必须附带研究撤诉率的高低。从统计数字看，撤诉率也处于一个比较正常的范围，基本上没有发生大的波动（见表四）。

表四：部分法院民商事案件撤诉率

年份 / 法院	2010 年撤诉率	2011 年撤诉率	2012 年 1 ~9 月份撤诉率
瑞安市法院	24.79%	15.32%	20.41%
温州市中院	26.86%	27.17%	28.07%
浙江省高院	14.68%	14.56%	18.74%

我们在和部分从事小额诉讼调解的法官以及部分中高级法院的法官座谈中了解到，虽然调解成为法院解决纠纷的重要方式，但由于调解制度存在诸多不足，需要我们引起重视，加以解决。

二、现行法院调解困境的成因和表现形式

（一）从历史传统看，现行的法院调解缺乏文化上的传承性

毋庸讳言，“和为贵”的传统理念注定调解成为古代中国解决纠纷的主要方式，但发源于农耕文明和宗族社会的古代调解制度，已与当下市场经济条件下的法院调解完全不同。宗族社会的调解制度历时几千年的发展，两种

调解制度根本无法相提并论。可以毫不夸张地说，我们今天所说的法院调解，在中国古代并没有相同的语境和对应的表达。在古代的广大中国农村，处于一种自给自足的小农经济状态之下，“鸡犬之声闻，老死不相往来”。而统治力量的框架结构也是“国权不下县，县下惟宗族，宗族皆自治，自治靠伦理，伦理选乡绅”的状况。这种典型的熟人社会中发生的纠纷，需要借助当地风俗习惯、伦理纲常和宗族长老的权威来解决纠纷，并不需要复杂的法律规则。由于中央集权的大一统治理结构很难直接到达基层农村，从而使民间纠纷的私人解决成为可能，而官府权力基本上不会对普通民众生活产生很大的影响。因此，在广大的中国乡村，民间自发和传承下来的诸如“调人调停”“和合”等所谓的调解机制，与当下的人民法院调解有着根本的不同。随着自然经济的瓦解和计划经济向市场经济的转型，以法律为代表的“规则之治”开始逐步深入我国社会，而诉至法院的纠纷大幅度增长又迫使法院得以重拾调解这一法宝来迅速解决纠纷，化解案多人少的矛盾。从解决纠纷的性质上考量，传统文化意义上的调解是民间的私人活动，而现今的法院调解是司法公权力解决私权纠纷的方式，两者并不具有文化上的同源性和历史的传承性，是不同体制的产物，并不具有相同的语境。

我国现行的民事诉讼制度，可以追溯到新民主主义革命时期，从革命根据地一直到1982年民事诉讼法（试行）出台，“调解为主”一直就是民事案件的审判原则。1982年民事诉讼法（试行）第六条规定：“人民法院审理民事案件，应当着重进行调解；调解无效的，应当及时判决。”这就以国家立法的形式确立了“着重调解原则”。1991年民事诉讼法则规定了“自愿合法调解原则”。与法律规定相对应的是，最高人民法院的调解政策也在发生变化，之前是“能调则调，当判则判，调判结合，案结事了”，到了2008年，这一方针转变为“调解优先，调判结合”。这些原则和方针的变化，说明我国的法院调解受制于民事政策，受政策的影响极大，而与儒家文化为代表的传统文化关联不大。①

---

① 以市民社会、私法文化为基础的现代法律文明秩序和以规则主义为代表的现代法院，必然压制了调解机制的运作空间。见徐淼宇、肖陆平：《法院“调解运动”的反思》，载《法学杂志》2011年第2期，第93页。

（二）从司法实践看，法院调解功能的局限性致使其不能取代判决作为主要的纠纷解决机制

虽然法院调解有其良好的功能，但在实务使用中，仍然显示出诸多局限性。一是对于大量使用格式合同的企业，相关人员怕承担责任，一般不愿意接受法院调解。这主要表现在电信服务、金融业和保险业或者其他依赖于书面文件的当事人，他们需要的是判决而不是调解。因为涉及标准合同的有些条款一旦妥协或在个案中作出让步，会影响大量已经生效的其他合同的解释，对企业产生不利。如从司法统计看，保险合同纠纷一直高位多发，但调解率始终很低。① 原因就在于保险公司出于风险承担考虑不愿意接受调解。二是民事案件调解成功的几率大，商事案件调解成功的几率较小。传统民事案件多为关系修复型的纠纷，商事案件多为利益争夺型的纠纷。对于诸如相邻关系纠纷、扶养抚养赡养纠纷等，本身源自日常生活矛盾或文化冲突，有些案件没有标的金额。而许多商事纠纷则是一方守约、他方违约或严重违约所致，让守约方作出对部分甚至大部分合法权益的让度，这种调解，是否存在合法化外衣下的道德风险，是否和人民法院追求的公平正义的理念相违背，值得深思。据我们了解，在许多商事纠纷中，当事人需要的是有执行力的判决，而不是“和稀泥式”的调解。三是司法权威的弱化致使调解很难在不同文化背景的人的诉讼中达成一致。据温州基层法院的部分法官反映，外来务工人员和本地私营企业主之间的劳动争议很难达成妥协。因为外来务工人员担心法院有地方保护，怕法官和本地人有千丝万缕的关系，而本地私营企业主又怕法院对劳动者予以过度保护，担心损害自己的合法权益，双方很难达成一致。在这些案件中，务工人员的小农意识和企业主的商品意识形成大的文化冲突，使法院调解的成功率难以提高。四是在部分商事案件中，恶意违约者企图通过调解、上诉等合法手段拖延履行债务，从而达到个人经济目的。在温州民间借贷风波发生后，温州市中级法院审理的第二审民间借贷和金融借贷案件，有40%左右的上诉人没有交纳上诉案件受理费，这其中的绝大部分纯粹是为了拖延时间。调解也是如此，是部分恶意违约人所能合法

① 笔者对温州中院2011年度审结的81件保险合同纠纷进行统计，结果发现只有3件以调解方式结案。与承办法官进行沟通中得知，多为保险公司一方不愿意调解。一些保险公司规定，调解签字需要报请省公司书面同意。

使用的手段罢了。

（三）从制度设置和司法实践看，调解与判决存在着诸多矛盾和不和谐

首先，我国民事诉讼法将调解程序和判决程序规定在同一民事诉讼程序之中，存在理念上的冲突。民事诉讼程序本身奉行法官主导下的规则中心主义，规定了一系列的诸如庭前准备、证据规则、开庭审理以及合议、上诉、抗诉、申诉等严格的程序，以这些严格的程序来保障纠纷得到公正的处理。而调解本身缺乏具体的操作规则，也没有适当的程序约束。因此，从宏观的角度考察，调解具备反规则的内核和反程序的外观。其次，法官作为调解的主体，难免会违反审判的中立性原则。让具有审判权的法官主持调解，本身就带有一种强制的色彩。而法官为了追求结案的需要，无法在调解中真正地保持中立。同时，从调解过程中获得的案件当事人的信息，必然会影响法官对案件的最终态度，影响自由裁量权的正确行使。这种既是裁判者又是调解员的角色混同，可能使判决的结果成为个人认知和当事人博弈的产物，使案件偏离了案件事实和法律规定。再次，调解程序的启动和终止具有随意性。应当事人的请求和法官的决定，可以在民事诉讼的任何阶段启动调解和中止调解，这可能会影响正常的民事诉讼的进程。法官的过早介入，会造成“先入为主”，对案件过早地形成“自由心证”，可能影响最终的正确判断。同时，调解打断了正常的诉讼程序，一旦调解不成，势必增加法院的审判成本和当事人的诉讼开支，也使纠纷的最终解决增加了难度。最后，由于缺乏对调解的有效激励机制，加上现阶段当事人对司法制度缺乏信心，一些当事人因为担心选择调解而使实体权利受损，主动向法院申请调解的当事人比例较低。由此，阻碍了调解制度作用的发挥。

（四）从调解主体看，法院对调解的积极推进和律师对调解的消极对待，使调解无法成为主要的纠纷解决机制

在我国司法实践中，法院追求以调解方式解决民事纠纷的动机可能是基于对提高结案率的追求，也可能是基于摆脱作出判决所面临的困境，还可能是出于对被追究错案责任风险的回避，或者是为了回避案件判决后产生信访的风险。因此，一些法院给所在行政区域的下级法院下达调解案件的考核指

标，对下级法院的调解率进行排名。对于一线承办法官来说，主观上有对调解的偏好。据上海法院抽样统计，对自己所审理的案件，“83.3%的法官更希望以调解方式结案，只有16.7%的法官更希望以判决方式结案。在对法官调解偏好的原因调查中，66.7%的法官认为调解结案的案件，上诉、申诉被改判或发回的风险小。约占62.5%的法官认为制作调解书较为简单，文书质量检查中被扣分的风险小，25%的法官认为在对案件中法律问题把握不准时，调解可以适时回避这些问题”。①

总体而言，律师对调解态度比较消极。据上海市高级人民法院对100名上海律师进行问卷调查，“85%的律师认为在其代理的某些以调解方式结案的案件中，法官在调解之前或调解过程中对该案可能的判决结果表露出倾向性的；57%的律师认为在其代理的以调解方式结案的案件中，法官表现得非常急于促成调解；62%的律师认为法官表露出积极的调解倾向性对其或当事人构成了很大的心理压力；37%的律师认为法官在调解中扮演双重角色，难以体现调解的公正性；58%的律师认为我国调解程序不规范，法官在调解中的随意性很大。65%的律师认为调解法官和审判法官合一，一旦调解不成，己方当事人所作的承诺和让步可能影响法院的判决”。② 当然，法院法官有调解的动力，能够达成协议又另当别论。律师虽然对调解持消极态度，但当事人在“两利相权取其重，两害相权取其轻”的驱动之下，仍然可以达成协议。但这种“一头热一头冷”的状况，也在客观上影响了调解作用的发挥，使其无法取代判决成为主要的纠纷解决机制。

三、完善我国调解制度的若干建议

（一）发挥法院的优势，推进以诉调衔接为核心的大调解体系建设，有效地化解社会矛盾

传统意义上的调解和法院主导的调解并不一样。根据浙江省的经验，将一些可能诉之来院的案件委托人民调解委员会、交通事故调解会、行业协会、医疗事故调解会等非审判机构解决，已经收到了较好的社会效果。这些

---

① 杨润时主编：《最高人民法院民事调解工作司法解释的理解与适用》，人民法院出版社2004年版，第313页。

② 同上书，第311～312页。

社会非审判机构从事调解活动，类似于国外的 ADR 机制。按照宪法规定，法院是国家的审判机关，法院最重要的职能是公正中立独立地行使审判权，而将调解等机制的运作空间让渡给有关单位、社会团体，这才是 ADR 的应有之义。浙江省法院已经作了成功的尝试。据统计，浙江省基层法院 2012 年 1 ~6 月份在诉前和诉中共委托各类调解组织调解案件 17103 件，调解成功 14312 件，成功率为 83.68%。这一数字，和上半年全省基层法院一审民商事案件 170375 件（不含公告送达和缺席判决）相比，大约为 10% 左右。因此，推行具有中国特色的 ADR 机制，是建立多元化纠纷解决机制的有益尝试，也是完善我国调解制度的重要措施。

（二）立足民事诉讼机制改革，将调解从程序中分离出来，成为一种独立的纠纷解决机制

当前我们进入社会转型期，社会矛盾激增，纠纷高发。如果这些纠纷都通过法院解决，不仅现有司法资源难以应付，审判成本也十分高昂。调解作为审判的一种替代形式，有其合理性和优势。调解和判决由于其性质和功能具有较大差别。将调解内置于统一的民事诉讼制度中必将引起程序的不和谐。因此，构建一套独立的调解程序，使之能够真正成为审判的有效替代手段。从一些国家的规定看，如“日本和我国台湾地区，采用的是调判分立式，把法院的调解置于诉讼程序之前，作为独立的调解程序。一种为调判分离式，把法院调解程序从审判程序中分离出来，作为法院处理民事纠纷的另一种诉讼方式，以美国为代表”。① 这两种模式各有千秋，但无论是分离还是分立，和内置式的制度设置相比，其优势是十分明显的，都可以作为我们的参考依据。当然，真正地将调解和审判区分开来，必须借助于立法，即对民事诉讼法进行修改。只有作出了相应的制度安排，调解程序才能完善，调解作用才能得到充分发挥。

（三）建立专职调解法官制度，完善调解程序

调审分离是我们努力的方向，为了达成这一目标，首先应该进行人员的优化配置，在法院内部设立专职的调解法官，实现调解法官的专业化，以有

① 杨润时主编：《最高人民法院民事调解工作司法解释的理解与适用》，人民法院出版社 2004 年版，第 296 页。

别于审判法官。因为调审分离的理念促使我们厘清调解与审判的关系，而具体的承办法官既从事审判又兼做调解，可能会出现角色混同，不利于正确履行职责。同时，应当完善调解程序，即完善和改进调解程序应充分尊重“私权自治”的原则，程序的启动和终结应由当事人决定，如一方不同意继续调解则应转入普通程序进行审理并及时作出判决；调解法官不能强迫施压或变相诱导当事人进行调解；不宜依职权主动提出调解方案；在法律上规定调解期限，以便和审理期限相对应，以避免部分纠纷出现“久拖不决”的情况。对于调解期限，可针对小额诉讼和普通案件分别设置，如小额诉讼的调解期限可以考虑在1个月之内，普通案件的期限应考虑与简易程序相同，限定为3个月。设立调解期限，有利于提高审判工作效率，及时维护当事人的合法权益。至于调解形式，既可以采用面对面的听证式，也可以采用“背靠背”的分别式，或者当事人接受的其他形式，只要调解内容和程序合法，就不应该拘泥于某一种具体的方式。

（四）在小额诉讼等部分案件中确立调解程序前置规定

瑞安市人民法院的试点实践表明，在基层法院的小额诉讼程序中实行调解前置不仅是成功的，也是可行的。但调解是否还可以继续，还需有赖于当事人对调解的配合。民事诉讼法规定了法院调解应当遵循自愿原则，自愿有二重含义：一是适用调解程序必须尊重当事人自愿的原则，二是实体权利处分上也应尊重当事人自愿的原则。虽然当事人具有程序选择的自主权利，但并不妨碍人民法院就处理某些纠纷设立调解程序前置，以便及时迅速地解决纠纷，从而更好地保护当事人的合法权益，实现民事诉讼的目的。根据人民法院的审判实践，对于小额诉讼、家事纠纷等，均应倡导当事人进行调解。《最高人民法院关于适用简易程序审理民事案件的若干规定》在总结全国法院的审判实践经验的基础上，对部分案件作出了调解程序前置的规定，该规定第十四条规定，婚姻家庭和继承、劳务合同、宅基地和相邻关系、交通事故和工伤事故引起的权利义务关系较为明确的损害赔偿纠纷、合伙协议、诉讼标的额较小的纠纷等六类案件在开庭审理时应当先行调解。最高人民法院作出这个规定，即以司法解释的形式确定了调解程序前置，虽然该项规定没有被民事诉讼法第二次修正所采纳，但在审判实践中已经深入人心。考虑到上述规定比较成熟，切合我国法院实际，建议民诉法下次修法时予以采纳。

（五）明确规定不能适用调解的案件范围，促进调解工作规范化、科学化

在司法实践中，有的案件按照案件的性质是不能进行调解的。但一些法院为了追求高调解率，盲目进行调解，产生了许多负面效应。因此，在规定调解程序前置的案件范围同时，必须规定不能适用调解的案件范围。《最高人民法院关于人民法院民事调解工作若干问题的规定》第二条规定："适用特别程序、督促程序、公示催告程序、破产还债程序的案件，婚姻关系、身份关系确认案件以及其他依案件性质不能进行调解的民事案件，人民法院不予调解。"这条规定，总体来看是比较科学的，但仍有三点可商榷之处，一是它的外延并不周延，如涉及国家利益的案件，应当进行公益诉讼的案件，[①]这些纠纷由私权性质上升为和国家利益、群体利益和众多第三人合法权益息息相关，当事人不能私下进行调解。又如股东代表诉讼，依法律性质而言也不能由当事人进行处分。二是依照修正后的民事诉讼法的规定，实现担保物权程序也属于特别程序，不能由当事人达成调解协议，此程序应列入不能调解案件范围。三是对于涉及身份关系和婚姻关系确认案件应明确不能调解，但应注意在审理身份关系和婚姻关系派生的牵连之诉，如在请求宣告婚姻无效的同时，又请求返还彩礼的，确定子女抚养的，完全可以就后二项请求进行调解。因此，对于不能适用调解的案件范围，可以在修改和完善后，建议立法机关在今后修订时，写入民事诉讼法中。

（六）调整调解案件的诉讼收费规定，激励更多的当事人选择调解来解决纠纷

从法律经济学的角度考察，选择调解既可以节约诉讼成本，也可以避开审判结果的不确定性。[②] 法院诉讼费的支出也是当事人诉讼成本的重要组成部分之一。我国《诉讼费用交纳办法》第十五条规定，以调解方式结案的，

---

① 修正后的民事诉讼法第五十五条规定了公益诉讼。具体可详见奚晓明主编：《〈中华人民共和国民事诉讼法〉修改条文理解与适用》，人民法院出版社 2012 年版，第 89 ~ 96 页。

② [美] 米切尔·波林斯基：《法和经济学导论》，郑戈译，法律出版社 2009 年版，第 113 页。

减半交纳案件受理费。这种“一刀切”的规定并不合理。因为在庭前、庭中和庭后的调解，法院所花费的审判成本相差太大，一律减半收费不能体现公平，不能鼓励当事人尽快和迅速达成协议。《德国民事诉讼法》规定，收取诉讼费分为三个阶段，“诉讼程序前为一个阶段即诉前调解阶段，起诉和答辩为一个阶段，法庭审理为第三个阶段”。① 这种分段收费规定比较科学，可以作为我国改革调解案件诉讼收费的参考依据。根据我国的民事诉讼实际，也可以采用三个阶段的分法，进行分别收费。如第一阶段只收调解申请费，如50元等。第二阶段收三分之一，第三阶段减半收取。通过这种制度设计，将经济学上的成本效益原则传导到诉讼领域，从而促使更多的纠纷通过调解途径解决，使调解结案成为当事人自愿选择的一种低成本高效益的纠纷解决方式。

四、结语

尽管在小额诉讼中试行调解结案取得了成功，但从整个法院的体系观察，由于历史文化因素、审判体制原因、法律制度规定等多方面的影响，在人民法院的民事诉讼中，调解不能取代判决作为主要的纠纷解决机制。但我们可以通过完善制度、修订法律、转变观念、强化调解，真正使这一古老的“东方经验”在21世纪开出绚丽之花。判

① 杨润时主编：《最高人民法院民事调解工作司法解释的理解与适用》，人民法院出版社2004年版，第370页。

法学教育与法律人职业伦理的养成

——第十八届全国高校法学院院长(系主任)联席会综述

杨垠红* 张冬梅**

2013 年 11 月 30 日，福建师范大学法学院主办的第十八届全国高校法学院院长（系主任）联席会暨“法学教育与法律人职业伦理的养成”论坛在福建师范大学旗山校区图书馆学术大讲堂隆重举行。会议以主题报告和自由发言的方式分别围绕“法律人职业伦理培养之理论研究”“法律人职业伦理培养之实践探索”以及“法学教育其他问题研讨”等热点议题展开热烈的讨论，形成许多富有建设性的观点和成果。

一、大会主题发言：法学教育与法律人职业伦理的养成

（一）中国社会法学的发展与劳动法实践教学

北京大学党委副书记叶静漪教授提出三个主要观点：

第一，有关中国社会法的历程和基本不同阶段的特点。整个中国社会法的发展是以劳动法学的发展为先导，逐步协调社会保障法学，进而开展这方面的研究而形成的，中间经历了一个比较曲折的发展过程。十五大、十七大民生为重点的社会建设考虑、社会法和社会领域立法这些方面概念的提出和进一步的研究，逐步廓清了社会法的范围。这对学术共同体的形成起着很大的作用。

第二，有关社会法的队伍建设问题。在中国法学会的社会法研究会基础

* 福建师范大学法学院副教授。

** 福建师范大学法学院副教授。

上，中国社会法学会已成立，现在正在登记中。目前各省市都有了劳动法、社会保障法等协会。高校和社科院也成立了一些相关研究机构，极大推动了社会法学的研究。

第三，有关社会法的学科建设问题。其中最重要的是社会法核心课程地位的确立。经过多年的奋斗，相关专业设置、课程、教材的建设都取得了突破。但无论是学术共同体，或者是研究的方法，社会法的学科建设仍存较大的差距，故呼吁大家均重视社会法学学科的建设。

（二）法学教育与法律人职业伦理的关系

台湾辅仁大学法学院郭土木教授认为，法律人应具备之伦理道德概念，在为人处事或执行职务时能守法自恃、公平无私及洁身自好，此乃法律人所普遍、客观存在之共同价值观，这包括法律人能依据法律规定明辨是非善恶，与信守何者为应为或不得为之行为，此一法律人之伦理道德概念不仅涉及法律人个人道德品格，亦涉及整体职业的价值分配与对法律专业职业信赖之保护，在内容上涵盖法律专业之养成、权利义务之分际、利益冲突与回避等，这不只是法律人之个人伦理道德的议题，更是涉及整体法律社群之集体行为规范问题，准此法律人伦理观与道德素养在法律培育之过程中相当重要之环节，并为从事法学教育者不得不慎重。

因此，要求老师开课前预为规划所教课程与核心能力之对应关系，必须提供教学大纲，配合课程大纲之兼治，检视各领域课程与专业知识技能及全人教育之法律伦理之对应关系，使学生了解经由课程所能学习的核心能力。课程实施完成后，要设定课程学习成果检核机制，以学生学习成效事实评鉴，并以实际事实的内容进行改善调整，期能使学生未来在职场上具备专业伦理，及具备有公平正义、有伦理道德观，以及人文、性别平等、诚信正义及人权关怀精神。

（三）法律职业伦理几点思考

西北政法大学法学院王健教授主张，法律教育是一种职业教育。从法律人才养成的角度来说，这无疑也折射出法律职业伦理教育的重要性。法律职业伦理不仅与法律教育有关系，还关乎培养目标、性质、教学方法等。故不能仅从内部或者法学院自身来讨论这一问题，学校和政法机关的实践教育也是重要一环。高校教育改革以需求为导向，我国处在经济体制深刻变革的情况下，人的思想观念深刻变化，各种矛盾复杂，对执法的要求也日益提高，因此当前职业伦理的构建存在巨大挑战。最近几年政法干警违纪违法的案件，每年立案6000~8000件，追究刑事责任500多人。其既有主观原因亦有客观原因：一是执法理念不端正；二是执法素质不高、能力不强，低级错误层出不穷；三是执法管理不严，有法不依、执法不严的情形仍然存在；四是执法监督不到位，许多制度形同虚设；五是体制和机制不健全，客观上对政法队伍的违法违纪打开了方便之门；六是社会风气的问题。这些社会现实和问题是讨论法律职业伦理道德所首先需要面对的。

（四）法律职业伦理养成教育的实践性特征与综合途径

中南大学法学院刘继虎教授认为，法律职业伦理的内容主要包括两方面：一是法律人共同遵循的职业伦理原则，它对所有法律人都有拘束力；二是不同类别法律人分别遵循的职业伦理规范，它仅对该类别的法律人产生拘束力。法律职业伦理的习得，主要依靠实践与体验。只有在反复实践中，才能将外在伦理规范内化于心，转化为法律人的人格特质，积善成德。所以，法律职业伦理的教育，必须以养成教育为基本模式，走实践教学之路。但我国自近代设立法律院校以来，素有重“智”轻“德”、重“术”轻“道”的积弊，学校在培养法律人才的过程中，有意无意地忽略了法律职业伦理教育。法律职业伦理教育的积弊集中表现为法律职业伦理要求、法律职业伦理课程以及法律职业伦理教育方法创新的缺乏，导致法律职业伦理教育的效果极差。对此，高校应强化法律职业伦理实践教学环节，在法律实务部门的配合下，对法律学生的职业伦理行为进行反复训练，使之形成稳定的职业习惯，将法律职业道德规范内化为个体的道德心理结构，并形成稳定的职业道德品质。

（五）从“液晶面板案”“3Q大战”等反垄断案件谈法律人职业培养

北京天元律师事务所黄伟律师指出，从2013年开始，反垄断法浪潮在当今中国不断推进。反垄断案件持续不断的增加，可能会为法律职业撕开一个新的口子。从反垄断执法机构来看，需要这方面的人才。随着相关案件的增多，律师事务所的人才需求量也将增大。从职业培养的角度，客观上希望从事这些业务的人不仅有法学背景，还需要其他学科的背景，符合反垄断学科发展和实务的要求。而关于职业伦理，在2010年他及其团队代理液晶面板案件之前，就有一些律师事务所觉得难度较大，企业也对胜诉没有信心。他们认为是一个为相关行业、民族产业做一点点事情的机会。在基本没有收律师费的情况下，黄律师及其团队历经三年取得胜诉，还获得了很好的社会效果。所以，作为一名律师，并不是完全为了自己的利益，还要考虑自己所肩负的社会责任。

(六) 法律职业伦理：智识的习得与习惯的养成

福建师范大学法学院刘方权教授提出了四个主要观点。首先，法律职业伦理迷失的根源在于法律服务的市场化、司法活动的官僚化和法学教育的科学化。我国现行的司法考试、公务员考试和研究生考试只是对知识的考核，无从体现对法律职业伦理的要求，严重影响和破坏了学生的法律伦理培养。

其次，作为智识和习惯的法律职业伦理充分体现了技术与价值的博弈。作为知识的可习得性，使得开设法律职业化伦理课程和专业课程教学融入法律职业伦理教育成为可能。伦理是一种知识则可以习得，但现在开设法律伦理的课程少，有关法律伦理的书本知识也很少，这是一种缺憾。此外，教学中如何进行教学方式的改革，加强理论与实践的互动，也是重点。然而目前的实践颇令人失望，在学生的实践中很少设置伦理问题，学生的管理引导没有体现法律的精神，学生也没有在法律实践中体现伦理的价值。

再次，作为习惯的法律职业伦理，包括教学主体的示范、教学方式的改革、学生管理的引导。这都需要我们在实践中不断探索与完善。

最后，法律职业伦理的养成并不是短期行为可以成就的，而是终身之事业。

(七) 对主题报告的评议

清华大学法学院施天涛教授、浙江工商大学法学院谭世贵教授分别对上述发言进行评议。

施天涛教授认为法律更多的体现社会性，因而叶教授从社会学谈法律是正确的。法学研究以社会为对象，要实践，要调查。从某种程度上说，法律就是实践性、技能型、培训性、职业性的学科，贯穿职业教育。职业伦理是基础性的东西，是一个行为。伦理的教育培训应该从最基本的行为抓起。首先作为法律人要具备绅士风度，包括外貌、言行、举止。“外观主义”很重要，需体面、风度、教养。其次，要多引导学生读有品位的书，练字，明礼，明德。最后，最高境界才是要求有公平正义之心。

谭世贵教授进一步指出，在此次会议上，两位老师讲法学教育，四位嘉宾讲职业伦理，体现了国际化、多元化，很精彩。他认为应拓宽法学教育、重视法律职业伦理的养成。此次会议的话题对进一步加强执业能力的建设，对中国法律的建设具有非常重大的意义。

二、第一分会场：法律人职业伦理培养之理论研究

在第一分会场中，云南财经大学法学院的马慧娟教授、甘肃政法学院的刘晓霞教授、海南大学法学院的王琦教授和福建省高级人民法院的祝昌霖庭长（由林淞代宣）分别作了发言。

（一）法学教育在法律人职业伦理培养中的地位和作用

马慧娟教授认为应运用经济法的三三制原则，考虑法学教育在法律人职业伦理培养中的地位和作用，体现在内涵、地位、作用三个方面。就内涵而言，法学教育的内涵包括公平正义的坚强捍卫者、法律精神价值的践行者、独立的思维能力和价值判断的法律职业群体。从地位看，法学教育是法律人职业伦理形成的基础，是法律人职业伦理长期维系的有效保障，是完善和发展法律人职业伦理的外在动力。从作用看，法学教育的作用在于培养法学学生的职业法律思维，强化法律人的专业知识，提升法律人专业技能。另外，她还指出课堂教学不仅要融入法律伦理，还要加强其他法律学科的学习，实现法律人才培养的国际化。

（二）法律人职业伦理培养的现状分析及进路探寻

刘晓霞教授从四个方面谈法律人职业伦理的培养。

1. 职业教育分为职前和职中教育。法律职业伦理教育不是任何一个阶段可以完成的。不同阶段衔接相互联系且各有侧重，是一个全过程。在教育中，应减少说教的部分，更多体验和实践，将法律职业伦理内化成法律人自觉的习惯，形成知行合一。

2. 目前法律人职业伦理在理论上和实践上，未引起足够的重视。今后应予以重视，应当统一职前、职后教育中法律人职业伦理培养的最终目标，既要明确，又要去政治化，重在关注法律制度的内在伦理，培养法律人的职业伦理问题意识、职业伦理推理能力以及职业伦理选择能力。

3. 对于职业教育，学生和教师都缺少主体的体验，都是旁观者，今后应该更新教育理念。并非简单课堂教学，而应该加强实践，在体验模拟实践中对学生加以培养。

4. 应对当前法律人法律伦理的培养方式进行改革，即在职前教育中，要取消以答卷、报告为主的法律人职业伦理评价方式，代之以面试的评价方式；针对职后教育，可以考虑建立“法律人职业伦理考评委员会”。

（三）法律人才培养中的法律职业伦理教育

王琦教授认为，法律职业伦理非常重要，但法律人职业伦理教育在当前高校中存在不少困难和问题。

1. 对法律职业伦理的理解有待进一步深入明确。不同职业对法律职业伦理的理解和要求是不一样的。依一般的理解，法律职业伦理包括专业知识的传授、法律技能的锻炼和法律伦理的修炼。

2. 不重视法律职业伦理教育。上世纪三十年代，全国只有几个学校讲解法律职业伦理。至今开设这门课的学校仍很少，对法律职业伦理的重视不足。

3. 教材短缺。当前市场中法律职业伦理的教材数量很少，并且有不同的标准，教材体系不科学，难以满足教学需要。

4. 师资队伍不足。目前，在高校中很少有老师专门研究法律职业伦理方面，师资队伍培养不足，不能满足法律职业伦理教学的需要。

5. 考核难度大。法律职业伦理是一种抽象的思想内涵，没有行之有效的考核方法和评估指标。同时这种养成具有长期性，使其更难以考核。

6. 受社会不良风气影响较大。例如，学生实习容易受到拜金主义的影响。在高校教学中，个别教师违反职业道德，灌输社会中的潜规则。

（四）法律人的职业精神

祝昌霖庭长以法官的法律职业精神为视角，讨论法官在实际工作中应有的职业精神及其原则。他把法律人的职业精神概括为四点：法律人的价值观、法律人的责任观、法律人的诚信观和法律人的正义观。法律人的价值观是指从事法律职业者对周围的客观事物（包括人、事、物）的意义、重要性作出法律意义的总评价和总看法。法律人的责任观是法律人在推进法治进程中的社会责任，违反法律、道德规范所应承担的法律责任和道德责任的总和，包括法律职业者的社会责任、法律责任、道德责任、自身责任四个方面。法律人的诚信观在于对真理的追求，在于对法律的遵守；以及平衡纷争之公正，在于利益取舍之不偏不倚。法律人的正义观，即法律人应当具有崇尚法治的信仰，应当具有高尚的精神境界，应当具有正确的价值观（方向）、责任观、诚信观（自身）、正义观（践行）。

（五）对第一分会场报告的评议

四位报告人发言后，厦门大学法学院朱炎生教授和西南民族大学法学院王允武教授分别作了评议。

朱炎生教授谈了两点体会。一是反思当前法学教育。思想品德代替了法律伦理教育，这是长期存在的问题。二是律师的商化教育。现在的律师越来越商化，商化教育有一个误区：把顾客服务好，提供高质量的服务，这就是成功。但律师是否遵守职业伦理却值得反思。现在的教育对法本身的现象和法本质的教育代替了法律伦理教育，缺乏具有独立性价值追求的自主教育。常言，信仰法律、守护正义、敬畏法律，则人们信仰、守护正义的这一法律就是具有独立性价值的。这种独立性价值应不受任何市场力量、政治力量所影响。

王允武教授归纳点评到，四位发言人分别以法学教育在法学伦理培养的重要性、法律人伦理培养的现状、法律人的职业精神为视角，共同勾画出了法律职业伦理在法律人的素质构成当中的地位。根据法律人的素质对法律职业伦理养成的迫切要求，他指出在法学教育过程当中强化法律职业伦理培养的重要性。他认为可以在大学教育阶段利用校内资源与校外资源等多方面的资源推动学校教育与法律职业的有效结合。作为大学老师，应在完成基本知识的讲授的同时加强法律职业伦理的必要教育。

三、第二分会场：法律人职业伦理培养之实践探索

在第二分会场中，暨南大学法学院/知识产权学院的乔素玲教授、福建省高级人民法院的黄石勇庭长和浙江万里学院法学院的丁寰翔教授分别作了发言。

（一）从课程设置看法律职业伦理培养

乔素玲教授认为，应从整个课程体系来强调法律职业伦理培养的问题。开设专门的法律职业伦理培养课程是有必要的，但授课的内容和授课的方式

的设置方面，还有很多值得探析的地方。首先是师资问题。其次，即使法律职业伦理的师资力量很强，但仅靠一门课程，要解决职业伦理培养的问题，是无法完成的。法律职业伦理的养成，需要法律学科的每门主要课程都贯彻这一指导思想。通过全方位的共同努力，效果才会比较可观。再次，在目前的社会环境下，法学教学培养出来的学生实践能力不够。很重要的是基本的做人的行为规范缺失，即道德水平、道德水准和一些基本的态度、基本的能力、基本的规范欠缺，所以法律职业伦理养成的基础是不坚固的。从这个角度来说，法律职业伦理的养成需要整个社会环境的改善。

（二）法官职业伦理的培养

黄石勇庭长认为，讨论法律人的职业伦理的问题首先应对法律人概念的进行界定。法律人本身是一个十分宽泛的概念，从事法官、检察官、警官、律师，包括从事法律教育教学研究的老师、学者都可以称为法律人。从实务部门角度，法律人能够成为一种职业，主要指法官、检察官、警官、律师。由于社会分工不同，每种职业都有不同的职业伦理。法律职业人共通的职业伦理就在于维护社会的公平正义。

从法学院角度，培养学生法律职业伦理，首先应注重学生做人做事的基础素质。在法学教育中，为人处世的道理是一种基础修养。应培养学生维护公平正义的理念，培养他们在血液里有一种从事法律职业的神圣感。在法官职业培训中，涉及法官职业道德时，应强调作为一个法官，首先应做一个成功的人。从国家制度设计的层面来讲，不同的国家机关、不同的国家公务人员都担负着维护社会公平正义的职责。法官这一职业的神圣之处在于，一次判决就有一种引领社会价值取向的功能。因此，法官这一职业是非常神圣且非常艰难的。

（三）完善高校法学教学管理，促进法律人职业伦理的培养

丁寰翔教授主张，法学教学培养法学人才，这些人才不仅应具有专业知识和相应的应用法律知识的能力，还应具有法律职业道德。因此在法学教学管理过程中，除了传授法律知识外，还应该引导学生培养、培育法律精神，让学生能够树立正确的法律理念。

接着，丁教授根据自己的教学管理经历，阐述了其关于法学教学管理的一些想法：第一，应坚持以培养法学人才为中心的教学理念。第二，改革高

校法学课程教学。具言之，基于高校教学管理中的困惑与高校法学教学的特点，除了高校法学院系负责人要高屋建瓴，做好法学人才培养方案的顶层规划，拓展法学教学发展路径，充分发挥教师教学的积极性外，从法学教学管理的角度，应做好法学课程教学的建设与改革，确保课程教学既让学生扎实掌握专业基础知识和相关知识，也让学生得到法律人职业伦理的熏陶，从而适应新时期法学教学的需要。通过以上高校法学课程教学改革的实施，摸索出高校适应法学人才培养的法学课程教学体系，以便全面更新法学课程教学模式，推进法学教学进入新的阶段。

（四）对第二分会场报告的评议

三位报告人发言结束后，辽宁师范大学法学院的丁慧教授和福州大学法学院的邹雄教授分别作了评议。

丁慧教授指出，法律职业伦理教育很重要，但有些是个人的问题，从高中输入到本科校园的学生已养成既有的修养，拿现有坯子把他打造成具有法律伦理的人，这是法学教育难以承受之重。在高校教育过程中，首先得打造人，人的培养过程是一个全方位的过程。学生进入法学院之后，职业伦理的养成不能光靠一门课，这应该是课程体例的问题。同时教师应注意言传身教。另外，大学法律专业学生素质的培养不仅仅是教学课堂教育的问题，而且应纳入我们整个教学的全过程。在目前最大的一种社会思潮，即各种各样的利己主义、自由主义的形势下，大学教师在课堂上，以课程的方式，以管理的方式进行素质教育，这是一个基本的防线。因此，难也好，重也好，在大学的课堂上，在大学教学的所有环节中，大学教师还是可以部分做到，而且也是可以做好的。

邹雄教授认为，可以把职业伦理当成智识进行教育。在职业伦理的教育上除了专门开一门课程外，更重要的是要融入到每一门课程的教学中去。在每一个课堂上都要去贯彻职业道德的教育。这就要求老师本身具有强烈的意识，还要有相当的实践经验，这对老师的职业伦理道德提出了更高的要求。其次，法律人职业伦理教育不是法学院能够承受的重任，这是一个社会大问题。不仅仅是法律人的职业道德，在中国这个大地上，各行各业都存在着职业道德的问题。所以从社会诚信体系，转到教育本身，包括现在所面临的许多学术腐败现象，如果这些基础没有变化，学生一旦离校或许用不了半年就会将学校所学的一切归零。因此，既要教育，也要用更多的时间和精力去进行法学研究。去研究如何建立诚信体系，在这种体制建立起来后，情况将会乐观很多。

四、第三分会场：法学教育其他问题研讨

第三分会场由北京伟文盛业文化发展有限公司常务副总经理戴维先生、河北经贸大学法学院郭广辉教授、福建江夏学院吴国平教授和鲁东大学法学院于大水教授分别作了发言。

（一）国内高校引进法学数据库资源现状与趋势

戴维先生主要介绍了国内外法学资源（包括北京、上海、日本、台湾、香港）的使用情况与趋势分析。通过他的调查发现，国内高校在利用数据库方面：首先，法学研究比较强的学校已经具备了比较好的资源，但是可能需要一些更专业的法学资源，而法学教育一般的学校还需引进更多的基本的资源。其次，图书馆的预算也是需要考虑的方面。国内高校除了专门的政法类高校，图书馆在数字资源建设方面需要考虑各个学科的平衡发展。这在一定程度上减缓了法学数字资源建设的进程。再次，国内的高校目前已经初步建立了英美法系法学数字资源体系，未来引进的方向会以大陆法系的法学数字资源为主。

（二）理论与实践：中国法学教育的困境与希望

郭广辉教授认为，在当今法学教育中存在着诸多的缺憾，这表现为理论和实践的双重缺失，即真正有用的理论和法学教育实践的缺失。本科教学过分注重强调知识教育，而真正理论应该来自于实践，教学的目标是使理论和实践相互融合。真正的理论必然是一种实践，最高的理论形态是实践，并不是理论本身，最高的实践形态是理论，并不是实践本身，而理论与实践相互结合的最高境界应该是“实践智慧”。

在此基础上，郭教授提出了新的法学教育模式的构建：首先，应该符合实践合理性之合规律性的基本要求。人类的认知结构具备先从一般理论出发进行学习和训练的能力，因此大学法学教育完全要做到：一是对学生首先进行一般性理论训练；二是应该在大学学习的中间阶段进行法律实践训练；三是继续进行知识和理论的训练，这是一个“理论—实践—理论”的法学训练

过程，符合认知规律。其次，实践合理性还应该有一个更高的维度，那就是审美的维度。实践合理性的审美维度正是建立在人的实践活动，美正是在人的创造性活动中实现的，并且在人的创造性活动中人并没有失去自我，反而使得自身超越了真与善的片面性，而达到了真正的审美境界。正是因为实践合理性的这样一个维度，决定了以实践合理性为基础的法学教育也要进行审美教育，教会法科学生用审美的眼光看待这个世界。

（三）法学专业课程设置与教学方法改革的思考

吴国平教授先指出，我国大学法学专业课程设置与教学方法存在的不足。主要体现为以下两方面：其一，课程设置方面缺少职业训练的内容。目前的课程设置基本上只能满足法律知识的传授，而职业能力培养的内容欠缺，特别是缺少司法伦理方面的训练。其二，法学高等教育与法学职业分离。法学高等教育与法律职业相脱离，是我国当前法学高等教育中最为突出的问题。

针对此等问题，吴教授提出了完善我国大学法学教育的课程设置的若干设想：一是，尊重学校在课程设置方面的自主权，将课程设置的权利交给学校和法学院，扩大学校课程设置的自主权，允许学校和法学院根据社会对法律人才知识、能力和素质的要求，自主设计知识体系，并向社会公布。二是，进一步优化课程体系。重点在于改革专业必修课和主干课程，多开设拓展知识储备的课程。三是，要进一步优化专业教学模式，实行课堂教学 + 实务训练 + 职业考试辅导相结合的教学模式。四是，重视实务部门在法学人才培养中的重要作用，各大法学院应当充分重视与实务部门的合作，实行开放办学，建设一批实践教学基地和培训基地。五是，在教学方法方面，应当充分发挥学生在课堂教学的主体作用。除了课堂讲授方法外，还应当根据不同课程的教学内容、教学要求，设计不同的课程教学方案和灵活多样的考试与考核办法。

（四）法律人才培养语境下的现实矛盾的探析

于大水教授认为，法学教育存在不少问题，宏观上存在四个矛盾。

第一，专业热与就业难的矛盾。除了商学专业外，在文科专业中，法学是比较热的报考专业。但是，根据相关报道，法学的就业难问题是的确存在的。

第二，职业教育与素质教育的矛盾。在西方，法学教育是职业教育，但其中渗透了素质教育。在我国，素质教育发起于中小学。而大学是专业教育，没有谈及素质教育的问题。我国将法学教育理解为职业教育，是不对的。法学教育应该将职业教育和素质教育相结合。

第三，法理教学与法务教育的矛盾。前几十年，我国法学教育的目标不明确，仅认为法律培养出来的人才不过是实践的一个工具而已，后来才慢慢重视理论的重要性。我国法官的培养与教授的培养是分开的，在这种现实下，我国是很难做到两者有机结合。应尝试通过一些西方的教学方法，例如案例教学等，来提高教学质量，实现法理与法务的结合。

第四，教育层次与培养形式的矛盾。我国法学教育形式是多样性的，但是层次与形式却存在矛盾，不同学校由于各种原因存在着不同。专业性的大学应有一定的培养标准，否则在庭审过程中，法官与律师将缺乏语言的共同性。

（五）对第三分会场报告的评议

四位分会场报告人发言后，中南民族大学法学院王瑞龙教授作了概要的点评：第一，关于法学数字资源建设的问题。不管是怎样规模的法学院，法学数字资源都是重要的、必不可少的。但是比较弱的法学院更需要的是专业性的、单项性数据库，但是单项性的数据库成本高、利用率低，而学院的经费很有限。第二，关于学科建设的自主权问题。对于国家已经规定的部分，似没有变动的余地，但是对于学校中的学科建设，还是能够努力的。故希望重点学校能够在课程改变、数据资源建设、课程改革等方面拥有更多的自主权，为一般高校在学科建设等方面提供有益的榜样。

分会场讨论结束后，北京大学法学院副院长潘剑锋教授作了大会总结发言，他认为会议的召开具有重要的理论与实践价值，与会代表就大会主题所作的报告和发言都富有见解，对于今后我国法学教育中的职业伦理培养将大有裨益。

综上所述，全国高校法学院院长、系主任联席会是全国法学界的一次盛举，来自全国各地、各高校的法学院领导及法律实务界人士就我国高校法学院的教学科研工作以及法学教育中的问题展开研讨和交流，了解和分析国内法学动态。本次会议的召开，为推进高等法学教育改革、提升法律人职业伦理建设奠定了良好的理论基础，同时也加深了兄弟院校在办学理念、法律人才培养方面的经验交流与相互学习。

——编辑后语——

对于判例，大陆法系的态度几可以用“纠结”来形容。一方面，出于对传统的坚守和对立法者权威的维护，欧陆诸国对于法官“造法”迄今仍普遍采以否定的立场，对判例入“源”的反对更是旗帜鲜明；而另一方面，在法典万能的理想破灭以后，面对成文法“固执”而疏离社会生活的品质，民法法系的法官和学者们又不得不将视野延伸至法条以外，在判例、习惯和伦理中，寻觅裁判的支持和法律发展的动力。以现实为观察，如今，在作为大陆法系典型代表的德日等国中，判例虽仍游离于其法律渊源体系之外，但其地位已不容小觑。

而在如何“安置”判例的问题上，我国最高司法机关的做法可谓别出心裁。2010年末，《最高人民法院关于案例指导工作的规定》的出台宣示了独具中国特色的“判例制度”的诞生。环顾域外，正式意义上的“案例指导制度”在两大法系中均不存在，其仅是我国司法实践特定历史阶段的产物。而从措辞上不难看出，“案例指导”实质是一项审慎而折中的制度选择，其既表达了我们所欲实行的是一种“案例”指导制度，而不是“判例”约束制度，二者有着本质区别；同时，也表明指导性案例同大量的普通案例有所不同，是具有指导价值的案例。

掐指而算，《规定》的出台距今已逾三年，而随着最高人民法院一批批指导性案例的发布，我国的案例指导制度也已经从规范走向了实践。但作为崭新的制度安排，案例指导对于许多法官和学者来说难免尚显有些陌生，对于指导性案例具体如何产生、其指导内容为何、应怎样对之加以理解和参照等仍可能存有不少疑惑。为此，本刊自本辑起增设“指导性案例解读”专栏，邀请最高人民法院具体负责指导性案例遴选、审查和报审工作的法官对已发布的民商事指导性案例展开具体而富有深度的解读，以助于加深公众对民商事指导性案例的理解，推动指导性案例制度的不断向前发展。以本辑选载的指导案例来看，其内容主要涉及消费者权益保护、劳动争议解决、交通事故责任分担、专利纠纷审理，无不是当下裁判实践中常见且迫切需要解决的问题，相信经由法官的解读，读者将会对上述问题得出更为直观和深刻的认识与理解。

指导性解读以外，本辑还选录了不少关切裁判实践和理论发展的好文章。其中，王利明教授对擅自转租行为法律效力所作的专论，以现实生活中常见的房屋转租现象为关切，深入剖析的转租行为的本质以及域内外关于转租行为的规范立场，集中对擅自转租行为的法律效力以及擅自转租情形下次承租人与出租人的关系问题作出了有益的探讨；鲍艳法官和熊丙万博士合作的《中国司法观念和司法方法的转型》一文，以当前广受关注的惩罚性赔偿和消费者打击问题为切入，分从法律道德论、法律教义学和法律功能主义的视角，对司法机关在相关案件审理中的理念和态度进行了独到的分析和讨论；而王毓莹、陈龙业两位法官则以裁判实践为基础，分别对最高人民法院新近出台的《关于审理食品药品纠纷案件适用法律若干问题的规定》和《关于人事争议申请仲裁的时效期间如何计算的批复》两件司法解释作出深入、权威的解读。相信透过以上论作，读者不但可以体会文字和语言的优雅，更可以领略到逻辑和思想的深邃、迷人。

“理论都是灰色的，唯生命之树常青。”此乃判例的魅力所在，也正是我们一贯坚持以判例和裁判过程为关切的原因所在。展望未来，《判解研究》将与广大读者一起，继续关注司法实践，关心法学理论的发展。